山野绽放
中国乡村振兴中的民宿"她力量"

张迪 主编

Blossoming among the Mountains and Contrysides
"The Power of Women"
in Rural Revitalization through Homestays in China

温馨提示：封面展示袋请避免用力拉扯

华中科技大学出版社
http://press.hust.edu.cn
中国·武汉

内容简介

本书以对话女性民宿创始人的访谈方式，展现女性民宿创始人在乡村之中建设民宿的缘由与过程经营民宿的设想与实践，以及从事民宿行业的感想与见解，呈现乡村振兴战略的东风中女性民宿创始在田野乡间的美好创想与积极实践，见证"她力量"在推动乡村振兴过程中表现出的柔韧和坚定。

图书在版编目（CIP）数据

山野绽放：中国乡村振兴中的民宿"她力量" / 张迪主编. -- 武汉：华中科技大学出版社，2025.
ISBN 978-7-5772-1556-3

Ⅰ．F726.92

中国国家版本馆 CIP 数据核字第 20256BB136 号

山野绽放——中国乡村振兴中的民宿"她力量"　　　　　　　　　　　　　张迪　主编
Shanye Zhanfang—— Zhongguo Xiangcun Zhenxing Zhong de Minsu "Ta-li-liang"

策划编辑：彭霞霞
责任编辑：郭娅辛
装帧设计：金　金
责任监印：朱　玢

出版发行：华中科技大学出版社（中国·武汉）　　电　　话：（027）81321913
　　　　　武汉市东湖新技术开发区华工科技园　　邮　　编：430223

录　　排：天津清格印象文化传播有限公司
印　　刷：武汉精一佳印刷设计有限公司
开　　本：710mm×1000mm　1/16
印　　张：26.75
字　　数：439 千字
版　　次：2025 年 3 月第 1 版第 1 次印刷
定　　价：168.00 元

本书若有印装质量问题，请向出版社营销中心调换
全国免费服务热线 400-6679-118 竭诚为您服务
版权所有　侵权必究

编委会名单

《山野绽放——中国乡村振兴中的民宿"她力量"》

主　编

张　迪

副主编

刘　晗　王　晞　刘　艳　苏雨妍

编委会

邹诗洁　潘珊珊　邱倩玲　聂圭叶

梁思捷　陆润彪　刘　娇　王　睿

邱　天　梁　雨　覃义琛　王艺桥

武云侠　赵冰琰　陈雪儿　谢婧杰

马　萌　龙　悦

主编简介

张迪

"美宿志"创始人,中国首部民宿纪录片《广西民宿》总制片人,桂林文旅新媒体协会会长,中国文化酒店发展联盟副理事长。先后主编《桂林休闲地图》《桂林米粉》《寂静的春天——中国美宿系列访谈/第一辑》等书籍。近年来致力于中国美宿系列访谈及纪录片拍摄工作。

序

山野绽放 中国乡村振兴中的民宿"她力量"

Blossoming among the Mountains and Contrysides
The Power of Women in Rural Revitalization
through Homestays in China

收到张迪先生主编的《山野绽放——中国乡村振兴中的民宿"她力量"》一书，已是初冬。围炉煮茶的季节，品读民宿女主人的小传，别有一番感受。改革开放四十余年，急速的工业化、城市化，剧烈的社会变迁，挤压在一条短短的时间隧道里，人在社会转型的洪流中，既有命运改变的刺激感，偶尔也会有莫名的惆怅，比如乡愁。身体已经落脚城市，灵魂还在原乡，这种疏离与纠结，成为普遍的社会问题。

何解乡愁，可访民宿。这几年，乡村旅游火了起来，民宿业更是异军突起。过去的农家乐，是可以满足在乡土寻味的人的需求。倘有超越口腹之欲的需求，农家乐就有点捉襟见肘了。作为农家乐升级换代后的新业态，高品质的民宿可让寻根的人得到身心的全方位满足。现代时尚的服务理念，世代传承的乡土文化，交集在星罗棋布的民宿中，成为城乡融合发展的范例。被激活的农耕文明，既有深厚的历史积淀，又有清新的野趣，散发出迷人的魅力，留住了城里人的乡愁，也为乡里人带来幸福的希望。

本书的副标题是中国乡村振兴中的民宿"她力量"。女性民宿主理人如果说有什么性别优势的话，无非是女性更加吃苦耐劳，更能亲善待客。新时代的女性又善于学习现代的农文旅融合运营之道，便促成了民宿女主人群体的崛起，也使本书的采写有了坚实的基础。张迪和他的"美宿志"小伙伴，历时三年多，完成了中国首部乡村民宿女性创始人的原生态访谈著作。采访对象的遴选标准十分严苛，入选的民宿品牌均曾获国家级奖项和行业内专业奖项，且在所属区域具有较强的市场影响力，同时，创始人和品牌团队的公益活动参与度也是重要入选因素之一。

作为时代风云的记录者，《中国妇女报》也时刻关注着中国乡村振兴中的"她力量"。创刊于 1984 年的《中国妇女报》，由改革开放的总设计师邓小平亲笔题写报名，是全国唯一的妇女日报。长期以来，《中国妇女报》切实履行为党治国理政服务、为妇女事业和妇联工作高质量发展服务、为妇女儿童和家庭美好生活服务的职责使命，把中国女性定位为中国故事的女主角，生动记录广大女性立潮头、创新业、圆梦想的出彩人生，也碑刻下乡村振兴妇女这"半边天"的力量和贡献。其中，民宿女主人和她们的创业故事，以及各地妇联推动民宿行业高质量发展的相关工作，一直是《中国妇女报》涉农报道的关注点。要实现乡村振兴，产业振兴是重中之重，人才振兴是基础所在，决定着乡村振兴的质量。近年来，在市场和政策的双重催生下，乡村民宿颇有逆风飞扬之势，原因固然是多方面的，但人的因素，即乡村民宿的创始人起着关键的作用。

本书创作团队，从几十万家民宿中选取了50家中国乡村民宿的样本，这50家民宿创始人均为女性。她们的故事，既展现了民宿行业发展壮大过程中的生动细节，也是中国女性响应国家号召躬身入局的鲜活案例，更是波澜壮阔的乡村振兴史的美丽缩影。民宿创业女性基于自己独特的审美追求，引领中国乡村生活美学，一些民宿的公共空间在美学上的探索已经得到了市场的充分认可。这些民宿完全可以成为开展美学游学的场所。当然，本书同时也是中国女性自我成长的示范教材，入选本书的50位乡村民宿女性创业者，从选址、开业到品牌初具影响力，无不凝结着她们的智慧和心血，民宿的灵魂即源于此。

据主创团队介绍，本书也是中国民宿地域覆盖范围最广的书籍。书中既有云南、浙江等中国民宿品牌成长的地方，也有近年来发展较快的中部省份（如河南、陕西、湖南、湖北、安徽等），还有黑龙江、内蒙古、广西、西藏等边疆地区，可谓"群贤毕集"。主创团队希冀通过本书，致敬中国乡村民宿的女性创业者。在主编张迪看来，中国女性在乡村振兴中的价值和贡献，还没有得到足够的弘扬和传播。张迪之所以主编这本书，和他拍摄中国首部民宿纪录片《广西民宿》有关。这部纪录片由张迪和其团队在疫情期间拍摄完成，并在广西卫视等三个频道播出。为筹拍这部纪录片，张迪前后历时八年，初心不改，他被民宿创始人的故事深深打动，也正是这些故事，激发了他想要为这些创始人做原生态访谈的念头。之后，张迪在"去哪儿网"、十几所高校和全国民宿行业协会的支持下，发起"助力乡村振兴，寻找千村美宿"公益采访活动，持续至今遂成一册，成为乡村振兴珍贵的历史底稿。

男女并驾，如日方东。民宿的发展既离不开"她力量"，也离不开"他力量"，于是张迪主编的另一本书《大地锦绣——中国乡村振兴中的民宿"他力量"》也即将出版。今天的新闻就是明天的历史，众多家中国乡村民宿的历史切面，以原生态访谈的方式得以客观呈现，使乡村振兴这一宏大的历史事件有了丰满的细节，在生成学术价值的同时，也激荡着丰富的文学酵素。

若干年后，再回望《山野绽放——中国乡村振兴中的民宿"她力量"》一书的人物群像，以及她们所创立的民宿事业，聆听个人与时代的命运交响，或能品味出这本书更深远、更厚重的社会价值。

是为序。

中国妇女报社（全国妇联网络信息传播中心）党委书记、社长、总编辑

中国妇女报刊协会会长

孙钱斌

PART 01
风 起 南 方

目录

浙江

01	温州市"墟里"创始人谢怿雪：我坚信"共益社区"的意义远超过经济层面	004
02	台州市"不如方"创始人陶然：未来我们希望创造新的模块带活乡村市场	018
03	杭州市"鱼儿的家"创始人余爱君：民宿最大的吸引力还是服务	024
04	丽水市"云上平田"联合创始人叶大宝：让村落得到最大力量的保护	030
05	湖州市"阿忠的家"创始人蓝晴霞：民宿让我的梦想落地生根	036
06	湖州市"妙溪"创始人汪颖：去创造更大的民宿主人的价值	042

云南

01	丽江市"吾莫青庐"创始人莫北：高品质旅游将绿水青山变成金山银山	048
02	丽江市"秋山"创始人韩笑：注重在地文化的传播	056
03	大理市"等风旅居"创始人杨楒铃：民宿产品需要保留主人气质与特色	064
04	大理市"牧心堡·悬崖海景庄园"创始人千语：中国乡村振兴需要美学介入	070

江苏

| 01 | 苏州市"陶庐 Tao House 慢活艺术空间"创始人汪宛陶：美好乡村生活的践行者 | 076 |

上海

| 01 | 崇明岛"初心·邂逅"创始人张洋："服务"是一场修行 | 082 |

PART 02
云 梦 华 章

北京

01	"十里向野"创始人严风林：民宿的发展只能顺势而为	092
02	"乡志"创始人林丹：乡志隐藏着中国乡村的文明密码	100
03	"春上村SU"创始人金馨：京绣在民宿设计里面无处不在	106
04	"香邦芳舍"创始人红药：芳香博物馆的存在非常有价值	114

河南

01	新乡市"山人行文旅"联合创始人谈华：撬动起大山深处的乡村振兴	122

陕西

01	汉中市"不舍宿集"创始人马旖旎：乡野的美从来没有边界	132

广东

01	肇庆市"涟岸湖居客栈"创始人钱洁华：为客人提供超越期待的体验	142
02	韶关市"丹霞印象"民宿集群创始人符小密：每一步都谨慎地倾听市场的声音	148
03	深圳市"熹遇·见岛"联合创始人雪颜：希望熹遇·见岛的前沿探索能给其他民宿带来全新的思考	158
04	汕头市"环畅·浥汐里"创始人林蓓琪：客户渠道大部分来自新媒体平台	164

四川

01	成都市"闲在旅居"创始人付帅：乡村民宿未来发展方向会比较精彩	170
02	成都市"坐忘森林"联合创始人杜天煜：文化化是个性化、差异化的前置条件	180
03	德阳市"鹭鸟庄园"创始人廖凡：为生物多样性保护探索"中国样本"	190

重庆

01	"山鬼"创始人刘霞：为当地乡村旅游的民宿集群IP打造赋能	198

湖北

01	武汉市"德比翠城堡"创始人萧力：努力打造中国首家法式婚礼主题民宿	208
02	武汉市"云稼慢乡原宿"创始人金琦：将云稼慢乡田园生活社区模式推广到更多城市	218

湖南

01	张家界市"五号山谷"联合创始人刘艺：发掘那些被遗忘或地处偏远的村落	224

山东

01　青岛市"朴宿文旅"创始人刘喆：保持勇敢　　234

福建

01　南平市"缤纷里"宿集执行总裁甘淑丹：缤纷里是一个内容丰富的文旅综合体　　244
02　宁德市"拾间海"联合创始人陈蜀曼：我想在乡村种下一颗美的种子　　254

安徽

01　黄山市"澍德堂"创始人苏彤：承载徽派生活美学　　264

江西

01　上饶市"厚塘庄园"创始人刘芳：精致乡土生活衍生多业态乡村度假体验模式　　274
02　景德镇市"锄月"创始人戴晓燕：设计锄月的初衷是回到生活本身　　282

PART 03
边 地 锦 簇

贵州

| 01 | 兴义市"悦栖里"创始人吴英杰：民宿真正的价值在于它所承载的一种生活状态 | 290 |
| 02 | 盘州市"枕宿"创始人李亚灿：踏山河而来，枕星河入梦 | 298 |

黑龙江

| 01 | 漠河市"拾叶知悠"创始人邱小允：北方需要让大众更快地接受民宿理念 | 304 |

内蒙古

| 01 | 乌兰察布市"壹蒙壹牧"创始人郭晨慧：草原火山文化是我们这里真正意义上的宝藏 | 312 |

辽宁

| 01 | 大连市"竹庭庄园"创始人李左男：梦想的力量 | 320 |

新疆

01	吐鲁番市"悦丰·宿集"联合创始人李巧：新疆是未来十年中国旅行的风口	326
02	阿勒泰市"可可托海的梦"创始人邹永萍：向世界展现新疆之美	334
03	伊宁市"飞行家"创始人晏樱：我的终极理想是在昭苏草原开一家乡村民宿	344

西藏

| 01 | 拉萨市"五色茎别院"创始人陶世清:西藏的个性化高端民宿比例较小 | 352 |

海南

| 01 | 琼中自治县"学而山房"创始人张春丽:艺术文化赋能乡村建设的探索者 | 360 |
| 02 | 陵水自治县"暮屿岚"创始人姜俁同:打造有情感温度与精神价值的文旅目的地 | 370 |

广西

01	北海市"三径·映云"联合创始人朱栩林:让客人感受独属于海岛的与世隔绝	378
02	北海市"邻舍"创始人何源远:创业者和母亲的角色并不冲突	386
03	桂林市"诗与远方"创始人陈莉:将重心放在产品质量的提升上	392
04	桂林市"里山森谷"创始人黄娟:打造自然美好的生活方式体验地	400

后记　　　　　　　　　　　　　　　　　　　　　　414

PART 01 风起南方

如何与你诉说
一次与风奇迹的相逢
不用问我 从何处而来 为何行囊空空

风与轻雷
在血肉中催生 奔涌
新的脉动

原来可以如此 温柔婉约
又光芒万丈

我坚信「共益社区」的意义远超过经济层面
——谢怿雪

M 美宿志

X 谢怿雪

🔖 谢怿雪，昵称"小熊"，浙江温州人，北京大学法学硕士。墟里（上海）文化传播有限公司董事长，浙江省农创客发展联合会乡村运营专委会副主任委员，"墟里"品牌创始人，"共益社区"项目发起人，曾获"全国巾帼建功标兵""最美浙江人·最美乡贤"等荣誉称号。

让古老的乡村"活"起来
Ancient village

M ─ 当初,您选择从北京律师界辞职回乡开民宿真正的原因主要有哪些?

X ─ 这个决定并非出于一时冲动,它就像一颗埋藏在我心中的种子,酝酿已久。在北京的十五年,我对城市有了更为深刻的认知。作为律师,我的收入和物质水平或许会更好,但大城市带来的公平竞争已不再是我追求的全部。我想,人生或许有更多的可能性。

在做这个决定之前,我曾去欧洲游历了一年,这一年的经历对我后来的选择产生了深远的影响。在深入欧洲的乡村后,我对那里人们的生活方式心生羡慕和向往之情。我坚信,这是经济发展到一定阶段后的必然现象,越来越多的人开始向往乡村生活。

我深思熟虑后的决定——回归乡村。

我生于温州,祖籍永嘉县(后简称"永嘉")。尽管我在城市中成长,但温州这片土地始终在我心中占据着特殊的地位。或许外界对温州的印象多聚焦于其经济繁荣,然而它更是一个承载着深厚人文底蕴和山水之美的城市。我的家乡永嘉,更是中国山水诗的发源地。我渴望回到乡村,感受那份纯朴和宁静,同时也希望能够为乡村的发展贡献自己的力量。

我客观地认为，如果回到乡村，我会毫不犹豫地选择我的老家永嘉。在我心中，没有比那里更美好的地方了。我的这一选择主要基于两点：首先，我在学生时代阅读过一些描写永嘉的书籍；其次，我童年记忆中的永嘉总是充满着温情，每年回老家时都让我深深感受到了乡亲们之间的人情温暖。

M — 民宿的选址十分重要，如果纯粹从商业角度考虑，选址关乎一家乡村民宿的存或亡。这几年，政府和平台机构都在邀请您考察选址，最后您选择了徐岙底古村落（后简称"徐岙底"）。您曾经说，选择徐岙底不是出于理性的考量，所以我想了解徐岙底这个地方最初打动您的是什么，让您决定在这里创业。

X — 民宿以其小而美的特质，吸引着越来越多的人回归乡村。然而，我并不认为在乡村开设民宿就一定能够轻易找到一个完美的商业模式。事实上，我更多的是在探寻如何在乡村成功开设并运营民宿的这一过程中寻找答案。经过四年的摸索，我逐渐找到了方向，坚信民宿可以作为一项可持续的事业进行发展。但我认为，仅仅依靠民宿是远远不够的，乡村仍需要一个虽小但相对完整的生态系统来支撑其持续发展。我选择徐岙底正是基于这样的考量。

M — 我知道"墟里"源于陶渊明《归园田居》中的"暖暖远人村，依依墟里烟"。您个人对当下许多人追随陶渊明人生态度有何看法？

X — 中国民众自古便对王维、陶渊明等诗人笔下的生活意境心生向往。这种向往并不是用当代的语言去界定的，而是源自内心最自然、最真挚的情感流露。在现代社会的快节奏与物质化生活中，人们时常感到精神的贫瘠，因此更加渴望古人的浪漫情怀。"墟里"就是村庄的意思，它所具备的天然美感与深远意境，正是人们所寻找的精神寄托和情感共鸣。

用乡村空间连接人
Connect

M — 从最初的"墟里壹号"到现在的"墟里·徐岙底"项目,一路走来,您是如何实现乡村理想的坚守和商业上的平衡的呢?

X — 我想,对于许多女性而言,或许并没有现成的模式或清晰的路径可供参考。但女性的直觉、敏感与敏锐性,使她们有能力在初始阶段就跳脱出单一的商业算法,这种将生活和生意交织在一起的模糊地带,其实蕴含了丰富的可能性,我们应当珍视并保护这种多样性。

在过去快速城市化的阶段,女性非单一的、非理性的思维方式可能会遇到挑战。城市化的商业逻辑要求高效、标准和可复制性。对于思维尚未形成清晰框架的女性而言,在适应过程中可能会遇到一定的障碍。然而,随着时代的演进,尽管城市化和商业文明仍将持续发展,但我相信会有一条新的道路逐渐显现。

我理想中的商业模式,应当是横向扩张与纵向深耕的结合。横向的商业模式注重规模扩张,而纵向的商业模式则更注重深入扎根。我认为在乡村成功开展商业活动的首要条件是获得乡村的接纳。只有深深扎根于本地,获得本地人的认可,才能像大树一样茁壮成长,枝繁叶茂。

M — "墟里"团队最后介入徐岙底整村改造运营时，遭遇了史无前例的疫情。在改造期间，你们遇到最大的困难有哪些？

X — 在疫情期间，温州本地的民宿其实展现出了不错的业绩。温州本地人具有较强的消费能力，但受到旅行限制的影响，他们更倾向于在本地消费。我们的主要客户群体是那些经历过城市化洗礼的人们，他们渴望乡村的宁静、美好和疗愈，愿意为这种看似简单却充满韵味的乡村生活买单，这是一个非常客观的发展趋势。

然而，在这样的环境下，我们仍然感受到了巨大的经济压力。同时，我们内部也进行了深入的讨论，探讨这个项目是否过于小众，是否能吸引到足够的客户。但我坚信，成功的关键在于我们的运营策略。于是，我们采用了化整为零的方式，避免一次性投入过多资金，先以两栋房屋为起点，逐步向更广阔的领域推进。这样既保证了资金的流动性，也为我们的项目扩展提供了可能。

总的来说，虽然过程中会遇到很多困难和挑战，但只要我们坚持下去，我相信"共益社区"和乡村教育的理念会得到更多人的认可和支持。

M — 运营方面，你们勇敢探索，目前正在尝试"共益社区"的概念。请您介绍一下"共益社区"的初衷及目前的实际运营效果。

X — 在快速变迁的现代社会，我们虽无法回到农耕时代，但那些历经风雨仍存的村落，为我们指明了方向：我们应珍视并传承那些传统的、具有价值的元素。同时，我们也需要寻觅那些具备潜力的人以及恰当的时机，共同创造和把握推动乡村持续发展的契机。

当我们今天再次回到乡村，我坚信我们需要寻求新的途径。首要的是，我们需要搭建人与人之间的桥梁，如何具体实现这一连接，我们还在探索之中。欧洲有生态村，人们因生态理念而聚集；华德福教育社区，则因教育梦想而团结。无论是生态还是教育，它们都成了连接人们的新纽带，也是新的理想和追求。

乡村如果仅仅是一个孤岛，它的未来又将何去何从？又如何能吸引下一代年轻人回归这片土地呢？因此，我们创新性地提出了"共益社区"的理念。初次提出这一名字时，不少人误将其理解为"共富"（共同富裕）。确实，在很多地方，特别是偏远地区，"共富"仍是首要追求。但在我所在的温州地区，"共富"已经不再是第一需求。我们更看重的是如何通过"共益"来增强乡村的凝聚力和内生动力。至于为何选择"共益"而非"公益"，我认为"公益"在某种程度上意味着对外部力量的依赖，而我们的目标是希望乡村能够自我造血、自我发展。所以，我们选择了"共益"这个名字，希望它能代表人们共同追求乡村发展的愿景。

五年前，当我初次涉足"共益社区"这个项目，许多民宿业界的同行朋友都表示赞赏其情怀，但同时也担忧其风险。然而，我坚信"共益社区"的意义远超过经济层面。更重要的是唤起人们对乡村、对生活的精神性和情感性的关注。古村落正是承载这一愿景的理想之地。

当然，项目面临诸多困难和挑战。但在疫情后的今天，我们得到了政府的大力支持，我们将继续努力，致力于将"共益社区"项目推向成功。

M 主理人的综合素质在乡村民宿项目运营中十分重要。你们在主理人招募方面有哪些特殊要求？

X 刚踏入乡村民宿行业时，我并未过分担心管理问题，毕竟初期团队可能只有三至五人。然而，当管理职责扩大到整个村落时，我才深刻体会到管理的重要性。基于我在城市生活的经验，我坚信具备自驱力的人在乡村同样能找到自己的道路。因此，在"共益社区"项目中，我采取了新乡民招募和主理人孵化的策略。然而，乡村的发展尚处于初期阶段，面临的挑战也更为严峻，这需要我们付出更多的耐心和努力。

乡村的熟人社会氛围简单而温暖。来到这里的人，首先感受到的是低成本却舒适的生活。其次，友好的环境和氛围使人愿意留下来并投入工作。但真正的动力，还是源于个人内心的决心和热情。

当然，我们也在探索商业化的道路，比如非常谨慎地销售房屋的使用权。像阿凯和胡凡这样的有志青年的加入，无疑为"共益社区"注入了新的活力。我非常欢迎他们，并期待与他们一同为乡村的发展努力。

对我来说，投资人的到来，我既充满期待又感到紧张。因为我知道，他们可能更看重项目的实际价值和商业模式。面对投资人，我们需要更具体地阐述项目的商业模式、市场前景和潜在回报。面对政府，我们则需要强调项目的社会价值和其对乡村发展的贡献。而对那些怀揣乡村梦想的个体，我们应描绘出一个美好且可实现的未来蓝图。

我深信乡村同样需要类似于城市的孵化器。但不同于城市的模式，乡村的孵化器更应聚焦于激发乡村的内生动力，培育乡村特有的创业精神和创新能力。我深知这种模式可能并非适用于所有年轻的品牌或初创企业，因为乡村的环境和条件有其特殊性。但我们拥有"共益社区"的方法论，通过设定一系列标准和筛选机制，我们期待能为这些品牌提供必要的支持和帮助。因此，从商业发展的角度来看，这或许是我们在乡村发展中探索的一条可行之路。

用实际行动来讲述中国乡村故事
Country story

M 为什么"墟里·徐岙底"项目想探索"共益社区",这幕后有哪些现实考量?

X 尽管我目前仍处于摸索与探索的阶段,但教育无疑是我工作中不可或缺的一环。对于乡村的发展而言,教育具有举足轻重的地位。因此,我们计划与政府携手,共同参与一所公办小学的共建项目。

此外,我还注意到浙江省对"数字游民"这一概念给予了高度重视。起初,我不能完全理解这一做法,因为数字游民在国外已存在多年,其脉络可追溯到嬉皮士文化。虽然数字游民在国内也一直存在,但并未成为主流,它更像一种非主流的生活方式。然而,深入思考后,我逐渐理解了其背后的逻辑。

随着就业问题和城市问题的日益严峻,对于那些在城市中难以安定的年轻人、职业转型的中青年而言,他们需要一种柔和的、通过改变生活方式来主动做出选择的途径。乡村和数字游民的生活方式为他们提供了新的可能性,让他们能够勇敢地迈出那一步,尝试新的生活方式。这并不是传统的、由政府主导的"上山下乡",而是基于个人选择和新型生活方式的群体性选择。

当我意识到这一点时,我深感这个项目的价值所在。在探索这一复合型价值的道路上,我坚信只要我们的商业模式能够保持稳健运营,确保项目和团队的成本得到合理覆盖,就是成功的第一步。再加上如今这种多元化的社会价值和各种附加价值,我坚信我们的品牌将表现出独具特色的核心竞争力,进而有可能产生显著的额外商业价值。无论是从国家层面还是我们具体的项目来看,乡村的未来都充满了巨大的发展潜力。我认为这是一个非常有价值的项目,值得我们投入更多的时间和精力去推进。

M：由于您个人的影响力，以及"墟里·徐岙底"项目本身有政府的介入，初期调动社会资源的能力会比较强。但风潮过后，展望十年或二十年之后，您最希望"墟里·徐岙底"项目本身给中国乡村振兴带来哪些影响？它如何塑造未来中国乡村的价值？

X：对于"墟里·徐岙底"这个项目，我确实有一些宏观的构思和设想，但目前它们还只是停留在我的脑海中。总的来说，我们正在努力将其变为现实。如果将其分为上半场和下半场两个阶段来看，上半场确实面临了诸多挑战，包括一些非理性的因素以及疫情的冲击，那段时间我们经历了很多迷茫和困难。但下半场，我变得更加坚定，因为我洞察到了众多机遇与合作的可能性。

我们现在主要聚焦于学校的示范项目，致力于将其打造成标杆。将来我们也有更为宏大的扩展蓝图，但我们的目标并非仅限于民宿连锁或村落的复制，而是会根据项目的实际情况和团队的能力，制定最为合适的发展战略。

关于"墟里·徐岙底共益社区"模式的可复制性，我对此持谨慎态度。即使我们尝试复制这种模式，也需循序渐进，因为大规模复制将带来各种挑战。但我认为，在我们的基础上，其他同行可以对其进一步优化和创新。"共益社区"并非封闭的概念，而是一个启发新思路、提供新方法的平台。

我们首先在泰顺扎根，未来则可能在力所能及的范围内于浙江境内再做几个项目。但这些业务扩展都不是盲目的，而是基于我们在当地深耕细作、积累口碑和信任的基础之上。我们团队共同生活、工作，这种经过时间沉淀的朴素信任和口碑，正是我们在这片土地上最宝贵的财富。

尤其是在疫情期间，我们的项目不仅没有受到冲击，反而得到了进一步的发展。这充分证明了我们的模式是有生命力的，也是符合社会发展需求的。现在，当我们与政府、学校等各方交流时，大家都能感受到"共益社区"这个概念所带来的正面影响。

通过一个小小的社区，我们可以向世界展示，人们是主动选择来到乡村安居乐业，并在这里找到了归属感和幸福感。同时，我们也为乡村创造了价值，让乡村焕发出新的生机和活力。我觉得，这种通过实际行动来讲述中国乡村故事的方式，比任何言语都更具有感染力和说服力。

M — 你们策划了一系列活动,例如在"墟里·徐岙底"的返乡中心刚刚结束的"在地刊物展",请问策划并实施这些活动的初衷有哪些?未来还计划策划哪一类的活动?

X — 尽管我不是此次展览的主要策展人,但我见证了展览的全过程。展览内容丰富多彩,涵盖了诸多在地文化元素。我们计划每半年更换一次展览内容,以确保村民和游客都能持续领略到新鲜、有趣的艺术魅力。尽管现在展览的规模不大,但我坚信,随着时间的推移,此类展览将越来越受欢迎。

此外,我注意到在场的孩子们虽未能参与展览的全过程,但他们却在那里认真翻阅着刊物,对展览的内容充满了好奇和兴趣,这种影响是潜移默化的。虽然他们可能无法深入探讨展览内容和价值,但这种好奇心和兴趣弥足珍贵。

总的来说,村子需要这样的展览和活动来弘扬我们的文化和特色,让更多的人了解村子的历史底蕴与现代风貌,感受这里的氛围和魅力。同时,它们也将成为推动村子文化传承与创新的重要力量。

墟里壹号店的未来选择
In the future

M — 这次过来特别想去您当初的第一家店"墟里壹号"实地看看。对于任何品牌来说,第一家店都至关重要,因为品牌的产品基因和未来的价值观基本都源于此。但听说"墟里"最初的两家店现处于停业状态,我个人还是有点小遗憾,您计划"墟里壹号"从此不再对外营业了吗?

X — "墟里壹号"在我心中承载着无比特殊的意义。我回到乡村的初始一两年,"墟里壹号"为我带来了前所未有的踏实感与精神上的满足感。当然,很多人都对乡村的"诗和远方"充满向往,然而真正涉足民宿运营却非易事。这既需要有情感的投入,又需要耐心地处理繁杂琐碎的事务。由于工作与家庭的牵绊,我无法再像过去那样将大量时间与精力投入"墟里壹号"之中。

在"墟里壹号"的运营过程中,我们确实遇到了不少挑战,然而正是这些经历让我得到两点重要的启发。首先,我重新思考了"共益社区"的价值和收益。假如"墟里壹号"所在的社区是一个真正的"共益社区",它或许能够避免处于现如今尴尬的局面之中。其次,我认识到民宿的功能与影响力是有限的。诚然,民宿为游客提供了住宿服务,但在推动社区整体进步、提升居民福祉的宏大愿景面前,民宿所能发挥的作用仅仅是冰山一角。这促使我深思,如何更全面地考量社区的需求和发展,而非仅仅局限于民宿的经营。

目前,关于"墟里壹号"与"墟里贰号"未来的走向——彻底关闭、转让或寻求其他发展方式,我仍在权衡之中。或许走艺术化的路线是一个值得尝试的方向。我们可以为那些寻求创作空间的作家、艺术家打造一个理想的场所。这里不需要过多的服务,本地的阿姨会确保房屋在入住前保持干净、整洁,并为客人提供一个安静的环境。当然,我们也会确保客人在需要帮助时能够随时联系到我们。

总体而言,我认为民宿不应仅仅局限于住宿功能,它更应当是一个集合了休闲、创作与交流的多功能空间。

墟里的未来有无限种可能
Infinite possibilities

M— 您儿子"腊八"在您生活和事业中的影响有哪些？您做"墟里"项目对他的改变和影响有哪些？

X— 我回到乡村已有十年，尽管我的孩子腊八今年才八岁。这十年间，乡村给予了我坚定的信念，让我有了成为一位称职母亲的勇气和信心。

我的孩子几乎是在乡村长大的，我坚信这份童年礼物将会是他日后宝贵的财富。我的孩子在某种程度上是我做"墟里"项目的直接受益者。在乡村，他每天都能与山水、天地亲近，与人们建立真诚的关系。他的审美并非是通过昂贵的兴趣班、辅导班来学习的，而是源自大自然的馈赠和古村的厚重历史。他生活在一个拥有八百年历史的古村里，这些美早已融入他的日常生活，无须刻意追求。

乡村孩子所经历的，并非困扰，而是他们成长道路上宝贵的历练。他们身上有着与城市孩子迥然不同的特质，这也正是他们经历乡村生活所积累的宝贵财富。

如今，我深深地理解为什么我想要投身教育事业。从腊八这个孩子身上，我得到了很多关于教育的启迪。当然，他的经历或许不具有普遍性，但正是这些独特性让我看到了乡村教育对孩子成长的可能性。

我认为，一方面，今天乡村教育的问题和短板是真实存在的，但随着技术的发展，这些问题有机会在未来逐步得到解决。另一方面，更多的人开始意识到乡村教育的隐性优势所在。乡村教育不应盲目追赶城市教育，而应探索出一条既传承传统又面向未来的新路径。这与中国走中国特色的乡村振兴道路在某种程度上有着异曲同工之妙。

M — 另外，冒昧地问一下，除您儿子"腊八"之外，家里其他人对您做"墟里·徐岙底"项目持支持态度吗？

X — 起初，我父母对我选择从事的行业并不十分理解，但也没有强烈反对。他们选择了尊重，并不过多干涉。他们更关心的是我能否过上幸福的生活，并非仅仅关注我是否成功。他们目睹我回到乡村后这些年的经历，虽然工作艰辛，但我积极向上的状态让他们坚信我是在追寻自己热爱的生活。因此，他们逐渐理解并接受了我的选择。如今，我也有了孩子，更能体会到作为父母的心境。对此，我心存感激。

M — 如果您现在来总结"墟里·徐岙底"乡村"共益社区"项目，您如何评价自己当初从北京返乡创业的决定？

X — 回归乡村并不是一个遥不可及的乌托邦，而是真实可行的。这不是毫无根据的幻想，而是有实际需求的。疫情期间，我那些在城市里的朋友、同学、客户，包括我们民宿的客人，与我的互动比任何时候都多。这让我们更加坚信，乡村生活是被需要的。

疫情在某种程度上，或许是一种加速器或放大器，让人们暂时停下匆忙的脚步，重新审视自己的生活、未来与人生价值。我深切感受到，随着城市化的推进，逆城市化趋势愈发强烈。这种需求尤其在一线城市中突显，人们在满足基本生活需求后，开始追求更高层次的精神满足。

起初，我也曾疑虑，像我们这样的人是否过于小众，无法代表一个群体，也构成不了一个商业模式。时间对我而言尤为宝贵，我也曾犹豫是否应该在此时投身其中。然而，我深知，如果等到大多数人开始行动才做决定，那或许已经错失了最佳时机。

未来的路尚未可知，可能需要三年、五年，甚至更长的时间，但我们愿意去做这件事。因为从生活的角度来看，这已是一种有价值的投资。而从商业的视角，我们也看到了发展道路的可能性。尽管短期内的回报率可能不如意，但我从生活上得到的满足已然能够弥补一切。这份与乡村的缘分，使我的生活与事业在此实现了完美的融合，比我在北京的日子更加充实与满足。

未来我们希望创造新的模块带活乡村市场

——陶然

M 美宿志

T 陶然

陶然,"不如方"品牌创始人。

被原生的山水打动
Touched by nature

M ─ 辞职跨界做民宿在中国民宿领域并不鲜见,你们也是跨界做民宿者之一,您辞职做民宿主要受哪些因素影响?

T ─ "人人都渴望得到受欢迎的结论,因此连做人都不够自然。"我跟我先生一直是非常率真活着的人,体制内的工作环境,就像是把人放在阳光和氧气都不充足的盒子里,不太适合我。这是我要去山野里造属于自己这一方天地的原因,同样也是我最终下决心辞掉国企工作的理由。

M ─ 浙江台州的民宿"出圈"的影响力与莫干山相比并不算很大,您当初为何选址定在台州仙居呢?

T ─ 说来惭愧,我经营"不如方"这个品牌快五年了,也去体验过不少心仪的民宿,但是莫干山却一直只是以图文的形式存在于我的创业经历里。这也是我要在台州做民宿的一大原因——这里交通方便,路途不会占用太多时间成本,让我每周末都能享受到一个把理想生活安置下来的乐享之所。

台州是山海文化的汇聚地，有山的地方就容易出好水，仙居就是以众多翡翠色的溪流和潭水闻名小红书的。我的先生热爱户外探索，我们是被这一片原生的山水打动的。

亲近原生，倾听本真
Listen to the authentic

M — 一家民宿的名字往往寄托了民宿主人许多外人不知道的内涵深意，"不如方"蕴含哪些特殊的寓意？

T — "不如方"其实不仅仅只是一家提供餐食住宿服务的民宿，我们更是把它当成一个传达美好生活方式的品牌来做的。"方"代表了人的个性与棱角。"不如方"的意思就是要自然地做人，要追寻本真。所以"不如方"的品牌释义是：亲近原生，倾听本真。

M — "不如方"第一家店在设计上如何增强自己的特色和记忆点？

T — 我们充分考虑了在地的自然属性和人文属性。建筑外立面上用了大面积的木饰面，营造了一种在山野里生长出来的居所的氛围感。另外，我们复原了当地村落几十年前的石墙，让这样的特色元素和材质成为建筑外立面甚至室内的一部分。

M — "不如方"的第二家店在"临海"，设计理念上是否与第一家店有区别？

T — "临海"是一个很容易让人误解的名字，听起来像海滨小镇。"临海"其实是台州的老府城，它保留了一座非常完整且规模巨大的古城。同时这个古城有很多的原住民。第二家店是由一栋历史建筑修复和活化利用而来，我们在设计上采用了一种和谐的冲突感。在最大程度保留老建筑外立面和基础结构的前提下，做了具有较强现代艺术感的空间设计。而且我们想要融入古城的烟火气息，因此这家店完全不同于第一家店的避世属性，这家店被我们定位为时髦的城市社交空间。

M — 民宿不仅仅是提供住宿服务的地方，也包含民宿主人想传达的生活理念。您想通过"不如方"传达哪些生活理念？

T — 亲近自然、融于自然；唤醒本真、坚守自我。

做好品牌内核力
Core power

M — 2023年，"不如方"被收录进《民宿在中国2》。此外，"不如方"近年来也荣获了许多奖项。这些荣誉对"不如方"内部团队有哪些影响？

T — 团队初创期间加入进来的小伙伴一定是很有自豪感的，对我们创始人来说，做"不如方"的初衷虽然跟这些奖项并无太大大关系，但这些奖项对我们来说也是莫大的鼓励。这两年团队吸纳新生力量的时候，发现大家都是冲着"不如方"这个品牌有趣而丰厚的内核而来的，让我觉得自己从一开始以做品牌为目标的决定是艰难但正确的。

M — 疫情之后，受经济大环境影响，包括江浙民宿在内的中国民宿领域，年均入住率并不太乐观，一些民宿主甚至选择离场。您怎么看待这个现象？

T — 每个行业都要经历从崭露头角，到大量入市，再到角逐淘汰，从而达到类似于生态平衡的过程。这些年大家一直用"情怀"这两个看起来非常理想主义的词给民宿行业贴标签。我觉得情怀本身是美好的东西，但经营民宿一定是一门正儿八经的生意。生意就需要良性的经济逻辑，比如长期亏损的生意绝大多数人是要理性放弃的。大部分高投资额的民宿都不具备很出色的投资回收期，但回收期这个因素的负担能力是因人而异的，而且品牌的核心竞争力是对创始人和运营人文化和才能的综合考量，并不是让一家民宿开门营业那么简单。所以合适的人、有实力的品牌留在某个行业继续深耕，是完全符合常规的现象。

自我本色是最重要的探索
True self

M — 新媒体在民宿私域引流方面越来越重要。你们在新媒体营销方面做了哪些探索?

T — 我们其实属于在新媒体营销上不怎么拼的品牌。作为创始人和主理人,我对品牌内容的输出有100%的把控权,我们的微信公众号、微信视频号、小红书账号也一直保持着自己的输出风格。我们希望即使辐射范围小,或跟流量沾的边很有限,也尽量只吸引与我们志趣相投的朋友。所以我们在新媒体营销方面其实没有做什么大的探索,唯有"保持自我本色"是我们一直坚持的东西。

M — 仙居作为历史文化悠久、人杰地灵的千年古城,文化积淀深厚。"不如方"在传承在地文化和民宿营销方面做了哪些融合?

T — 大家现在做文旅,经常有点硬凹文化造型的感觉,我觉得完全没有必要。仙居最大的地域优势和特色,就是奇山碧水。这两年,不管是大热的神仙居景区也好,还是一到夏季就人满为患的淡竹休闲谷景区也罢,我觉得在山水特别原生和自然的地方,生活在山水间,把人的生命与自然连接在一起,才是最值得推崇的在地文化。这也很契合"不如方"的品牌理念,是很自然的营销方式。

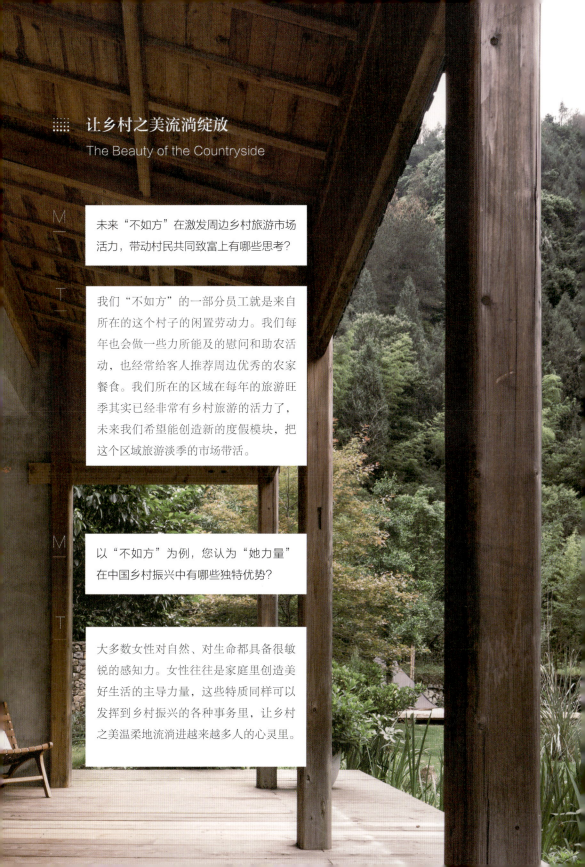

让乡村之美流淌绽放
The Beauty of the Countryside

M—T 未来"不如方"在激发周边乡村旅游市场活力,带动村民共同致富上有哪些思考?

我们"不如方"的一部分员工就是来自所在的这个村子的闲置劳动力。我们每年也会做一些力所能及的慰问和助农活动,也经常给客人推荐周边优秀的农家餐食。我们所在的区域在每年的旅游旺季其实已经非常有乡村旅游的活力了,未来我们希望能创造新的度假模块,把这个区域旅游淡季的市场带活。

M—T 以"不如方"为例,您认为"她力量"在中国乡村振兴中有哪些独特优势?

大多数女性对自然、对生命都具备很敏锐的感知力。女性往往是家庭里创造美好生活的主导力量,这些特质同样可以发挥到乡村振兴的各种事务里,让乡村之美温柔地流淌进越来越多人的心灵里。

民宿最大的吸引力还是服务

———

余爱君

M　美宿志

Y　余爱君

▸ 余爱君，昵称"鱼儿"，浙江淳安人。杭州千岛湖省级白金宿"鱼儿的家"民宿联合创始人和主理人，世界乡村旅游学术委员会委员及讲师，浙江省文旅运营师，浙江省优秀民宿主理人，浙江省最美民宿女主人，杭州市高级人才，杭州市文旅行业能工巧匠，杭州市第十届妇女代表，杭州市工商业联合会执行委员会委员，杭州市文旅人才协会首批智库专家，西湖·淳安乡村振兴推荐官，淳安县三八红旗手，淳安县最美共富带头人。

温度成就舒适的家
A comfortable home

M —— "鱼儿的家"带给我们温暖的感觉,这个名字有什么含义吗?

Y —— "鱼儿的家"这个名字蕴含着三重含义。首先,鱼儿是千岛湖的代名词,千岛湖除了山水有名,鱼也很有名,看到鱼就会联想到千岛湖。其次,我们想要给远方的客人一种家的舒适感,像鱼儿在水中那种自由、快乐、简单和舒适的感觉。最后,我姓"余",多年来我的微信昵称都是"鱼儿"。

M —— 您为何选址在千岛湖宋村这个地方呢?这个地方为民宿的发展提供了哪些条件?

Y —— 选址在这个地方,是因为我是土生土长的千岛湖人,我深爱着千岛湖的山水。我从小生活在农村,特别热爱大自然,所以当我想做民宿的时候,首选就是在千岛湖边。

选址初期我跑遍了千岛湖的每一条支线,才来到宋村。云港口是一个港湾,特别安静,符合我想要的那种"面朝湖水、春暖花开"的感觉。另外,这个村非常原始,有着难得的质朴感。

M 除正常经营民宿外,"鱼儿的家"还开展了一系列的特色活动,探索"民宿+"的可能性,您介绍一下这些活动的出发点?

Y 除了正常经营民宿,"鱼儿的家"还开展了很多文化活动。特色旅游项目包括亲子、女性系列及多种主题活动,如插花、瑜伽等。除此之外,民宿还开展了在地文化体验活动,让游客体验当地的风土民情,亲自动手制作当地的特色美食(如做玉米饼等)。另外,我们会围绕非物质文化遗产(后简称"非遗")策划一些主题活动,"鱼儿的家"作为非遗主题民宿,我们以鱼为主题,开展与鱼有关的系列活动,将鱼拓画融入其中;以竹马为主题,邀请国家级非遗传承人来授课,等等。

我觉得作为一家民宿,应该传播当地的文化、民宿的主人文化和非遗文化。民宿除了应提供非常好的吃住体验,还要成为传播当地文化的桥梁。

M "鱼儿的家"接待客人的流程是怎样的?在服务上您做了哪些创新?

Y "鱼儿的家"最成功的一个方面,就是客户接待。近年来我们根据客户的需求和我们对民宿服务理念的理解,整理出了管家一对一的服务流程,这包含了入住前的准备工作,入住时的相关服务,以及入住后的相关流程等,在客户接待上我们有一整套的流程。在服务上,我觉得要更关注细节,更关注客户的需求。真正让客户感受到这里就像家一样。而且,相比在家里,客户能够得到更多的关注和不一样的体验。

M 您对"鱼儿的家"未来的发展定位有什么计划吗?

Y 对于未来的发展,我们想要把"鱼儿的家"的一些服务细节和文化内涵做得更深入一些。我们将开启共享民宿的新模式,利用"农村经济合作社+白金宿民宿品牌+村民+网红达人"的合作模式,通过"整合+强运营+强资源+强流量"的形式,在设计上更利于融合和保护当地自然资源和文化资源,在建设上能够有效控制和降低建设成本。

以白金宿民宿品牌为基点,从"村民—培训—管家"运营模式中把握和解读国家相关政策,与社会发展同步,开发相关的农产品、特色商品,实现产、销、存一体化。

从建设美丽乡村、打造美丽乡村名片的角度出发,我们致力于实现多方共赢,拉动农民增产增收,振兴乡村经济。与在地文化相融合,提升游客的体验感。加强新媒体的运用,发掘和展示更多的乡村文化内容,提升流量,提升知名度和品牌价值,并且将文化深度融合,形成自己的千岛湖鱼文化。开展鱼儿亲子课堂、鱼拓展示等活动,并建立鱼儿书吧(鱼文化空间)、鱼文化展示、在地文化精品饮食(鱼儿十三道)等多方面载体,形成多次体验、深度体验的模式。

具体来说,除了做好"鱼儿的家"的内容、品质、服务,我们还想做一些相关培训。培训分为两方面:一方面,是做一些有关文旅拓展的培训;另一方面,这几年我们已经开设了一些民宿运营相关的课程,接下来会承接一些民宿或者乡村振兴项目的运营服务。因为很多想要开民宿的人有这种需求,他们都希望向我们学习,因为我经常分享,他们觉得我讲的内容很接地气,具有可操作性。还有就是开发一些亲子相关的课程,拉近家长与孩子之间的关系。

热爱可抵岁月漫长
Passion

M — 您觉得好的民宿必须具备什么元素?

Y — 我觉得好的民宿,首先应该有一位非常温暖的主人,民宿主人热爱生活的点点滴滴,喜欢分享生活的美好。我进入民宿行业的初衷,就是想在这么一个春暖花开的地方,跟同频或者同样热爱生活的一些人共同分享、共同成长,共同享受美好生活。

M — 现在做民宿很不容易,您在做民宿的过程中是否动摇过?什么动力让您一直坚守到现在?

Y — 我从来没有动摇过做民宿的信念。如果说动力的话,就是我喜欢。我喜欢这种山水之间的闲适,希望与顾客分享,一起聆听生活的美好。虽然民宿行业现在不景气,经营方面也需要自己不断地努力、不断地拓展,拥有渠道才能够很好地经营下去,但是我从来没有动摇过我对民宿这个行业的热爱。因为做民宿这几年，我感觉我的性格和我的生活态度与民宿运营是非常吻合的。因为喜欢，所以从不动摇。

M — 开一家民宿给您最大的收获是什么？民宿能让客人们收获什么？

Y — 就收获而言，我经常跟别人开玩笑说，之前教书那么多年，还不如做民宿这八年多成长得快。因为我比较喜欢不断突破自己，不断提升自己。开这家民宿给我最大的收获就是拓宽了视野，把自己的世界打开了。让我觉得人生有无限的可能，一个人的潜能也是无限的。我之前教书的时候，人家认为我是好老师，做了这个民宿之后，我感觉证明了自己，原来我还可以有更多的可能性。做民宿最大的收获就是成长，收获了无数的朋友。在做民宿的这一路上，说实在的，我碰到过很多困难。但是每次遇到困难的时候，我总是能得到贵人的帮助，收获了很多的友谊。我觉得民宿让客人收获的应该是一种体验，一种在家里、在自我的生活圈子里体验不到的生活。

创新铺就持续发展
Innovation

M — 在自媒体时代，您是否考虑更多的民宿宣传创新方式？

Y — 我们一直在探索抖音、小红书等新媒体平台，我们也在努力跟上市场的节奏。对于一家民宿而言，如果想要持续长远发展，还是要做好服务内容和品质。很多民宿主反映民宿的回头客比较少，而我们这几年做得最成功的一个地方，就是百分之七八十的客人都成了回头客，而且还会介绍他们的朋友来。

M — 在疫情的大环境下，民宿受到很大的冲击。您有哪些可以分享的感受？

Y — 在疫情这种特殊情况下，我们尝试从多方面进行应对。对于民宿来说，无论是疫情还是碰到其他困难，我觉得只要用心去做，还是可以找到经营方向的。在疫情期间，从经营收入方面来看，我们并没有受到太大的影响。由于省外客户来不了，我们就拓展省内的客户。我们有很多粉丝，也有很多好的产品，在忙碌的时候没有时间整理，而在疫情时期，我们进行了物产的团购，拓宽了经营思路。

我们还将疗休养市场作为一个重要突破点。2019年下半年，我们积极主动向淳安县工会、杭州市工会申请成为疗休养基地。2020年初，"鱼儿的家"被授牌为杭州市疗休养基地。

我亲自带头，登门拜访杭州市重点省属、市属企事业单位工会和淳安县重点企事业单位工会负责人，展示介绍"鱼儿的家"专门开发的疗休养产品服务和专属政策。通过打通疗休养市场渠道，把疗休养服务做出特色、做成标杆，在疗休养市场形成口碑效应，赢得了疗休养市场的青睐，为"鱼儿的家"奠定了稳定的客源基础。

在此期间，我还加入新商业女性平台，多次举办女性主题沙龙，并在社区里进行直播和分享，成功吸引了1000多名会员朋友。这些活动成功地将"鱼儿的家"品牌传播得更远，扩大了客户群体。

M — 您对想要进入民宿行业的人有何忠告？您对当下坚守在民宿行业的同行们有哪些建议？

Y — 从我经营民宿近八年的情况，从创始人和实践者的角度来说，想进入民宿行业的人，首先要有真正热爱的心。如果不能真正地热爱自然、热爱山水，不是来自骨子里的热爱，面对非常琐碎的生活时，很难坚持下去。做民宿还是要慎重，不能仅仅把它作为一个投资项目，民宿最大的吸引力还是服务。

让村落得到最大力量的保护

——叶大宝

M 美宿志

Y 叶大宝

叶大宝,浙江"云上平田"乡村旅游发展有限公司总经理,"云上平田"品牌联合创始人,浙江省青年联合会委员,曾获"浙江省三八红旗手""丽水山居大使""松阳工匠""丽水市技术能手"等荣誉称号。

被建筑师"复活"的古村
Resurrection

M — 你们的乡村民宿为什么取名"云上平田"?

Y — 我们的乡村民宿所在的平田村海拔 600 多米,一年 365 天有 200 多天是云雾缭绕,所以就取名"云上平田"。

M — 平田村是被建筑师"复活"的古村,"云上平田"选址在海拔 600 多米的半山坡上是出于怎样的考虑呢?

Y — 我们最初做这个项目并不是因为想来平田村做一个什么样的民宿,而是因为平田村的老书记是我们民宿的主人,他想修自己家的老房子。政府刚好也想通过做一个项目来复活这个古村,我们就把平田村作为样板,开始对接国际知名设计师来修缮这些老屋,所以才会有"云上平田"这个项目。初衷是因为老书记的情怀。关于客户群体,其实我们刚开始都没有去做过任何的规划与考虑,只是一步一步地探索,然后慢慢做出来的。

M — 可否和我们分享一下您是如何与"云上平田"结缘的？

Y — 我大学毕业后在杭州工作了几年，觉得内心不够平静，还是想回农村，回到我的家乡松阳。2014年6月，我回到了松阳。有一次和朋友们一起聚餐时，认识了平田村老书记的儿子，他是我的初中校友。他说他的父亲在修建这些老房子，政府支持做民宿，问我有没有兴趣一起参与，我也就抱着试试看的心态接受了邀约。这样的一个缘分让我来到平田村。

"云上平田"是我梦想的一个开始。因为我出生在农村，小时候上学时有一段路特别脏乱差，那时候的牛羊全是放养的，因此我从小就想着如果长大后有出息，我要回到村子里，修村里的路，把路的两边铺满花。之前对民宿没有任何概念，就连普通的农家乐都没有考虑过。只是机缘巧合来到平田村，却偏偏实现了自己曾经的梦想。

M — 当地政府的"活化"传统古村落政策，吸引了哈佛大学、清华大学、中央美术学院、香港大学等建筑设计大咖们驻扎在此进行公益设计，将平田村建设得焕然一新。您对此有怎样的看法？

Y — 我觉得松阳政府的起点非常高，当时对接这些大咖的时候，我感到非常意外。我从没想过一个曾经萧条破败、无人问津的村子，有这样一群大咖级别的设计团队在这里设计和规划村里的老屋，他们将乡村传统与现代风格的设计理念相结合，来激活平田村的老房子。感谢松阳政府，感谢设计团队和平田村民让平田村"复活"。

M — 平田村年代久远，至今还保留着原有的建筑，"云上平田"初建时遇到过怎样的困难？如何处理与当地村民的关系？

Y — 建设期间大的问题没有，都是一些零零碎碎的问题。设计团队是专业的建筑设计大咖们，但施工团队是当地的本土村民。在施工的时候，他们会在观念上产生一些冲突。比如餐厅中的一面墙体，在传统建筑上会使用两个窗户，但设计师可能用三个或者四个，这对当地的师傅来说就不太能接受，他们喜欢沿用老祖宗们传下来的一些设计理念。包括很多东西做好了之后，设计师觉得需要重新调整，就会拆了重新做，这也是当地一些师傅们不能接受的，他们觉得做好的东西又拆掉会非常难过。

吸引更多的年轻人返乡创业
Young People

M — "云上平田"作为精品示范项目之一,乡村文化最大的问题是文化延续出现了断层,对于解决传统文化的传承与村落经济发展问题,您有怎样的实践操作与想法?

Y — 传承文化,最重要的是吸引更多的年轻人返乡创业;鼓励更多的原住民参与到乡村经济建设当中。原住民们只要有劳动力都可以参与房屋修缮、村里基础设施建设的工作。村里一些六七十岁的村民们,在县城中是很难找工作的,但可以选择在村子里做小工。在文化传承方面还存在很多的问题,因为年轻人对乡村的理解不够透彻,只是幻想着诗和远方,实际却很难坚持。

M — 特色乡土文化融入民宿之中,转化为现代休闲娱乐项目,既是传承也是发扬。目前在"云上平田"中开设了哪些项目?

Y — 我们追求的是本土文化的娱乐项目,"云上平田·云缬坊"是扎染艺术的文创手工空间。我们用的染液来自植物,用松阳当地的茶叶、茶枝下的脚料来萃取。手工皂用的是我们在松阳的另一家民宿"云里章山"所在地产的油茶,通过油茶提炼出来的精油制作油茶手工皂、精油皂等。

M —— "云上平田"坐落于古村落之中,能否和我们阐述下民居、文化、人的和谐关系?

Y —— 我们跟村民的关系。第一是租赁20年他们的房子;第二是他们参与到我们的项目建设之中;第三是我们有一个团支部来给村民做一些公益服务,比如组织公益,做义工、公益剪发,帮他们采购生活用品,接待中心的前台帮他们打印文件、充话费。同时,我们民宿管家会参与到他们的生活当中,帮他们解决生活上的问题。村民们种植的农产品都会销售给我们的餐厅,我们再销售给客人们,做纯天然的菜品。

让村落得到最大力量的保护
Care for the village

M —— 在助力乡村振兴中您认为古村落民宿可以有何作为?

Y —— 古村落民宿给予了城里客人一个栖居的地方。这么多年经营下来,村子里运营民宿还是蛮艰难的,存在设施不完善、设备不齐全、交通不便等问题。但是当喜欢乡村民宿的客人来了之后,他们还是非常喜欢传统村落的,更希望感受村落的文化和原住民的生活方式。所以比起城市民宿,古村落民宿更多的是人内心的一种追求和力量。

M —— 您对"云上平田"的未来有怎样的展望?

Y —— 希望"云上平田"在各个乡村落地吧,因为在松阳我们已经有第二个项目——"云里章山"。我们会在各地乡村做与"云上平田"品牌理念一致的民宿,一定能够带动村民经济收入、提供就业岗位以及吸引青年返乡。我们想让村落得到最大力度的保护,用尽可能多的资源去修缮、活化利用村落资源,让老屋继续有生命、有故事、有内容,让它们成为城市与乡村连接的一座座沟通桥梁。

035　风起南方

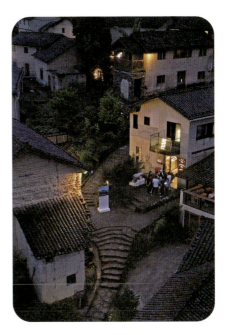

民宿让我的梦想落地生根

—— 蓝晴霞

M 美宿志

L 蓝晴霞

蓝晴霞,浙江湖州人。浙江省白金宿"阿忠的家"主理人,世界乡村旅游(浙江乡村旅游研究院)学术委员会委员,首届"两山杯"全国大学生乡村振兴创新创意创业大赛创业导师,浙江省青年联合会第十二届委员会委员,杭州亚运会火炬手。

::::: **回乡创业的梦想**

Dream in hometown

M 能否与我们简单分享一下您的创业故事?

L 我叫蓝晴霞,大家可以叫我小蓝,我的家乡安吉的乡村环境非常好。于是,我在大三时就回家办起了民宿。2014年,我正在杭州读大一,修读的是旅游管理专业。我们的专业老师经常带我们去莫干山考察学习,有一次参观了一个由猪圈改造的房间,在里面住一晚上需要5000元。当时的5000元相当于一个大学生一个学期的生活费。这是我第一次接触到"民宿"这个词语。这件事给我留下了深刻的印象。

2015年到2016年之间,我的家乡安吉大力建设美丽乡村的效果初现,我所在的村庄随着一系列设施的引进,吸引了越来越多的游客。我们当地的村民经常遇到游客询问:"你们这里有没有能住宿的地方?"当时距离这里最近的住宿点,是车程20分钟以外、标价200~300元的县城宾馆。后来询问的游客越来越多,我就在想能不能把自己家改造一下,给游客提供一个住宿的地方。

2016年,我和爸妈一起商量了将近一个月,确定了改造房屋并经营民宿的目标。同年10月,我们开始施工装修,村里很多村民好奇我家为什么打掉装修得很漂亮的小洋楼。我说要建一家民宿,他们都在纳闷"民宿"是什么,这也是他们第一次接触到"民宿"这个词。

2017年7月，我家的民宿"阿忠的家"正式对外营业。经营民宿开始了我一路开挂的经历。民宿营业初始，我们就凭借优美的环境、精心安排的体验活动获得了较好的反响，民宿口碑一传十、十传百，生意越做越红火。

2018年年底，"阿忠的家"从全省16000家民宿中脱颖而出，成为浙江省白金宿，是安吉县第一家浙江省最高等级民宿。同时，我也获得了湖州市"十佳民宿之星"、2018年度湖州市"百佳大学生创业就业典型"等荣誉称号，担任了安吉县巾帼民宿联盟副会长、安吉县民宿产业农合联副会长、安吉县第十届政协委员会委员、安吉县乡宿专家库特聘讲师等职务。

2020年1月，在疫情的影响下，我带领安吉1000多家民宿进行行业自救，帮助滞销笋农卖笋10万余斤。2022年，我长期资助2位贫困山区学生的生活所需，鼓舞了一大批爱心人士加入公益行动中。2023年，我作为火炬手传递了杭州亚运会火炬，担任了世界乡村旅游学术委员会委员、首届"两山杯"全国大学生乡村振兴创新创意创业大赛创业导师。

在六年的乡村创业中，我感受颇多。我十分热爱生我养我的这片土地，自小心中就有一个回乡创业的梦想，是民宿让我的梦想落地生根，开出了绚烂的花朵，让我能陪伴在父母身边，快乐地生活与工作。

民宿为何取名"阿忠的家"？您在其中赋予了哪些情感？

"阿忠的家"是以我老爸的名字命名的，我爸是民宿的形象代言人，我则是运营者。我将我爸勤劳、朴实、好客的性格和爱喝酒、爱钓鱼、爱种花的特点打造为民宿形象。

我们一家子都在店里工作，分工明确。我爸负责带着客人玩，我妈打理农场，姨夫管理后厨，两位姨妈则负责整理房间，彼此合作，一同服务客人，让客人体验到我们安吉原住民的生活状态。

您在选址时考虑了哪些因素？

民宿地址就是我家原来的地址，所以本质上是没有选址的。我们家周边景点较多，环境优美，能够起到吸引顾客的作用。

在民宿中,您最喜欢的设计是哪一部分?

一是花园部分,我爸的花草种得非常好。二是以竹木元素为主的室内装修,简洁大方。

提供多层次的丰富体验
Multi-iayered experience

您认为您的民宿展现了什么样的生活美学?

客人在这里可以体验我们安吉当地人的一些生活方式。春天挖笋采茶,夏天摸鱼抓虾,秋天赏秋收稻,冬天围炉赏雪。

您希望客人在民宿中得到什么独家体验?可否简单介绍一下民宿内的活动设计?

我们民宿的活动还是比较丰富的。我们提供了170平方米的活动区域,有会议大长桌、投影仪、桌游、扑克牌、麻将机、书吧等多种设施。

活动设计方面主要有围炉煮茶、手工(如制作棉花糖、爆米花、手工陶瓷)、烧烤、后山健步道爬山、免费野钓、体感游戏、露天电影、篝火晚会、温泉泡池,能够为住店顾客提供多层次的丰富体验。

M　您十分注重提供优质产品和服务，可否向我们介绍一下民宿内的服务规划？

L　我们拥有十几种免费活动。冬天，围炉煮茶、篝火晚会、温泉泡池等活动都迎合了客人对于冬天的幻想与需求。除此之外，还有鱼塘垂钓、晚上的烟火秀和一些手工活动。

M　您觉得开一家民宿遇到最大的困难是什么？

L　我认为没有困难是不能被克服的。资金是创业初期我们遇到的大问题，我们家属于务农家庭，家庭年收入不足以撑起初期的投资，而且我当时还在读书，社会经验不足，人脉又不广，各方面都比较棘手。但我在经过认真分析后，便立即行动起来。

在资金方面，我申请了大学生创业贷款。在宣传上，我参加各种创业比赛，让更多的人了解自己的民宿。就这样，慢慢地我找到了属于自己的道路。

M　您认为民宿应如何打好文化牌，讲好自己的故事？

L　我认为民宿的文化故事需要有一位主人公，"阿忠的家"就是以我的老爸阿忠为中心，展开的一系列与他有关的民宿生活体验故事。他喜欢钓鱼，喜欢种花，喜欢跟客人喝酒，所以我们家的花园很漂亮，有自酿的酒，有自家的后山和农场，还有二十二亩的鱼塘。

成就感是最大收获
Harvest

M　您与民宿都获得了诸多荣誉，可否简单谈谈您行至今日的感想？您做民宿最大的收获是什么？

L　最大的收获，是我从这份工作中获得了非常大的成就感，交到了很多来自五湖四海的朋友，学到了很多新知识。

在经营民宿过程中，我获得了非常大的成就感，也知道做好一件事情的诀窍。其实各个行业成功的底层逻辑是相通的。需要把握正确的方向，并为之坚持和奋斗。

M — 您为乡村发展与公益事业作出了诸多贡献,以"阿忠的家"为例,您认为乡村民宿对乡村发展和宣传乡村文化有何作用?

L — 乡村民宿的作用主要有以下几点。①乡村民宿可以带领当地人增收致富。②乡村民宿有力助推了家乡的宣传。因为很多游客是冲着民宿来的,我们家的很多客人甚至不知道安吉这个地方,但他们来到民宿后就会了解安吉,进而了解安吉的美丽乡村。③乡村民宿使周边居民的生活更加便利。随着游客的增长,奶茶店、咖啡馆如雨后春笋般在周边遍地开花。以咖啡馆为例,我们安吉的咖啡馆有四百多家,甚至达到了大城市咖啡馆的密集程度,其他各类餐饮店也是如火如荼。④乡村民宿为当地村民提供就业机会。

M — 您认为民宿产业在哪些方面还值得探索?"阿忠的家"在未来有何发展计划?

L — 民宿产业的土特产板块和体验活动板块都是值得探索的,我觉得"阿忠的家"就是找到了乡村的卖点,做好了民宿产业的土特产板块。随后我计划在民宿经营中配套我们当地的知名土特产,帮助本地农户售卖农产品,将本地特色销售到全国,甚至全世界。

去创造更大的民宿主人的价值

————

汪颖

M　美宿志

W　汪颖

📑　汪颖，湖州妙溪酒店管理有限公司董事长，"妙溪"民宿，湖州鹭飞文化旅游发展有限公司创始人，国家甲级民宿、浙江省白金宿主理人，曾获湖州市"十大'村游富农'带头人"、吴兴区"十大优秀青年"等荣誉称号。

全家人运营的民宿
Together with family

M ― 您最初想自己也做一家民宿的想法是在什么时间和地方形成的？当初哪些因素促成了您想自己开一家民宿的想法？

W ― 我最早萌生想开民宿的想法是在 2017 年，我跟几个朋友一起去越南，住了一家感觉特别温馨的民宿。从那之后，我就想着自己回家开一家民宿。

M ― 浙江湖州的住宿业态竞争还是比较激烈的，您为什么选择在湖州落地第一个民宿项目？其中主要的考量有哪些？

W ― 选择在湖州最主要的原因，就是现在的"妙溪"民宿其实是我家的祖宅。我小时候我们全家人都离开了乡村，我们老家的房子一直闲置着。所以，我萌生了开民宿的想法以后，希望能把我家的祖宅用起来，就选择了在湖州妙西镇。

M — 一家民宿的品牌名称至关重要。"妙溪"寄托了您的哪些情怀和梦想?

W — 我们当时在选民宿名字的时候,其实想了很久,最终在很多名字里面选择了"妙溪"。溪水的"溪",因为我们所在的这个地方是在浙江省湖州市吴兴区的妙西镇,这是一个地名,这个地名中有东南西北的"西"。我希望能够通过我的民宿,有越来越多的人了解我的家乡,也希望能把我的家乡宣传出去,所以我取了"溪"这样一个谐音。

同时,家乡的这个老宅有我很多童年的回忆。我的童年回忆就是我们一家人在老家的小溪边上,一起吃晚饭、乘凉,也会在溪水里面冰镇西瓜。所以这条小溪有我很多的童年记忆,给了我们灵感。这就是我们品牌名"妙溪"的由来。

M — "妙溪"想要给顾客带来什么样的旅宿体验?又是从哪些方面为顾客呈现的?

W — 我希望每一个来"妙溪"的客人,在他们的心里面觉得这个民宿是很温暖的,有很多美好的时光是在这里度过的,所以我们在住宿体验这块做了很多内容。希望能给客人留下有记忆点的东西,因为我觉得民宿还是应该有更多温情的内容。我一直坚持自己在店陪伴客人,希望"民宿有主人"。我们希望每一个来"妙溪"的人都能有家的感觉,是真的有情感寄托在这里。

陆羽写《茶经》的地方
Tea

M — 运营一直是民宿行业的一个难题,你们在运营上相对比较顺畅。介绍一下您运营"妙溪"的一些感受吧!

W — 我们在运营方面相对比较顺畅,一年比一年好,主要原因就是在这五年里,所有的客人全都是我自己接待的。我的手机里面有将近2万个客人和潜在客人的微信,每一个客人对我来说都是很重要的,他们能够在"妙溪"了解我的故事,我也可以倾听他们的故事。所以我觉得我们在老客户维护上面花了很大的心血,也是真的用心在经营,这是我们最重要的运营思路。

M — 您认为茶文化主题有哪些优势？

W — 茶文化主题在民宿发展上的优势是在地文化，我觉得一个民宿最大的特点和 IP 一定是建立于在地文化的基础上。西塞山旅游度假区本身就是陆羽写《茶经》的地方，也是禅茶一味的发源地，它有历史的积淀。同时我自己也是高级茶艺师，能够为客人介绍我们当地的茶文化，也能让客人更加深刻地体会到茶生活。为每一个客人泡一杯茶，是我这几年经营民宿对自己最基础的要求。

M — "妙溪"先后获得多项行业专业奖项，这些奖项对您个人和"妙溪"有哪些影响？

W — 我觉得这些奖项是对我个人经营民宿的认可，也是为我未来能够在这个地方通过民宿能够更大范围地影响其他人的一个肯定，因为这些奖项，也会让"妙溪"有更大的舞台，让我有更大的动力。

"妙溪"未来没有想走品牌连锁化
Future

M　在您看来,湖州的民宿行业处在浙江什么位置,在未来有何发展空间?

W　"妙溪"未来的发展规划没有想走品牌连锁化,我更希望能够为我们这个乡村作更多的贡献。我们希望让村民和村集体更多地参与进来,让越来越多的新业态加入乡村建设中来,从而带动当地的人气,由一家民宿发散到一个村子的发展,我们更希望走这样的路线。但也不排斥民宿的品牌化,看缘分吧。

M　一些学者和行业意见领袖分析判断,未来的民宿风向在乡村度假,您认为"妙溪"有何发展优势?

W　未来的民宿风向在乡村度假,我觉得确实是这样,乡村有很大的发展潜力,它未来发展的最大优势就是自然资源。目前,越来越多的人对乡村有更多的向往,加上现在浙江的未来乡村本身就建设得很好,基础设施也不比城里差。所以在这样的基础上,我觉得未来乡村度假有很大的潜力。而我们"妙溪",因为有了前期的积淀,也拿了很多的奖项,所以未来我们会更加标准化,也会在服务上面提供更多的内容体验。

M　您认为新媒体在高端民宿私域引流方面有哪些帮助?

W　我们可以通过新媒体把我们的私域流量池子扩大,让越来越多想要了解乡村旅游的人有这样一个入口。现在的消费力大多都是年轻人,他们都是通过新媒体渠道了解民宿的,所以这是最重要的一个营销口。

M — 政策不断向好的大环境下，您认为民宿发展需要得到什么样的政策扶持？

W — 在乡村最重要的就是人才，我们现在需要年轻人，我觉得政府应该引导年轻人回乡就业、创业，给他们更大的政策扶持，比如住宿和交通方面，包括年轻人来了乡村之后，他们的下班时间怎么打发，类似的这些问题需要政府花更多的时间和精力去做一些支持。

去创造更大的民宿主人的价值
Value

M — "妙溪"的建设与经营对周边乡村有哪些影响？民宿在乡村振兴中能够起到什么样的作用？

W — 我们现在在共同富裕这方面其实已经做了很多，因为"妙溪"生意很好，所以从开业到现在，我们周边已经有二十几家新开业的民宿，都是年轻人回到自己家，把闲置的宅基地用起来，"妙溪"的带动和示范作用很明显。然后同时我们也跟村集体合作了一些其他项目，比如从去年开始，村集体和我们一起共投了"妙溪"二期，创新了一种新模式，就是村集体、村民和我做一个三方的联动，村里获得固定的收益。我也带来了很多其他创业的朋友，现在村里面除了有民宿，还有我的朋友开的咖啡店、烧烤店、花园景区。大家在业态上形成了联动，现在整个小村子创业的氛围很浓，带动了乡村的人气。人气起来了之后，我们也对村里面的农副产品做了统一的品牌和 IP 打造，现在我们的村域品牌也慢慢做起来了。

M — "她经济"在民宿产业中发挥着重要作用。民宿行业中也有不少像您一样的女性民宿主，您有什么建议想对她们说呢？

W — 民宿是我们发展的一个口子，除了经营民宿的住宿业态，还有很多的可能性值得探索。我们可以发掘民宿更多的可能性，然后去创造更大的民宿主人的价值。

高品质旅游将绿水青山变成金山银山
——莫北

M 美宿志

M 莫北

▍ 莫北，丽江吾莫青庐雪山宫酒店董事长，"吾莫青庐"品牌创始人，丽江玉龙县政协委员。

当代东方美学新坐标
Eastern aesthetics

M — 从设计师到茶人,再到博物馆酒店创始人,您能否分享一下工作背景或者成长经历?

M — 我在三十岁之前一直在努力地工作,拼搏于各种职场,就为了财务自由。完成人生梦想之后,我从武汉到北京,再到丽江,从设计师到茶人,再到博物馆酒店创始人。多年来,虽然我的身份一直在变换,但是那份爱茶的初心没有改变,只不过是在不断寻找合适的空间,靠近自己理想的生活方式,感受时间最真实的节奏。

M — "吾莫青庐"历时三年匠心建造,其诞生的背后承载着什么样的情谊?您能否谈一谈与赵青先生结缘的故事?

M — 与赵青先生认识快 20 年,因为一泡茶而得与赵青先生相识,先生于我,首先是老师,再是兄长,在人生路上多次得先生指正,"吾莫青庐"也是先生赐名。

M — "吾莫青庐"开启了"青庐系"酒店独特的建筑 IP，与大理青庐庄园、杨丽萍艺术酒店有什么异曲同工之妙？

M — 丽江吾莫青庐雪山宫酒店系赵青先生设计大理青庐庄园与杨丽萍艺术酒店（太阳宫）后的又一力作，是第三个"青庐系"庄园。"吾莫青庐"与大理青庐庄园、杨丽萍艺术酒店（太阳宫）在建筑工艺选材与内部陈列设计上有异曲同工之妙。在建筑工艺选材上，"吾莫青庐"使用了大面积切割的青石、大片的玻璃门窗，是"青庐系"酒店独特的姿态。在内部装饰上，"吾莫青庐"对传统文化氛围的营造也是淋漓尽致的。我们用最心细的传统手工工匠，用曾打造过太阳宫的匠人，历时三年匠心建造。

M — 住的客人常常感叹"吾莫青庐"是把光学和建筑学融为一体的完美产物。您能否介绍一下"吾莫青庐"的建筑理念和功能布局？

M — "吾莫青庐"，采用中国传统建筑样式，根据五行风水而来，让人在建筑中无论何时都觉得安静与舒服，这便是风水的精妙之处。在光学应用上采用了无主灯设计，通过上万盏"点布灯"在夜间勾勒出一幅东方美学琉璃宫殿，白日掩映在纳西古村落中，夜晚散发出东方建筑的光辉。"吾莫青庐"力求塑造"当代东方美学"新坐标，应用东方建筑材质大青石、传统青砖红砖、拱门，重塑东方古典建筑美学的现代表达方式。在"青庐系"庄园的设计理念上进行了建筑功能升级，如茶室空间、中庭冥想空间、水上雪景、下午茶空间、晨练瑜伽室、红酒雪茄吧……

M — "吾莫青庐"选址在玉龙雪山旁，与纳西古村相望，被誉为"中国西南的东方美学明珠"，"吾莫青庐"具体展现出了哪些当代东方美学的宗旨和特色？

M — "吾莫青庐"应用传统东方大青石、青砖红砖，结合现代建筑元素钢结构、玻璃等，民族化与国际性交融，古典现代穿梭于各个视觉空间中，将中国传统古碑拓印、莫高窟文化、北魏石柱、禅茶香道、明式家具、古典服饰等元素融入空间当中，传递东方文人生活方式的现代传承，掀起国潮酒店品牌的新风尚。

向世界传递东方文化
Tramsfer oriental culture

M — 您如何定义新的度假生活方式,为来此做客的人带来"六悦"体验?

M — "吾莫青庐"吸引的客群是先于他人意识到生命品质和生活情趣的一群人,是不易被物质打动的一群人。来此做客的人能够在高层次人脉场、能量场里感受到将建筑与藏品、禅茶与画卷、香道与灵修合而为一的"六悦"体验,全情注入自己的五官六感、七觉八识,不见自明,无音而有乐。

M — 您认为"吾莫青庐"的重要吸引力是什么?

M — 这是一座将建筑与藏品、禅茶与画卷、香道与灵修合而为一的居住空间,喜爱"吾莫青庐"的住客将它称为"当代东方美学建筑""宫殿博物馆""艺术古堡"。同时,东方文化品牌的崛起,知名艺人等也为品牌代言,向世界传递东方文化,向世界展现民族强大与崛起。

M — "吾莫青庐"将许多本应被放进博物馆的文物,以新的搭配方式重新展现在人们眼前,您能否分享一下文物背后的历史故事?

M — 从北魏楷书的金刚石柱,到唐代石刻柳公权的玄秘塔拓片,宋代的云纹石柱,清代绣品及当代敦煌壁画,跨越几千年中华传统文化脉络,让每一个到来的客人在此"唤醒"文化自信,"重塑"中国当代文人情怀,"传播"东方美学新力量。

M —— "吾莫青庐"将长期作为纳西文化名片以及纳西族文明的坚实传播者，您如何深入当地，挖掘当地文化？

M —— 玉龙雪山是丽江最大的能量场，守护着山脚下古老的纳西族，我第一次到白沙古镇时就被纳西古村落中村民的热情淳朴所感动，"吾莫青庐"选址在自然村落里，坐南朝北，仰望雪山，也似归隐山林般隐逸在纳西族的古朴宁静里。将纳西东巴文化、纳西古乐、滇绣体验、纳西服饰、纳西美食等融入酒店当中，带给远方来的客人"传统东方 + 在地纳西族"文化的多重体验。

通过高品质的旅游将所在地的绿水青山变成金山银山
High quality

M —— 您如何找到"吾莫青庐"与村庄和谐共赢的方式，让"吾莫青庐"真正在这片土地上扎下根来？

M —— "吾莫青庐"融于纳西古村落当中，员工均来自周边村落，她们将古老的东巴文化和纳西族的热情带入酒店。同时，酒店采用传统纳西美食招待远方来客，美食食材均取自纳西族村庄。酒店周围将陆续种植银杏树，使这个纳西古村落渐渐成为雪山下的银杏村，吸引更多远方客人来到这里，使这里成为雪山下最美的古村落。

M — 在荣获全球文旅产业精品住宿盛典、中国十大必睡星宿等诸多奖项以后,"吾莫青庐"有没有哪些管理经验和服务特色值得同行们借鉴参考?

M — "吾莫青庐"在管理方面标准化,采取前端差异化、后端标准化的高端艺术品酒店管理方式;采用多种元素结合的服务方式,比如以"东方雪山博物馆下午茶 + 纳西族欢迎曲"的方式呈现服务与产品特色。在"吾莫青庐"里面可以亲眼看到淳朴的纳西族阿哥、阿姐们穿着鲜艳的民族服饰,面带笑容地漫步其间,并且亲身感受到最具感染力的民族文化和颇具特色的民族风情。

M — "半山酒店"作为云南热词,已经多次出现在云南重要会议上,"吾莫青庐"与"半山酒店"有哪些相通之处?

M — "半山酒店"是云南"大滇西旅游环线建设"的重点项目,是未来提升云南旅游品牌的有效途径。在品牌打造方面,"吾莫青庐"与"半山酒店"定位一致,努力提升酒店景貌资源、内置品质风格、周边地域文化和整体功能布局,更好地满足人民群众日益增长的旅游需求,通过高品质的旅游体验将所在地的绿水青山变成金山银山。在文化推广方面,"吾莫青庐"与"半山酒店"同符同契,致力于将云南特色与中国文化带给更多省外客人与国外客人,将优秀的传统文化传承且传播下去。

M —— "吾莫青庐"有了另一个独特IP——"雪山脚下的茶库酒店",未来如何将"半山酒店"与"云南名茶"交融结合,产出更具影响力的云南特色产业文化?

M —— 茶文化本是东方人的生活方式,将云南普洱茶融入"吾莫青庐"的日常茶体验,且用普洱茶私享会活动及伴手礼等产品形式,分享云南特色茶给抵达"吾莫青庐"及未到达的各地友人。这是一场物产与文化增益的双丰收,在"吾莫青庐"的茶室空间里面汇集了云南六大茶山的各类普洱名茶,人们在品味普洱茶的同时也可以了解普洱茶背后的历史故事,体会到安心和修行的空间价值核心,感悟到云南茶文化绽放的独特魅力和"半山酒店"承载的空间意义。

M —— 作为中国彩云之南"半山酒店"的典范,"吾莫青庐"未来将如何输出中国自然山水文化,弘扬文化自信?

M —— "吾莫青庐"坐落于丽江最大的能量场玉龙雪山脚下,在清溪水库畔,依据传统五行风水而建,将东方古典文化融入空间软装设计与客户体验当中,传递东方和民族自豪感。依托中式文化内核,以海纳百川的姿态,向五湖四海到来的栖居者,展示具有滇西风情的"半山酒店"文化价值,将中国传统茶道、香道、玉器、明式家具、民族美食、古典服饰等元素一一展示,通过一年多时间不断进行讲解传播,成为中国西南地区的文化酒店明珠。

注重在地文化的传播

M 美宿志

H 韩笑

——

韩笑

韩笑，云南泸沽湖"秋山"品牌创始人。

泸沽湖边的"家"
The 'Home' by Lugu Lake

M 请问在开民宿之前您从事什么工作？为什么会选择在泸沽湖边开一家民宿？

H 开民宿之前我从事了将近十年的金融投资工作，在泸沽湖边开这家民宿主要是因为我先生。他是泸沽湖边土生土长的摩梭人，我们因为很有趣的原因走到了一起，所以我决定在泸沽湖边定居，我们都觉得开民宿是一件很有趣又很有意义的事情，我们俩就一起做了"秋山"。

M "秋山"这个名字和周围的环境有没有关联？

H "秋山"这个名字肯定跟周围的环境有很大关系。我们在起名的时候希望从意境的角度使民宿跟泸沽湖产生链接，所以我们选择了泸沽湖最美的季节——秋天，它最能够体现泸沽湖的壮阔空灵和不落于世俗，或者说它是能够充分传递大自然氛围的一个季节，也是我们最喜欢的季节。"空山新雨后，天气晚来秋"是对泸沽湖最好的诠释。这也是我们心中对美好自然生活的一种定义。

M H —— 你们店只有 6 间房，规模较小。开业以来运营情况如何？

我们的设计初衷就是希望做一个小而美的民宿，房间数量不用特别多，规模不用特别大，但是我们可以把每一个角落、每一件用品都充分地考量到，给客人传递一种温暖如家的感觉。因为在我们的理解中，民宿更多的是能够给大家一种旅行中的归属感，希望每一个住在"秋山"的客人，都能够在身体上得到充分的休憩，在心灵上也能够得到妥善的安放，所以我们不希望民宿规模很大，只要 6 间房就足够了。

事实证明，这种经营理念也得到了客人的认可，开业以来整体的运营情况还是非常不错的。在我们接待的客人中，不仅具有相当大比重的回头客，还拥有一定数量的转介绍客人。因为泸沽湖这个地方交通并不是特别便利，很多人可能只来一两次就足够了，但是有些客人会来三四次。我们希望"秋山"传递的理念能够被有心人体验到，而且我们在这个过程中也交到了很多很好的朋友。

挖掘独特的在地资源
Unique resources

M H —— "秋山"的设计理念主要有哪些考量？

主要有两个方面的考量。第一个方面还是跟当地自然环境的融合，我们在建筑主体的设计上采用了很多当地的元素和建材。比如夯土，还有当地现采的石材。我们在房间的设计上，每一个房间都有室外阳台和很大的落地窗，使每个房间都正对着泸沽湖和女神山这些标志性的景观。我们希望能够把这些自然景观尽可能地引入客房，让大家在整个入住过程中都能跟大自然有深入的互动。

第二个方面是我们做了很多非常人性化的设计。在我们的设计理念中，民宿应该是一个非常有温度的地方，是一个让大家的身心都得到充分休息的地方，所以我们在设计的过程中也注重呈现便利的生活细节。不管是床品的选用，还是洗漱设备的设计等，都尽可能让客人有更方便的使用体验。从一些小细节照顾到他们在旅途中的需求。

M — 与同在泸沽湖附近的美宿相比，您认为"秋山"吸引客人最大的优势是什么？

H — 我觉得"秋山"跟泸沽湖附近其他美宿的差异化还是非常明显的，最主要的体现就是我们非常注重在地文化的传播。

我们除了常规的酒店服务做得很好，还让所有入住"秋山"的客人都对当地的自然风光和人文文化有一个深度的了解。比如在自然文化方面，我们自己开发了一些小众的徒步线路，让客人能够跟大自然有更深度的链接。比如我们现在带客人去徒步的阿夏幽谷，有瀑布、溪流、峡谷等丰富的自然景观，每一个季节客人可以看到不同的自然风光。徒步的途中也会遇到一些国家保护植物，这些都是非常有趣的体验。

另外，因为我先生有摩梭族背景，我们也希望把神秘的摩梭文化传播给世界各地的朋友。所以我们也会带着客人去跟少数民族同胞进行深度交流，参观传统民居和传统古村落。除此之外，还有一些手工活动，如手工印制经幡、手工打酥油茶以及粗布纺织等民俗体验活动。

为了让游客朋友可以带走纪念品，"秋山"探访了很多民间的艺术家，开发了属于我们自己的"秋山"文创。目前有明信片、藏香帆布包，还有提取当地植物精油所做的类似于香氛的产品。我们也在跟做酿酒的朋友共创，希望把当地的苏里玛酒做成让外地朋友更容易接受的产品。

因此，文化传播这个特点应该是"秋山"在整个泸沽湖独一无二的文化属性标志，也是我们最吸引客人的地方，很多客人会因为这些独特的文化活动专门从世界各地来到我们民宿。

充当文化传播的桥梁
The bridge of cultural communication

M — 泸沽湖在外界看来比较神秘，特别是当地的"走婚"习俗尤为特别。"秋山"如何结合在地文化吸引客人？

H — 泸沽湖确实看起来比较神秘，当地的摩梭文化也属于一种小众的少数民族文化，是一种非常复杂且具有系统性的文化形态。作为当地的民宿，我们非常愿意作为文化传播的桥梁，把这种鲜为人知的东西传播到世界各地。

"走婚"只是摩梭文化的一个标志，也许因为它的形式很特殊，吸引了很多人的好奇，但是它其实只是摩梭大家庭文化里很小的一部分。所以我们在传播文化的过程中，一方面，我们会通过讲解和交流的方式，让大家对这种大家庭文化有更全面的了解，而不是片面地了解"走婚"或者"爬花楼"这样比较猎奇的点。另一方面，我们会通过更具象的形式让客人感受摩梭文化，如带大家到传统民居中，跟当地的老祖母交流。文化不是抽象的东西，而是活生生的，可以看得见、摸得着的。"秋山"力求以真实的形式将摩梭文化呈现在更多人的面前。

M — 新媒体赋能文旅发展已是普遍趋势，你们是如何借助新媒体的力量进行在地民俗文化宣传的？

H — 我们非常认同"新媒体赋能文旅发展"这个观点，这是一个非常普遍的趋势。首先，我们在创业初期就开始重视利用新媒体渠道，比如小红书、微信视频号、抖音。其次，在呈现形式上，我们也做了非常多的探索，以图文或者视频（类似纪录片）的方式呈现民宿产品、民俗文化以及我们探索未经挖掘之地的内容。除此之外，我们也会发动入住的客人或身边做自媒体的朋友，以他们的视角去呈现泸沽湖和摩梭文化。如果有更先进的形式出现，我们也会积极地去尝试和实践。

M — 泸沽湖在云南的旅游资源中别具一格，但泸沽湖民宿对外宣传的声音较小，您认为泸沽湖的民宿应该如何加大对外的宣传力度，吸引更多游人来泸沽湖？

H — 我们对这个问题的判断是，这不是民宿的问题，而是属于景区整体规划的问题，可能整个泸沽湖在对外宣传上都比较弱。至少目前，泸沽湖头部的几家民宿在对外宣传上还是做了很多的探索跟尝试，所以我觉得这可能不属于我们能够轻松解决的问题。

M — 乡村民宿和当地经济与乡村振兴紧密相连，您认为民宿可以怎样带动周边的旅游业和经济发展？

H — 这个是一定的，尤其是在泸沽湖这样的地方。当地的村民在旅游业发展起来之后，整体的经济状况就有了非常大的改善。所以我认为接下来我们民宿在带动周边的经济发展上还是大有可为的，一方面我们会延续传统的经济发展模式，比如酒店行业所需的配套业态。另一方面，在常规业务发展模式的基础上，我们有更多的事情可以做。随着酒店自身的发展，我们可以从基础的住宿服务行业往综合化的商业空间发展。在这个过程中，我们可以带动当地的老百姓促进他们自己的商业模式升级。

民宿发展任重而道远
A long journey ahead

M — 根据您的观察和实践，泸沽湖周围民宿的发展面临哪些困难？

H — 我们同行经常会在一起探讨，困难有刚刚咱们提到的流量问题。民宿发展首先需要的是流量，单体酒店虽然有自己的引流方式和渠道，但是我们更希望有一个整体的文旅发展规划，有一个大的流量入口帮助我们去做一些基础的宣传，甚至可以说是科普的工作，这样对我们来说可能更有帮助。另外，现在泸沽湖的业态还比较单一，这当然也可以算是一个优势，意味着泸沽湖的自然风光保持得比较好，没有过度的商业化。但是从另一个角度来看，业态过于单一，对游客来说便利性不是特别高，比如配套的餐饮和商业都还是比较缺乏的状态。我们也希望在未来几年，这些方面都能够得到比较好的改善。

M — 经历疫情后，世界经济低迷，目前全国的民宿投资已没有前些年那么火热。您觉得未来几年的经营要注意哪些问题？

H — 受疫情的影响，民宿投资确实没有前些年火热，大家整体的消费观念趋于保守是大趋势，所以在未来几年我们肯定是要更谨慎的。整个旅游行业盲目扩展、遍地是黄金的时代已经过去了。但是从个体的角度来说，我个人认为文旅行业还是有很多机会的，这取决于我们自己要怎么做。现在我们可能需要更加深度地了解和提升自己，找到自己的核心竞争力。行业迭代的过程能够充分显示民宿的差异化，我认为能够把客户的真实体验和实际需求放在第一位的民宿会有更多的机会。行业遇冷的时候，反而是我们进行反思和提升的机会。

M — 未来，"秋山"会尝试走出泸沽湖，在其他地方发展吗？

H — 如果有合适的机会，我们肯定会考虑到其他地方去发展，但是这不是我们目前考虑的首要问题。我们目前的重心是把产品做到极致，充分服务好现有的客户，将"让'秋山'成为大家旅途中的家"的理念呈现到极致，把产品打磨到我们觉得比较满意的程度。当然，如果有合适的机会，我们也希望能够把"秋山"这个品牌带到更多的地方，让更多的人知道。

民宿产品需要保留主人气质与特色

———

杨榴铃

M　美宿志

Y　杨榴铃

🔖　杨榴铃，四川大学工商管理硕士。四川清雅文旅有限公司总经理，"等风"品牌创始人。在四川、云南及重庆运营管理过超 10 家头部民宿，拥有丰富的民宿管理及民宿管家培训经验，曾接受 CCTV 财经频道及湖南卫视《天天向上》节目采访报道。

旅居四季,等风等你
Waiting for the wind and you

M|Y — 您经过了怎样的考量放弃 500 强企业,选择民宿行业?

M|Y — 我进入民宿行业是一个偶然也算是一个必然。2015 年,刚生完宝宝,也是国内大多数地方雾霾最严重的时期。一个偶然的机会,受朋友邀请带着宝宝去大理旅行,被当地的自然环境吸引。

当时入住的是朋友在洱海边开的客栈。看到朋友每天在客栈里面的生活状态,以及宝宝能够在户外自由活动的状态很受触动,不像在成都,基本每天都只能被关在室内开着空气净化器不敢出门。所以我萌生了去大理洱海边开民宿的想法。

M|Y — "旅居四季,等风等你"标语的背后,您对于旅居文化的理解是什么?

M|Y — 随着我们生活的城市不断地扩张和开发,城市逐渐失去了个性,生活环境和形式也逐渐同质化和模块化,我们体验到的空间和生活方式越来越趋同,缺乏地域特色。

我们希望通过"等风旅居"这个平台,去探寻和发现更多的在地文化和生活方式,并将它们呈现给大家,带着大家去探寻、尝试和体验更多不同的生活方式。我们的标语"旅居四季,等风等你",是希望大家能够有机会去体验不同时空的不同生活。

M— 等风·青径揽山别院作为等风系列客栈品牌首家运营的客栈,承载着您什么样的期望,您会用什么样的关键词来形容沙溪青径揽山别院?

Y— "山霭青,心径静",这是我们初到沙溪,以及打造沙溪等风·青径揽山别院时候的心境,也是这家店名字的由来。第一次到沙溪的时候,我们被当地的人文环境和生活气息感染了。

这家店我们以"以旧复旧"的理念去设计和打造,所以运用了传统的榫卯工艺,同时也注入了现代居住功能和审美元素在其中。我们希望大家能够到沙溪古镇体验当地白族文化,能够住得舒服,愿意长住或者反复来这里住,体验这里的生活方式和氛围。

M— 可否简单为我们概括一下等风象罔艺术酒店、等风·青径揽山别院、等风精品民宿归原山居/山墅、寂·野系列精品民宿的基本情况与消费人群?

Y— 等风象罔艺术酒店和等风精品民宿归原山居/山墅都是知名设计师和艺术家的空间设计作品,带给客人更多的是民宿空间的体验。等风·青径揽山别院和寂·野系列精品民宿则是依据在地文化和特点打造的产品,更多的是希望大家可以通过我们民宿,体验当地的风土人情和本地特色。

一体化服务
Integrated services

M — 目前"等风"系列客栈区域布局选择深耕在大西南地区,为何会选择大西南地区?未来是否会选择更多的区域进行覆盖?

Y — 出于门店运营管理半径的有效性和可控性考虑,我们依旧会坚持布局并深耕大西南地区的计划。我们对这个区域的人文和自然环境也相对熟悉,这是我们能够做好产品的优势和基础。

M — "等风"系列客栈陆续成为影视取景地、精品民宿代表,获得顶级品牌认可,作为代表被媒体采访,这其中有怎样的运营模式,让系列产品的特点得以焕发出来?

Y — 最重要的环节还是在于对产品最初定位的打造。在注重本地特色的基础上,我们在产品中注入符合现代审美和入住需求的元素,让大众能够接受和喜爱。同时,我们对产品设计和工艺提出美学和艺术上的要求,以使我们的民宿能够在一定程度上带给大家超越一般住宿空间的体验。另外,在后续的运营中,我们从各方面的产品设计和服务流程设计中,融入对产品和在地文化的理解,也使得消费者能够获得不一样的体验。

M — "等风"运营模式中运用线上线下结合,打造"吃、住、游、购、娱"一体化服务,可否与我们详细说说这四项服务在系列产品中的体现?

Y — 除了打造有特色和舒适的住宿空间,让客人体验在地文化也是非常重要的一个环境要素,我们一直很注重挖掘当地饮食特色并将其融入餐饮产品中。在重庆店,我们在汤锅中加入了当地特色苕粉;在沙溪店,我们在早餐中加入了店里大姐自制的豆腐乳,菜品中加入当地产的花心土豆。这些特色食物,不仅在客人食用的当下收获了好评,同时在客人离开以后,还能令他们想念、回味。不少客人回家后还请我们代购邮寄特色食物。

传统景区和景点,人为打造和商业化痕迹过重,让越来越多的客人更加青睐更小众、在地和野趣的游玩目的地。所以我们会在当地为客人去挖掘和探索这些游玩资源。"等风"的空间产品基本布局在景区附近,属于低频消费产品。而在购物上,我们不仅可以满足客人对于旅游地特产风物的购买需求,同时,这部分收入也可以成为住宿空间营收的补充和扩展。

M — 目前,"等风"已经开设了等风影像馆、等风研究院、等风咨询等业务扩展项目,在未来是否还有相应的辅助项目出现,可否与我们分享一下?

Y — 在过去的很多年,因为不少朋友对"等风"产品和品牌理念的认可,那些想要投身进入民宿行业的朋友都找到"等风",希望能够加入"等风"产品和品牌体系,甚至希望将自己的民宿交给"等风"经营管理。但我们始终认为,民宿产品需要保留它的主人气质和特色,只有主理人亲自参与其中,才能做出和做好一家真正的民宿。

这也是我们将自己的民宿品牌"等风"升级为"等风旅居"的原因,我们希望能够打造一个可以全方面支持一家民宿良好经营的支持系统平台。"等风旅居"的运营及产品团队和体系,都将围绕着经营好一家民宿而发展。比如线上的营销宣传和推广资源的整合,线下的运营管理体系和标准及团队搭建和培训、供应链经销商资源库的搭建等。

这些后台系统和体系的搭建,以及资源的整合,都致力于帮助一家民宿能够更加有效和低成本地进行日常经营。而在前台呈现给客人的产品,则由每家店的主理人根据其初心进行打造和维护,使其具有特色。简单来说,我们希望帮助他们解决运营中的困难。

M — 您认为,通过打造"等风"系列客栈以及所属微店,将会如何推动乡村振兴,促进当地的发展?

Y — 民宿作为一个全方面体验在地生活方式的窗口,可以成为当地特色产品的一个体验店、展示窗口。我们通过微店,实现住宿客人离开后对当地产品的二次或多次消费,来带动和协助当地其他产业特色产品的销售。

069 — 风起南方

中国乡村振兴需要美学介入 —— 千语

M 美宿志

Q 千语

千语,大理"牧心堡 | Cliff and Sea View Manor · 悬崖海景庄园"(后简称"牧心堡")创始人,曾荣获第八届"黑松露精品度假民宿奖"、2023年订单来了"凤翔奖·年度美好生活方式奖"等荣誉。

::::: 艺术生活的诗情画意
Artistic life

M — 您为什么想要建造一座托斯卡纳城堡庄园似的民宿？这样的风格寄予着您怎样的情感？

Q — 我从小就喜欢看电影，尤其是一些经典的好莱坞电影。作为一个双鱼座的女生，天生的艺术气息和喜欢幻想的特质，让我对一切浪漫的事物都充满期待。而电影中的场景，常常能令我沉浸其中，无法自拔。曾经看过无数次的《马语者》《云中漫步》《傲慢与偏见》《请以你的名字呼唤我》等经典电影，让我喜欢上了欧洲的乡村、古朴的老屋，以及城堡。

所以我的心中一直都有一个庄园梦，渴望拥有一个属于自己的农庄，那里应该有一个种满大片薰衣草的花园，有长长的绿篱和高高的丝柏，有猫、有狗，还有马儿与我相伴。后来又看了一部名叫《托斯卡纳艳阳下》的电影，讲述的是一个关于旅行旅居、情感疗愈的唯美的爱情故事。它告诉我们旅行的意义不是看见新的风景，而是用新的眼光看待自己。当我们陷入生活的困局里，不如像弗朗西斯一样尝试在别处生活，让自己短暂地处于孤独和思考中，或许你会发现一种全新的生活方式。

M — 什么原因让您最终选择在文笔村的半山悬崖上建造您的秘境庄园？

Q — 当我第一次来到文笔村的时候，就被这里惊艳绝伦的半山悬崖观海景致给震撼到了。一边是陡峭深邃的崖壁，一边是晶莹剔透的海水，翠洱银苍所独有的景象，展现了千年古国大理依山傍水、海天一色的壮美景致。

民宿传播的是一种理想的生活方式
Ideal lifestyle

M — 您认为牧心堡的主要竞争力在哪？

Q — 牧心堡是建在悬崖上的酒店，最大的特色是场景够宏大，我们的 18 间客房全部都是高端配置的海景房，从上到下将近五十米的落差，使得每一间房都能拥有视野无敌的悬崖海景。我们的建筑是偏北非的摩洛哥风格，异域风情浓郁。再加上我们的花园是大理唯一的一个意式花园，比较适合举办城堡婚礼、草坪 party 之类的活动。相较于大理大多数酒店民宿纯白色的内饰和外观，我们丰富的色彩也比较有辨识度。

M — 牧心堡在装修的时候是如何构思的？

Q — 牧心堡主打浪漫的度假氛围，希望旅客们在牧心堡也能找寻自我的空间。所以在设计上，我们注重房间视野的开阔性，营造满满的度假感；房间内直线与曲线相融，显得客房动静相宜，很舒适。大面积的落地玻璃窗、房间泡池和洱海露台，使客人可以充分地与阳光、洱海亲密互动。

M — 您进入民宿行业的这些年有哪些让您记忆深刻的事情?

Q — 我从体制内跨界进入民宿行业,原本是带着满腔的"诗与远方"的情怀的,但是真正进入这个行业才知道,做民宿远远没有想象的那么容易,从选址到设计再到建房装修、定调性,以及投入运营,整个过程不仅要有足够的耐性,也要有坚持的动力。

M — 您如何理解"民宿"这个概念?

Q — 民宿传播的应该是一种理想的生活方式,它应该是一个有灵魂的东西,客人选择民宿也是基于它不同于酒店的、更加人性化的服务。

中国乡村振兴需要美学介入
Aesthetics

M — 您如何看待大理民宿未来的发展前景?

Q — 大理是高端民宿的聚集地,竞争激烈是肯定的,如何在激烈的竞争中求生存、求发展,对于大理的每一个民宿主来说,都是一个严峻的考验。市场中必定会存在优胜劣汰,只有做好差异化,尽量把服务做到极致才会在未来的市场中不被淘汰。

M — 疫情对民宿的影响是很大的,您当时是如何应对的?

Q — 在疫情期间,我们只能努力完善自己,做内功,同时扩大宣传力度,做好前期"种草"工作,机会是留给有准备的人的。

M — 中国乡村振兴迫切需要美学介入,您如何看待乡村振兴和民宿之间的关系?

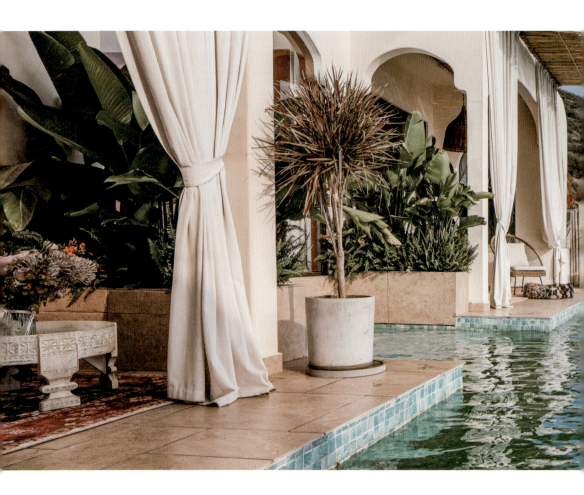

Q — "中国乡村振兴迫切需要美学介入",我非常认可这句话。民宿业的发展,把更多的艺术元素带入了乡村,未来的乡村建设,应该加强审美韵味的提升,使得乡村的自然景观、人文景观、农业景观、风貌景观形成一个有机的整体。

M — 您希望牧心堡未来的最佳的状态是什么样的?

Q — 最佳的状态应该是得到更多客人的认可和诚心推荐,让更多人愿意来跟我们一起过几天不一样的理想中的生活。也希望更多的人在牧心堡中找到自己的安宁,找到属于自己的那一处庄园。

美好乡村生活的践行者

———

汪宛陶

M　美宿志

W　汪宛陶

汪宛陶，"陶庐民宿""慢陶美育""慢陶文创"创始人，苏州市昆山市青年联合会委员，上海南湖职业技术学院客座教师，致力于为亲子家庭提供温暖的乡村度假、自然美育和非遗研学内容。

把时间花在自己喜欢的事物上
Spend time on the things you love

M W　您从事民宿行业的契机是什么？

我做过3年记者，从事过7年市场品推的工作，2013年因为孩子离开职场做了全职妈妈。35岁的时候决定下半生应该把时间花在自己喜欢的事物上，于是在2014年做了一件一直想做却没有时间和勇气去做的事——学制陶。后来我希望像日本、中国台湾手艺人一样，在乡村拥有一间属于自己的工作室。于是，2016年，我来到了距离上海一个小时车程的昆山计家墩村，开始创业，花了3年时间一手打造了我理想中的将陶艺工作室、民宿和咖啡厅融为一体的"陶庐 Tao House 慢活艺术空间"。

昆山计家墩村的"陶庐"在2019年5月开始营业。2021年，因为偶然的契机，我来到了苏州太湖边的一个小村庄，开起了第二家店——苏州林渡陶庐。苏州林渡陶庐完全不再是一个民宿了，我们孵化了新的品牌——"慢陶美育"，专注于青少年自然美育和非遗研学领域，这也是我更愿意花时间和精力去探索和经营的领域。

M — 从陶艺到民宿您最大的收获是什么？民宿主、研究生……多重身份的融合转变是否艰难？

W — 创业者、俩娃妈和研究生，多重身份，其实真的很难兼顾。因为新店开业和研究生开学，导致我精力严重跟不上，正在考虑是否休学来调整自己的时间，以集中精力专注做一件事。

探寻生命意义的乡村生活方式
Countryside lifestyle

M — 您创立"陶庐"品牌的初衷是什么？您想通过"陶庐"给客人们传递什么？

W — "陶庐"一开始就不只是一个民宿，我创立"陶庐"的初衷是想做自己的陶艺工作室，为了生计增加的客房，没想到最后误打误撞，"陶庐"因为自带内容，受到市场的青睐。

现在的"陶庐"，经过四年的经营，又孵化出了衍生的新品牌：专注于青少年自然美育的"慢陶美育"和专注于原创手作的"慢陶文创"。2022年，新开业的苏州林渡陶庐，也从一个单体建筑，升级为在三个建筑中经营的三种独立业态，"陶庐"从一个以民宿为主体的复合空间品牌，升级为一个乡村生活方式品牌，倡导慢下来，回到自然里，一起探寻美好的乡村生活、美好的乡村教育和发生在乡村的善意交互。

我们希望"陶庐"是一个探寻生命意义的乡村生活方式品牌，是送给热爱乡村的朋友们的礼物。希望"陶庐"可以用爱和美温暖人心、丰盈生命。"陶庐"的"陶"取自我的名，也取自我热爱的陶艺，其字义为"制陶人的家"。所以我将"陶庐"定义为一个充满爱与美的梦想家园，那时候我只想"慢下来，回到生活本来的样子"。我想告诉"陶庐"的朋友们，"陶庐"一直在乡村认真做着这件大家看来很慢，很没有回报的事情，是因为我们知道这是一件非常有意义的事，我们会一直坚持走下去。

M — 是什么让您决定在计家墩村和林渡暖村建立"陶庐"？

W — 因为地理位置和村子先天的自然条件。林渡暖村"陶庐"民宿距离太湖直线距离一千米，到苏州市区仅40分钟车程。是介于城市和乡野之间的民宿，既有田园风光，又不与城市生活完全割裂。而计家墩村位于淀山湖与昆山锦溪古镇之间，保留了江南水乡的特质和村落格局，目前也是新乡村建设共创集群"理想村"的一个试点。

M — "陶庐"的每一个小物件都是对家的温度的诠释，在"陶庐"的设施配套与摆件设计上您是如何考虑的？

W — 在装修之初，我们便与设计师定下了"家"和"生活"的设计方向。"陶庐"的房间完全以一个女人和妈妈的视角，还原一个卧室的模样。所以我们的床都是超大的双拼床，方便二胎家庭。我们的色调是暖暖的，灯光是暖黄色的，布草是棉本色，家具是温暖的红橡木色，连插花也是暖色调。为了还原家里的舒适感，我们选择了斯丽•比迪床垫、鹅绒被、超柔软本色棉布草，配套戴森吹风机、澳洲进口精油洗浴用品……

我想你们来到"陶庐"，感觉不是住进民宿，而是回到了自己的家。

M — 基于"陶庐"举办各类活动的经验，您对于"文化+体验"的发展方式有什么看法？

W — 我想我们做的可能不是"文化+体验"的方式，我们比较倾向于表述为通过发生在乡村的教育来带动其他业态，比如住宿和餐饮。

其实我们的教育板块做得很重，课程都是自己研发的。我和我的团队，投入了很多时间和精力在研发有意思的课程上。我们更希望在乡村打造一个陪伴家庭和孩子成长的乡村生活方式品牌。

未来只有一个关键词：深耕
Deep cultivation

M — 这几年经营您经历了疫情，后院风波等许许多多的困难，让您坚持下来的原因是什么？

W — 源于对乡村美育和乡村生活的热爱。在乡村造房子，做民宿，创业五年，我收获了无数感动，无数"陶庐"的好朋友们的支持与帮助；无数政府、媒体、民间组织的关怀与厚爱。虽然曾一次次跌到谷底，但又一次次爬起、一次次归零、一次次重启，那跌宕起伏的三年，我竟然硬挺了过来，没有放弃"陶庐"，也没有放弃对美好乡村生活的践行。我竟然还愈挫愈勇，在苏州太湖边开了升级版的"陶庐"旗舰店！

M — 您认为如何将青少年自然美育与民宿结合起来？您为此有做过努力吗？

W — 在"陶庐"运营的6年里，我们接待了超60000人次的朋友们住在村里体验乡村生活；接待了超20000人次的朋友们体验手工制陶的乐趣；组织了400余期一日营、冬令营、夏令营等自然美育活动……丰富多彩的课程和活动深受广大中小学师生和家长们的喜爱，这让我们在艰难前行的路上，孵化出了专注于青少年自然美育和传统民艺推广的创新教育品牌。我们更希望在乡村打造一个陪伴家庭和孩子成长的乡村生活方式品牌。

林渡暖村的"陶庐"，在计家墩村"陶庐"的基础上做了全新的升级，从家庭式的复合空间，转变为功能划分更专业、配套更完善的空间体系。自此，"陶庐"不再只是一个民宿，而是一个乡村生活方式品牌，一个多业态综合体，也是我们用5年坚守，送给同我们一样热爱乡村的朋友们的礼物。

M — 在疫情后的今天，您认为民宿未来的发展道路是什么样的？您对于"陶庐"有什么期待与规划吗？

W — 整体来说，我感觉民宿应该会越来越难做吧，一部分会逐渐品牌化、酒店化；一部分会回归到真正的民宿该有的样子，就是主人分享的自己居所的一部分。在品牌化、酒店化与个人IP化之间，盘旋着无数介于两者之间的民宿，他们可能都会慢慢消失在我们的视线中。

对于"陶庐"的未来，我只有一个关键词，就是"深耕"。深耕乡村美育和非遗研学领域，以美好的乡村生活为场景，深耕家庭陪伴成长共同体社群，链接城市与乡村，链接钢筋水泥与大自然，链接快节奏与慢生活。

「服务」是一场修行 ——— 张洋

M 美宿志

Z 张洋

张洋，上海崇明岛"初心·邂逅"创始人。航空从业近20年，曾任SKYTARX五星航空公司服务品质提升高级经理。上海焱德商务咨询有限公司创始人，为服务型企业提供服务效能提升咨询与落地。国际认证协会礼学专家委员会理事。中国管理科学研究院（航空）服务人才培养项目部副主任。ISE国际服务效能公共服务行业首席项目咨询师、ISE国际服务效能服务管家实践基地主理人。中樱航空主题互动体验空间创始人、中樱航空科普基地负责人。

一次邂逅，一生相伴
A chance encounter, a lifetime together

M — 您第一次接触民宿大约是什么时候？当时，您接触的民宿给您留下了什么印象？

Z — 大约是在15年前，去丽江，当时那边的民宿很有特色，有一些还保留了客栈的味道。从那以后，只要是自己出游，我都会选择有特色的民宿入住，因为不同风格的民宿，会体现出民宿主人不同的性格，让人感觉走入另一段人生。

M — "初心·邂逅"民宿是由一群空乘人员转型创业、共同打造的，团队成员包括普通空姐和乘务长，他们在飞机上服务了二十多年。你们转型创业开民宿主要基于哪些考虑？

Z — 凭借我们团队本身的优势，能够为客人提供附加价值。同时，我们也为很多的服务型企业与组织做服务提升项目，因此会将民宿的个性化服务作为一个呈现亮点。

M — 你们为什么选择在崇明岛开第一家民宿?在此之前,你们考察过国内其他民宿吗?

Z — 基于过往的飞行经历和工作特点,我们也体验过多种类型的民宿,不只是国内,还有国外的乡村民宿。我们之所以很喜欢崇明岛,主要是因为这里的乡村文化和生态环境。崇明岛不同于其他的景区,它展现的更多是田园特色,这对城市里的居民很有吸引力,但在民宿运营中在民宿运营中要避免同质化,并做好客群定位。

M — "初心·邂逅"这个名字主要想表达你们哪些初衷和服务理念?

Z — 我们的服务理念是"一次邂逅,一生相伴"。"初心",对于我们而言,是对蓝天的向往,也是对梦想的追求。"初心",对于客人而言,是对自由的向往,以及每个人最初的梦想。"邂逅",我们带着梦想落地,邂逅了田园生活,而最终邂逅的其实是自己。我们也希望,客人入住我们的民宿后,能通过感受崇明岛的生态风光和乡村的宁静氛围,回归自己的本心,邂逅最真实的自己。

M — 民宿在设计上突显了你们之前做空乘时的服务细节,这样设计的目的是什么?另外,你们请了专业设计师吗?还是全凭自己设计?

Z — 我们的设计理念是,服务不仅体现在硬件设备的高端奢华上,更在于提供让客人觉得舒适的定制化服务体验。

民宿的细节设计都是由我们团队自己完成的,主要是为了突出我们过往的经历。这些细节可以激发客人探索更多内容的欲望,从而也能够与客人展开更深入的话题讨论。

比如我们客厅的飞机客舱背景墙,定制的头等舱沙发,以及为客人准备的"登机牌",这些元素的组合,会让客人情不自禁地打卡拍照。另外,我们的公共就餐区还有飞机上的餐车,这些设计都可以让客人清晰地感受到我们的主题和定位——高端、品质、亲和,从而更有效地建立起我们与客人之间的信任。

民宿的"八德田"
Ba de tian

M — 让人感动的一个设计是你们民宿的"八德田",你们在弘扬传统文化方面也十分用心,菜地的命名也能和传统文化充分结合。通过民宿的"八德田"你们想向客人传递哪些价值观?

Z — 我们团队的成员从乘务员转型为礼仪培训师,再到服务效能咨询师,一直以来都是以中华传统文化为核心。"礼"是立命的根本,虽然时代变迁,但对于中国人来说,这是永恒不变的为人入世之道。农耕文化是传统文化的重要组成部分,而在崇明岛,我们在依旧做着农事活动的"爷爷、奶奶"身上,感受到了他们对大自然和人生的理解,他们的智慧让我们感悟到了很多过往只在书本上学习的知识。所以,我们保留了田地,是因为我们想让更多的人去看到、去感受那份人与自然、人与土地、人与万物的相处之道。

M — 民宿的概念近年来有些泛滥,国内许多高投资的精品酒店也冠以民宿之名。你们如何看待民宿的投资热?另外,你们民宿投资成本并不高,在具体运营过程中如何体现自己的独特服务价值?

Z — 民宿不同于酒店,我们做过很多精品酒店的服务提升项目,酒店要求的服务是规范化的、有秩序的,这个行业有成熟的、统一的标准。客人更多关注的是酒店的入住功能层面。而民宿不同,民宿并非人们外出必需的选择,但客人有可能会因为民宿的文化产生一次外出的想法或行动。我们认为民宿未来一定会以传播一种文化、传递一种能量或理念而吸引志同道合的伙伴,成为对生活有向往却暂时无法实现的人们的驿站。

服务效能督导师
Service supervisor

M 民宿之外，您还在做"服务效能督导师"，您可否介绍一下"服务效能督导师"的服务范畴？

N 服务效能督导师在服务型企业中的服务范畴主要包括以下几个方面。

①服务流程设计与优化：对企业现有的服务流程进行深入分析，识别流程中的瓶颈和改进点，设计更高效、更符合客户需求的服务流程。

②服务标准固化：可制定标准化的服务流程和服务标准，以确保服务的一致性和可预测性。

③企业服务力提升：通过培训、咨询和督导，帮助企业提升服务力，包括服务标准搭建、人才组织、机制保障、技术应用、服务创新和延伸服务六大维度。

④服务理念的设计：服务效能督导师须设计服务理念，这是服务设计中的核心组成部分，涉及对目标市场顾客需求的理解与对企业战略和竞争目的的调整。

⑤服务地图规划：通过服务地图的方式直观地表现服务流程的设计、优化与改造，详细描绘服务系统和流程，客观描述服务流程中关键服务环节或步骤的特点并使之形象化。

⑥服务标准制定：参与制定服务标准，考虑消费者需求，确保服务标准能够满足不同类型消费者的需求。

⑦服务团队建设：帮助企业提高员工素质，选拔优秀人才，建立激励机制，以确保服务团队能够提供高质量的服务。

服务效能督导师的工作是多方面的，旨在通过专业的服务设计、流程优化、标准制定和团队建设等手段，提升服务型企业的整体服务效能和市场竞争力。

M：民宿的服务质量一度被行业诟病，您如何在民宿服务中融入"服务效能督导师"的理念，提升民宿的服务质量？

N：服务效能有一个核心公式，就是"合适的环境 + 有效的行为 = 服务的意义"。

在民宿的硬件与环境方面，一些基本的要求是可以用规范和标准来执行的，比如环境、卫生的标准，基础服务的流程与细节的注意事项等，这样可以有效地帮助民宿主进行管理，快速提升服务质量。在民宿的软性服务方面，则需要结合民宿的不同风格和不同文化进行设计，甚至是管家的服务行为，都应与整体的风格保持一致，这样才能放大民宿的特点，提供个性化的服务。而这些都是可以通过服务效能实现的，如果民宿主或服务管家具备了这种能力，就可以自己完成服务的升级。

M：未来，您作为"服务效能督导师"可否为行业授课，培训民宿管家？

N：目前我们已经开始为民宿做管家的培训授课工作，去年我们还受云南剑川县邀请，为当地的民宿主和管家进行了为期四天的系统培训。我们的培训内容包括民宿定位、服务质量管理、安全运营、品牌打造和特情处理等。在培训期间，有很多民宿主邀请我们的督导师为他们上门做个性化指导，并表示受益匪浅。

打造一个孩子们的乐园和宠物的天堂
Creating a paradise for kids and pets

M — 新媒体在民宿宣传营销方面越来越重要，你们在新媒体方面有什么好的做法？

Z — 新媒体的应用是一种技能，我们在培训自己的服务管家时，其中有很重要的一课就是新媒体的应用，包括基础的摄影、短视频制作、直播能力的培养等。作为民宿，不可能雇佣一个完整的团队做运营，所以对于店长或管家来说，这将是未来工作的基本素质要求。只有民宿的工作者才能深入地了解民宿自身的文化、特点、日常，随时随地收集素材并输出才是最好的宣传方式。

M — 以你们店为例，您认为乡村民宿在促进乡村振兴方面有哪些积极作用？

Z — "初心·邂逅"民宿是我们在崇明岛的第一个项目，随着项目的落地，我们吸引了许多民宿主前来参观。这不仅有助于宣传我们的理念，还能够展示打造差异化民宿体验的方式，以及在细节上留住客人的要点。此外，我们的项目也成功吸引了许多年轻人回到家乡。通过运营民宿，我们深入了解了当地特色，这为我们延伸出第二个项目"中英航空互动体验空间"奠定了基础。这一项目进一步丰富了当地的休闲体验内容，并为我们提供了更多的资源联动机会，同时，这些新项目也为当地创造了多样化的工作岗位，吸引了更多年轻人返乡就业。

M — 您认为女性做乡村民宿相比男性有无优势，体现在哪些方面？

Z — 在对客服务过程中，女性更有亲和力，而且女性天生情感丰富、细腻，能够敏锐地感知到客人的状态，能够做到随时应对。不仅如此，女性对于环境的打造敏感度也更高。

M：您对未来"初心·邂逅"的发展有相对清晰的规划吗?

Z：未来,我们计划将更多的内容和文化融入民宿中,并调整我们的客户定位。结合航空场馆的特点,我们将更加专注于服务亲子家庭和宠物爱好者。在崇明岛,我们遇到了许多流浪的小动物,这些小动物已经成了我们民宿的一部分,我们民宿也成了它们的家园。因此,我们会对宣传渠道进行一些调整,以吸引更多的家庭和宠物爱好者。我们的目标是打造一个孩子们的乐园和宠物的天堂。

PART 02　云梦华章

我身体内
藏着一道横冲直撞的闪电

我的雷声
能缀上人间的火焰
在细雨中长出蓓蕾
泥里蹦裂一道闪电
一个必将到来的 不可战胜的
盛大 夏天

轰鸣 将近

民宿的发展只能顺势而为 —— 严风林

M 美宿志

Y 严风林

▢ 严风林,北京中景佳乡文化咨询有限公司创始人,佳乡学院创始人,致力于为乡村振兴项目提供策划、设计、施工、运营在内的整体解决方案。多次创造众多乡村振兴项目短时间内做到整体收益全网 TOP 1 的奇迹。

创业以来,她先后获得国内酒店民宿第一投资平台多彩投、国内酒店民宿第一运营品牌寒舍集团的战略性投资。EPCO 代表项目有河北山海间温泉度假区、北京欢乐松鼠谷、北京山野度假村、北京十里向野民宿集群等。

十里向野，一路美好
A journey of beauty

M Y 您为什么进入民宿行业？是什么原因促使您做出这个决定？

做民宿之前，我一直在设计院工作。和设计师接触多了，就比较喜欢小而美的建筑。当时能实现小而美建筑梦想的载体主要是民宿，而且 2015 年北京雾霾也比较严重，乡村便成了我周围朋友包括我在内的"诗与远方"。

这是基于我个人情怀的一个考虑，比较理性的考虑就是 2015 年城市房地产的发展开始放缓，我们觉得乡村尤其是和乡村房子有关的设计可能会是未来的方向。在情怀和理性的综合考虑之下，民宿成了我们自然而然的选择。

M Y 民宿的名字"十里向野"很特别，这个名字有什么故事吗？

这基于我们第一个真正独立做的民宿，位于北京十渡镇。十渡镇是北京很重要的旅游重镇，这里有"小桂林"之称，喀斯特地貌加上丰富的水，这样的山水景致在北京非常难得。

我们的第一个民宿就落户在十渡镇的一个山区村里，前几年还是贫困村。但正因为开发较晚，反而有后发优势。村内民风非常淳朴，而且山水自然环境非常好。真的宛如世外桃源一样，充满了野趣。当时，我的脑海里就突然冒出来"十里向野"这个名字，Slogan 就是"十里向野，一路美好"，也可以理解为现代人对郊野的向往。

民宿是标准化也是人情化

Standardization or personalization?

M — 您认为民宿如何才能发挥出团队的优势？

Y — 民宿发展未来很重要的一点是运营，运营团队的架构很重要。一个好的店长或者说管理人员是必不可少的。要想发挥出团队的优势，我觉得管理人员和营销人员应该是专业的，而现场的服务和运营人员最好是本地化人才。这样的组合，既有专业团队保证客流量。又能保证运营团队的稳定性，同时也能保证运营服务的专业性和稳定度。

M — 您认为一个民宿的运营者，最需要具备哪些管理素质？

Y — 民宿的运营者，最需要具备的管理素质是平衡标准化管理和人情化管理之间的关系。民宿小而美的时候，员工之间的人情味，员工和客人之间的人情味可能是最有魅力的。但正因为这种魅力可能没有标准，如果是自身素质比较高的老板娘和团队带给客人的就是非常好的服务。相反，如果老板娘和团队自身素质不足，可能带给客人的就是比较糟糕的服务。所以，一个好的民宿运营者既要有共情能力，同时又要提高标准化管理能力。

M — 现在困扰民宿单体店的民宿专业人才紧缺问题，成为制约行业发展的瓶颈。您认为民宿业为什么缺少人才，以及民宿最需要什么样的人才？

Y — 民宿业之所以缺少人才最重要的原因还是民宿业的本质是服务业。可能有很多年轻人盲目地因为对"诗与远方"的向往而来到民宿业，新鲜感过后，就陆陆续续离开了这个行业。有不少员工以住民宿的心态来衡量民宿的工作，这两者之间还是有比较大的偏差的。

民宿最需要的人才是真正能享受乡村生活的人。这种享受不是度假式的两三天的享受，它需要几个月甚至几年能享受乡村的清净甚至寂寞生活的人。至于各项技能，慢慢都会在工作实践中学会的。

我们在民宿人才培养方面的心得体会。第一课往往都是职业道德与素养，之后才是各种专业技能的培训，管理的标准化等。而且随着民宿专业人才的逐步成长，我们也有一些更高技能的培训。比如团队管理、队伍搭建，以及如何从开业筹备开始做一个在区域内各项服务都是第一的民宿等。

南北方民宿各有优势
Each has its advantages

M— 目前中国民宿领域普遍存在淡旺季差异的问题，您认为民宿如何应对淡季的营销？

Y— 淡季营销主要靠团建和各种活动营销。北方的冬天淡季尤其明显，可以说散客基本为零。要想维持一个比较好的运营状态（至少要做到淡季收支平衡），各种活动必不可少。这些活动既包括团建活动，也包括各种节庆活动，比如村里过大年、各种造物节、温泉节、滑雪节等。

事在人为，我们运营的几个景区和民宿在冬季的运营情况都还不错。当然，为了开源节流，我也建议冬季减少工作人员，保留差不多一半工作人员即可。

M— 就目前中国民宿分布情况来看，南方民宿相比北方民宿数量更多，品牌意识也更明确。请问您认为南方民宿和北方民宿有哪些不一样的地方？针对相对弱势的北方民宿，应该如何提升与加强自身建设？而针对相对强势并竞争激烈的南方民宿，应该如何进一步提高有效竞争力？

Y— 南北方民宿最大的差异就是南方更精致，北方更大气。一方水土养一方人，这很难说谁更好谁更不好。无论是民宿空间，还是品牌意识的营造，南方民宿都会更精致、更有意识。

北方民宿发展相对较晚，不仅仅是民宿，各种服务业也都如此，餐饮及各种服务业明显都是南方服务意识更强。北方民宿近几年有长足的进步，很大程度上应该是市场倒逼的结果。而且，近几年乡村振兴建设也如火如荼的。很多大企业也逐渐在谋划乡村民宿的发展。大企业、大资本带动更多人才下乡的话，可能会带来北方民宿业的升级换代。

南方民宿我没有真正运营过，只是听说各方面竞争比较激烈。而且长江后浪推前浪，这个问题我真没有发言权。

M — 您对民宿的品牌推广营销有什么建议？尤其是在如今快节奏的生活时代，如何看待网红或高流量的文化产业的推广发展模式？

Y — 民宿的品牌推广一定要重视营销，这是我的建议。无论是人员配置还是资金预算，一定要有合适的计划。我本身是学营销的，从我毕业到现在，营销宣传渠道有很多变化。

我刚毕业时，报纸、杂志是主流宣传渠道，后来经历了各种媒体网站，然后是百度搜索，到后来的 SEO/SEM，再到自媒体、各种短视频平台等。渠道变化很多，但内容其实万变不离其宗，就是要贴合现阶段大家的精神需求，让大家觉得很潮，才能真正打动内心。

助力乡村文化经济双发展
Dual development of culture and economy

M — 在"乡村振兴"和"精准扶贫"方面，民宿充当着越来越重要的角色。您认为如何借助国家乡村振兴与精准扶贫这两大政策来发展乡村民宿？

Y — 乡村振兴和精准扶贫的主要工作地在乡村，发展乡村首先是各种基础设施的升级，然后是房屋升级，最后可能是产业升级。无论是基础设施升级，还是房屋或者产业升级，都和民宿有莫大的关系。在产业升级中，目前乡村休闲度假业态是很重要的一环，民宿作为乡村休闲度假业态的重要一环，自然是重中之重。

应借助乡村振兴和精准扶贫来发展乡村民宿，但行好事，莫问前程。现在很多做乡村民宿的人，都是在做的过程中有了一些成绩，而政府又正要找类似的抓手，双方很快就能达成一致，找到共同发展乡村的契机。

既让国家乡村振兴和精准扶贫政策有的放矢，又让民宿在运营的过程中不仅享受市场发展的红利，也能搭上各种政策发展的大车。

M — 很多民宿选择在城市周边的乡村建设，您可以谈谈民宿给乡村带来了什么影响吗？城乡的二元对立式发展是不是可以通过这种方式得到一定的消解？

Y — 从客观的角度来看，民宿给乡村带来的是比较好的影响。很多民宿主把城市的客人、资源带到乡村，希望促进乡村的发展。但一定要注意真正和乡村共生发展。如果给乡村带来的只是人流量，而没有带动乡村发展，村民反而是不买账的，他们觉得来人太多打扰到自己，反而会造成村民、民宿主和客人不愉快，加剧城乡对立。

当然这都是暂时的情况，随着乡村振兴的发展，更多城里人来到乡村，村里人去城市，大家会慢慢消融掉城市人和乡村人的差距。等大家的眼界、见识都差不多的时候，城乡差距便不会存在。

M — 在乡村民宿建设中，基于在地文化，有一部分民宿会发展与在地文化或本地非物质文化遗产保护相结合的道路，您认为这种模式在未来有哪些优势和难点？民宿该如何打好文化牌？

Y — 我认为民宿发展在地文化是其发展过程中很重要的一环，既可以很好地融入乡村，和当地融为一体，更好地带动当地的发展，也能让客人们体验到当地的风土人情，这是客人们到乡村来的很重要的原因。

难点的话，就是文化是真正融入骨髓的，而且现在很多乡村的文化传承本来就有断层。当地人都不一定能传承得很好，所以村里的民宿一定要深度挖掘乡村的文化，同时还要用讲故事的形式将其传承下去。

M — 旅游景区是文旅业态中重要的一环,您认为景区对民宿的影响有哪些利弊?您认为景区民宿和当地的旅游行业有哪些相互拉动作用?

Y — 景区对民宿的影响利大于弊。很多人去民宿不仅仅为了住,还要找地方体验和游玩,而景区无疑是体验游玩的好去处。

景区民宿和当地旅游业应该是相辅相成、共同发展的。景区民宿是当地旅游业的一个子项目,当地旅游业发展得好,民宿自然水涨船高。当然,也有特别厉害的民宿,能带动一座城市的旅游业发展,这种比较少,但都是一荣俱荣、一损俱损的关系。

民宿业未来的发展方向
Direction of development

M — 您如何理解当下中国的民宿发展?您觉得中国民宿业未来的发展方向是什么?

Y — 当下中国民宿发展到了最好的时代。疫情后人们对乡村民宿更加向往,各种综艺节目也让大众对民宿有了更多的认知。前几年的民宿可能更多是小部分人的休闲度假场所,现在很多人都对乡村民宿有了认知和向往。

我觉得中国民宿业未来的发展方向分两种。一种是小而美,就是有老板娘文化的那种自家宅基地,客人来了就像走亲戚一样。另外一种就是微度假,可能房间数量为100~200间,有游玩的小型游乐场,也有公区、餐厅等。比之前的大型度假村要小,但又自成体系,近几年比较火的宿集就是这样的产品。

M — 您对民宿集群的发展有何看法？未来单体店和集群，您觉得哪一个方向会比较好走？其发展的意义在哪里？

Y — 民宿集群会是未来民宿业的发展方向。各种业态聚集在一起，无论是影响力还是市场的接受度，都会更高。之前提到过民宿发展的方向一个是小而美，是老板娘真正要扎根乡村，把民宿当自己家的。另外一种则是微度假，是大家聚在一起有吃、有住、有玩，才能实现更好发展的目标。

M — 疫情为旅游业带来灾难，后疫情时代民宿业应该如何应对？

Y — 后疫情时代，民宿的发展只能顺势而为。不仅仅是民宿，很多行业都因为疫情发生了非常大的变化。即便是民宿，中国不同区域的民宿也有不同的表现。

我觉得民宿的应对之策只能是顺势而为，在任何情况之下，行业都是二八效应。只要大家对美好生活的向往还在，对"诗与远方"的情怀还在，民宿的未来就一片光明，但眼前的困境也要想办法跨越过去。"穷则思变"不是贬义词，在困境中，人总会爆发出无穷的创造力。

乡志隐藏着中国乡村的文明密码

——林丹

M 美宿志

L 林丹

林丹，北京乡志家缘旅游管理有限公司董事长，乡志文化民宿创始人，中国旅游协会民宿客栈与精品酒店分会副秘书长，中国民宿时尚人物，全国最具巾帼力量民宿女主人，全国最美民宿女主人，《安家杂志》2018冬季刊民宿专题杂志封面人物。

去做振兴乡村的勇士
Warrior

M 可以简单介绍一下您成为"民宿人"之前的人生经历吗？

L 我叫林丹，民宿圈的人都称呼我为"丹姐"，叫姐并不是因为我年纪大，我 1992 年出生在吉林的一个小山村里，从前在农村的时候就立志要到大城市去生活。

经过不断地努力学习和工作，我一步一步地走到了大城市中。从老家到县城，再到沈阳，后来来到北京。我打过工、创过业、赚过钱，也赔过钱，我的人生经历就像过山车一样起起伏伏。我的人生低谷恰恰是去北京的那一年，在那之前，我刚刚在沈阳买了我人生中第一套小房子，和朋友一起经营的店铺出现问题，以至于让我负债累累，走投无路的情况下，我决定去北京打拼。

刚来北京时，我投身于金融行业。机缘巧合下与我的合伙人刘伟（泛华生态旅游规划设计院的副院长）结识，他是东北沈阳人，是一个对美食特别有研究的人。我们一拍即合，通过闲聊我得知他从事规划设计工作。于是，他为我引荐他的合伙人吕玄（泛华生态旅游规划设计院的院长），吕院长也是东北人。那时对于北漂的我来说，遇到老乡的那种莫名的亲切感特别强烈。

当时是吕院长向我提及民宿经营，那时我对民宿一无所知，听他们说话像听天书一样。他们都是做文旅规划很多年的高水平人才，有非常丰富的经验。吕院长为我描绘了一个美丽的民宿梦，我当时的感觉就好像是去做振兴乡村的勇士，好比当年的知青下乡，有一种使命感。从我个人来讲，这种感觉比给我很多钱还让我有激情，被强烈的社会责任感包围，让我觉得自我价值得到了提升。我觉得我应该是遇到了一位知人善任的合伙人，然后被他讲的故事深深地吸引，所以从2015年起我踏上了民宿之路。

"乡志"就是乡村的"方志"
Chinese countryside

M — 民宿缘何取名为"乡志"？"乡志"又有哪些文化内涵呢？

L — "乡志"就是乡村的"方志"。"乡志"隐藏着中国乡村的文明密码。"乡志"，是乡至。住进"乡志"民宿，犹如入住一本本活的《乡志》之中，感受乡村文明的沧桑悠远，体验乡村文明的田园意境。"乡志"，是乡智。东方的智慧在乡村，乡村的智慧在民间，住"乡志"，品味古典的文明，感悟智慧的人生。"乡志"，亦是乡知。旅游者、投资者成为新乡民，异乡如故乡，与原住村民相知相助，共同缔造美丽乡村。"乡志"浓缩、沉淀着乡村文明，世界将从乡村方志开始读懂中国，读懂中国乡村，爱上中国乡村。

管理中的感动细节
Details

M — "乡志"坐落在圣水头村，这里有哪些地理优势吸引你们的团队？

L — 在北方做民宿只要解决了冬季的客流量问题，就解决了致命的问题。距离"乡志"民宿直线距离50米就是北京最大的滑雪场——南山滑雪场，该滑雪场是目前华北地区规模最大、设施最先进、雪道种类最齐全的滑雪度假区，并拥有中国第一个单板公园——NANSHAN MELLOW PARK(南山-麦罗单板公园)。

同时，奥地利单板协会(ASA)的合作机构——奥中单板教育协会还在此开办了南山国际单板滑雪学校，由奥地利国际滑雪教练领衔执教。同时圣水头村因为滑雪场的原因商业很成熟，有大棚采摘蔬菜园，还有雪服租赁、餐饮等服务。我们开业后的第一个冬季入住率就达到了 85%，之后的每一年冬季都是 100%，正是有了这个强大的旅游 IP 的支持，冬季市场反而成了我们的旺季，因此我们坚定地选择了这里。

M 能为我们简单介绍下"乡志"从无到有诞生的故事，以及"乡志"建设过程中令您印象最深刻的一件事情是什么？

L 从 2015 年开始选址，到 2017 年 9 月 17 日开始试运营，整个过程都是我亲身经历的。"乡志"对于我来说就像自己的孩子一样，我看着它一砖一瓦慢慢被修砌起来，每一件东西都是我亲自挑选的。我印象最深的就是我们试运营的前一个晚上，那晚我被我们"乡志"的小伙伴深深地感动了。我没有想到我的团队是如此的有责任心、能吃苦，他们可都是 90 后的小伙伴呀。在很多人眼里，这个年代的人可是非常难搞的，但是同为 90 后的我们却相处得非常融洽。

那天晚上下了特别大的暴雨，我们门前的泥路还没有修好，有很深的积水，他们就两个人一组，一个人打着伞，一个人抱着物料，去每个房间分。虽然外面下着雨，环境很脏，但是布草依然是洁白的，因为他们用自己的身体挡住了雨水。这个场景让我这一生都很难忘，我觉得他们是我一生炫耀的资本，我后来逢人就夸他们，给别人讲这个故事，大家都很羡慕我有这样的团队，我觉得那个时候的我是最幸福的。

当天晚上忙到凌晨两点多，大家基本上没有睡觉，回去洗个澡，换个衣服，第二天早上 6 点全员到岗，穿戴整齐，精神饱满。他们对我说，培训了一个月，现在是检验战果的时刻了，大家按照制定好的标准，各自分工，井然有序。试营业当天有的客人觉得地上有积水，我们的管家从停车场把客人背到店里，当时他们每一个人都是我心里的英雄，那是我最满意的一份答卷。

M 在一同历经挑战后，您觉得 90 后团队有哪些优势？

L 简单、高效、创新、有活力。

"老板娘文化"是民宿的灵魂
Female boss culture

M — 能谈谈您对"乡志"一直致力于推崇的"老板娘文化"的理解吗?

L — "老板娘文化"是一家民宿的灵魂,我总说一家民宿的老板娘性格决定了她的经营风格和客户群体。源于身边的人脉资源和经营理念,我觉得民宿首先要给人一种家的感觉,什么是家?老话总说家里一定要有个女人,才有家的样子,所以说家的温馨感一定是由女性营造出来的。

而且女性相对比较细腻,同时最重要的是老板娘要口才好。民宿本体是美丽的建筑,是我们对美好生活的向往,是一种美好的生活方式。那么,美丽的事物当然要用美来展现,事物是死的,而美人是活的,正因为有了美人,整个民宿的空间就都活了,就有了呼吸和生机。

M — 能聊聊现在的"乡志"与最初建立起来的"乡志"之间最大的变化在哪吗?

L — 最大的变化应该就是我们的团队越来越成熟了,经过这些年不断地打磨,不断地实践总结,我们不断地发现问题、解决问题。从模式上进行创新,从"乡志民宿"到"乡志文旅"进行转变。目前,"乡志"不仅仅局限于民宿,而是立足于整个文旅产业,站在整体产业发展的角度,为乡村做产业发展规划、实施路径组织、产业布局、产业导入以及产业运营。我们作为一个从事文旅规划行业10多年的成熟团队,这一直是我们最擅长的领域,"乡志文旅"不断地在乡村振兴的道路上践行我们自己的商业模式,联合同行及异业的各大品牌商,与各地方政府携手,共同打造各种形式的度假目的地。

M — 目前,"乡志"为客人量身定制了哪些体验活动?

L — 我们会针对不同类型的客户需求量身定制活动内容,当然我们也有固定的活动,在这基础上根据实际情况做出调整。例如,我们之前做过女性活动"睡衣趴""下午茶""汉服写真""扎染"等;亲子活动"上房揭瓦""石头画""昆虫旅馆"等;老年活动"蔬菜采摘""忆苦思甜""农事体验"等。

乡村振兴首要是产业振兴
Revitalization

M — 乡村振兴是国家的战略决策，您觉得"乡志"在这方面作了哪些贡献？

L — 乡村振兴首要是产业振兴，乡村产业发展离不开农、文、旅的融合发展，而乡村旅游的重要抓手之一即是乡村民宿，我们通过IFEPCO的模式发展"乡志"的乡村民宿连锁经营。

M — 能具体谈谈"乡志"如何践行"诗酒田园，自在乡志"的文化自信，以及如何满足当代人对于文化体验的需求吗？

L — 现代人旅游已经不仅仅是简单的观光游，众所周知，当下人们最大的心理就是要"走出去"。人们需要开阔的空间、蓝天白云，需要山水和自由。"乡志"的slogan是"诗酒田园，自在乡志"。我们希望在这样一个空间里，人们能够感受到自由自在，能够从身到心彻底放松下来，我们有一首《乡志赋》，就是描绘的这样一种生活状态，让人们能感受到我们打造的"桃源"。

京绣在民宿设计里面无处不在

——金馨

M　美宿志

J　金馨

🔖　金馨，北京春上村SU京绣民宿创始人，京绣传承人、纹样艺术家，北京市工艺美术大师、国礼制作人。

热爱创造乐趣
Creating fun

M — 您之前在广西从事记者工作，什么原因让您辞掉工作来北京创业？又是什么契机让您与京绣结缘？

J — 我自幼喜欢手工织绣。出于对传统艺术的热爱，2003年我辞去了广西的记者工作，只身来到北京。偶然结识了中国社会科学院考古所专家王亚蓉先生，并参与了王老师正在做的出土文物丝织品的修复与复制工作，开始接触大量的织绣知识。

几年的时间，在王老师的指导下，我了解了国家各大博物馆出土的丝织文物。从前期采买原料、辅料，到跟着老绣娘学习扎稿子、刷稿子、印纹样以及刺绣的基础针法等，然后再制作成完整的产品，都一步步地了解学习。

在王亚蓉先生的带领下，我参与完成了大明皇后所穿百子衣的复原工作，因此接触到很多织绣的工艺，从此便迷上了京绣这门传统工艺。2005年我开始自主创业，成立了北京花喜绣艺术品有限责任公司。二十余年间，我一直致力于京绣这一传统手工艺的传承创新，以及京绣纹样的开拓。

M — 您 2005 年开始自主创业，成立了北京花喜绣艺术品有限责任公司，您认为创业最困难的事情是什么？

J — 我觉得创业最困难的事情就是要选对一个方向。也就是说，你自己想要做什么，这个事情是不是你喜欢的，是不是有前景，我觉得这点是最重要的。

而更难的是要把自己喜欢的事业坚持下来。因为我很喜欢这份工作，能从中找到乐趣，觉得它不是千篇一律的工作，而是一个特别适合女孩子的美的事业。

M — 您一直致力于京绣这一传统手工艺的传承创新以及京绣纹样的开拓。是什么因素让您坚持到现在？

J — 这二十多年，一直致力于京绣这一传统手艺，让我们坚持到现在最主要的原因肯定就是自己喜欢；第二个原因是我们可以通过自己的努力让市场认可，有经济效益的转换，才可以让我们坚持到现在。这是很现实的一个问题。

若即若离的关系
Close yet distant

M — 民宿名字"春上村 SU"的由来有什么故事？能否为我们介绍一下它的内涵？

J — "春上村 SU"这个名字，其实不是我起的，因为我们租了当地农民的宅基地，当时这里是一个小的农家乐，农家乐的名字就叫"春上村 SU"，我觉得这个名字还挺文艺的，所以没有改名字。

我给它重新赋予的含义是"春天来到村上"，北京的春天特别美，漫山遍野全部都是花，经过一个冬天的孕育，花全部都开了，非常有生机，非常浪漫，所以我觉得这个名字挺适合的。

M — "春上村SU"改建于2019年,是以"燕京八绝"中纺织类非遗"京绣"为主题的民宿,拥有深厚的文化底蕴,请问您的民宿承载了怎样的文化理想和生活美学?您是怎样将京绣文化融入产品设计当中的?

J — 因为喜山乐水,做一个民宿是我多年的梦想,当时没有特别明确的目标。后来突然间觉得我是做京绣的,有种传承京绣的责任感,如果可以做一个以"京绣"为主题的民宿,就能把我的工作、生活和理想融为一体,那是一个非常美的事情,所以我就把京绣文化运用到了民宿的设计里面。

不管是装饰品,还是一些小物件,包括喝茶使用的茶席、茶杯垫、装饰挂画等,都会用到京绣,给客人呈现一个真实的场景。

京绣与其他的一些非遗工艺相比,可能更加容易融入生活的方方面面,无论是服装服饰、家居用品、礼品,还是艺术品,都可以把京绣融入进去。所以我们的理念是"我们静心绣此一物,与您相伴"。

M — 当今时代，喧嚣的城市生活让很多人逐渐厌烦，想要离开闹市却又不敢完全脱离，而"隐居"的生活方式正好满足了他们的需求，您对"隐居"是怎样理解的？这是否与民宿所倡导的生活方式不谋而合呢？

J — 隐居，我不是很喜欢这个词。因为我们都还年轻，我们是不能过一种完全隐居的生活的。而且我觉得人与人之间的互动联系非常重要，人毕竟是一种群居动物，所以我们选择这个民宿的时候，它跟城里的距离不太远，车程一个小时左右。

这是一种若即若离的关系，当你想安静的时候，你可以安静；当你想与朋友相聚的时候，你也不用太费劲，恰到好处。

人文与自然的有机结合
Humanities and nature

M — 随着时间的推移，文旅行业的大力发展，越来越多多元化且主题特色鲜明的酒店大量涌现，您认为什么是一家好民宿的核心竞争力？应当如何在运营中体现自身竞争力？

J — 我觉得一家好民宿的核心竞争力，在于它与众不同，有自己比较突出的文化内涵和空间特色，包括主人的文化特色也很重要。客人来到这里能体验到与他平时生活的场景，与他平时所去的民宿都不一样，这里有吸引他的独特的地方，这才是一家民宿的核心竞争力。

在运营中，我想打造一种不那么商业化的模式，让别人来到这里有一种宾至如归、能融入这个空间的感觉。

M — 经营一家民宿不仅需要良好的管理体系，还需要一份诚挚的情怀，在"春上村SU"民宿的经营中，您是如何平衡商业利益与个人情怀的？有哪些管理经验是值得同行学习的，或者说是自己比较满意的？

J — 经营民宿，其实我们没有什么经验，因为我们的主业是手工刺绣，跟民宿的经营管理完全是两个概念，所以我在经营民宿的过程中还是比较"佛系"的，因为我们不以民宿作为主要收入来源，只是把它作为一个展示的空间，让大家通过住宿来体验京绣，能更深入地了解我们的非遗技艺。

M — 据了解，您的民宿可能是中国甚至是世界上第一家以"京绣"为主题的乡村民宿。未来您对品牌推广有什么计划？

J — 作为中国乃至世界第一家"京绣"为主题的民宿，在未来的发展中，我有以下计划：

第一，我想把京绣的元素更多地融入民宿的日用品和陈列中。在我们的民宿中，每一个细节都能看到京绣的影子。

第二，我想在民宿旁边做一家小型京绣博物馆。我希望这座小型博物馆非常精致，让客人在住宿的同时也可以看到更多精美的京绣作品。

第三，如果有更多的人喜欢，可能以后会复制一两家这样的民宿。这也有利于"京绣"这项非遗技艺的推广。

M — 据了解，"春上村SU"附近的自然资源和人文资源都特别丰富。比如，龙泉峪村附近的长城，香屯附近的桃花和梨花，这些盛景都对深度研学有很大的吸引力。您是否考虑结合周边资源联合相关机构开展研学？

J — 我们民宿所在的地方处于十三陵这一世界遗产的核心地区，这里不但有丰富的人文景观，还有非常美丽的自然资源，两者相得益彰。

我们的研学活动不但可以以人文景观为主题、给大家讲明文化、十三陵文化，还可以跟自然资源结合，比如观鸟、登山、观花、骑行、徒步，包括结合京绣做更加丰富的研学活动。

另外，我们可以把人文景观、自然环境跟京绣紧密结合起来，比如我们可以做以明文化为主题的刺绣体验活动，也可以请古建筑老师配合我们做古建筑文化推广活动，如对碑帖、祭祀等文化的讲解。

提升传统文化的价值体现
Promote traditional culture

M — 随着旅游模式的转变,"文化 + 体验"的方式逐渐进入民宿行业。您有考虑过在"春上村 SU"的经营中运用这种模式吗?作为一家以京绣文化为特色主题的民宿,"春上村 SU"在京绣文化创新方面还有什么文章可做?

J — "文化 + 体验"的模式,我们一直在用。京绣的体验是沉浸式的体验,它是我们的课程,也是我们在教育方面主要推广的一种方式。

"春上村 SU"在京绣文化创新和民宿运营方面更深入地结合,还有很长的路要走。把我们自己的京绣 IP,运用到我们的各种酒店用品上,比如说床单被罩、洗漱用品的包装,以及特色纪念品等。

M — 民宿与非物质文化遗产保护相结合的道路,您认为在未来有哪些难点?

J — 非遗和民宿的结合,我觉得最难的还是在于如何真正做好非遗的保护传承。如果是真的在做非遗事业,或者是有这方面的非常资深的老师合作,那么这条路可能会走得比较长远。

M — 新生代的旅游消费人群偏向于轻松、自由、创意、精神导向的需求,您认为应该如何让传统文化与非物质文化遗产亲近年轻消费群体?怎样解决非遗传承人才紧缺的问题?

J — 其实年轻人更喜欢自由、独特、精神层面的东西。近几年,更多的年轻人喜欢国风、国潮的东西,喜欢有中国特色的东西。只要我们不断创新,将京绣与当下时尚相结合,我相信会有很多年轻人喜欢的。

非遗传承人不仅需要长时间的学习,还需要发自内心的喜欢。最好能从学生时代开始培养,从小培养他们的传统文化技艺,让他们知道传统文化与技艺的美与内涵,同时提升传统非遗文化在他们心中的价值体现。只有更多的人喜欢了,才会有更多的人去学习,去从事这个行业。

文化传播带动乡村发展
Cultural dissemination

M — "春上村SU"民宿位于京郊民俗旅游第一村——麻峪房村,您能结合自己的民宿谈谈给当地乡村带来的影响吗?您对民宿在乡村振兴中的作用,以及非遗助推乡村振兴方面有何见解?

J — 我们主要做的是以"京绣"为主题的民宿,和普通的民宿相比我们更具特色——非遗文化特色,会有很多领导及村子里的人来民宿参观、学习。而乡村振兴工作,就是要具有一定的特色。比如十三陵镇麻峪房村,有著名的十三陵景区,可以把明文化融入乡村民宿当中。

例如,我们在民宿外墙上挂的是明孝靖皇后棺内出土的百子衣服——红素罗地洒线绣平金龙百子花卉方领女夹衣,民宿大厅挂的是故宫收藏的明朝时期百鸟朝凤图的复制品。这些刺绣技法、纹样的吉祥寓意都是非遗技艺及文化的一种传承,它们的展示就是对文化的传播,也是一种特色。而且因为工作室在村子里,也会为村子设计一些文创产品。

M — "春上村SU"所在的村庄农特产也很丰富,您个人每年都帮村民买许多水果。下一步,在品牌营销上您计划为村里做哪些工作?

J — 麻峪房村及周边的物产很丰富,有柿子、桃、樱桃、蜂蜜等。但是这里的村民只是以传统方式售卖,所以每年的物产都会有一些滞销,最开始我们给他们带来了理念上的更新,建议他们把包装设计得有特色、漂亮一点。我会帮助他们把包装设计做出来。

此外,我希望村子里面多种一些花草,因为乡村最漂亮的外衣就是花草,这样也会吸引更多的人来到乡村。

M — 您怎么看待民宿与乡村振兴的关系?城乡的二元对立式发展是不是可以通过这种方式得到一定的消解?

J — 我觉得民宿跟乡村振兴有着非常紧密的关系。如果有好的民宿进入乡村,会给他们带来一些新的视觉和文化体验,包括新的经营理念,会对当地的民宿、农家乐有一定的启发。可以将乡村天然、健康、自由的自然景观和时尚个性、内涵丰富的人文景观相结合,从而发展不同于城市酒店的特色民宿,带动乡村经济发展。城乡的二元对立,其实也可以看成是相辅相成的一体两面,双方都是不可或缺的。乡村的不断发展、经济的不断提升也可以促进城市的繁荣。

芳香博物馆的存在非常有价值

——红药

M　美宿志

H　红药

🔖　红药，北京香邦芳香科技有限公司创始人，Aroma Genera 芳香基因心理治疗师，IFA 国际芳香治疗师学会注册芳疗师，调香师，瑞士微量元素治疗师，跨界主题民宿"香邦芳舍"创始人，芳香博物馆联合发起人，芳香疗法品牌"香邦"创始人，诗人。

大自然的美好和疗愈
Beauty and healing

M：中国民宿领域同质化的问题其实挺严重的，大家拼地理位置、拼设计、拼投入资金的额度，可以说十分"内卷"。您最初如何想到将芳香产品融入民宿？

H：其实"香邦"进入民宿领域完全是误打误撞的巧合。大约六年前，隐居乡里的长春老师邀请我做一个芳香主题的民宿，因为他知道，我一直在做专业的芳香疗法并开发相关产品，长春老师的远见是未来的民宿只关注"住"这个维度不太可行，还是要融入文化，有自己的主题，打造民宿生态的多元化。所以，"香邦"是被邀请进入民宿领域的。但是，从长春老师深耕民宿行业的眼光来看，芳香文化进入民宿也是必然的，只能说"香邦"非常幸运，在合适的时机，抢先一步进入这个新的领域。

另一方面，"香邦芳舍"和普通民宿的基因是不同的，"香邦芳舍"除了具有民宿的属性，在住客入住期间，潜移默化地使他们接触芳香文化，让大众了解更多的植物自然属性；同时，还可以通过参与多元化的芳香文化活动，触达精油产品、芳疗理念、调香闻香等多个方面芳香文化，这个时候，芳香文化就和民宿的住宿属性产生了相互赋能的作用。

M— 据我了解,目前中国民宿领域虽然有将芳香融入民宿的住宿产品,但将芳香博物馆的概念和民宿融合的并不多,您可以介绍下你们的芳香博物馆吗?

H— 将芳香融入民宿的住宿产品,一般是某个产品的植入,比如香薰蜡烛、空间香氛或其他周边等,"香邦"也有相关产品的植入,如北京的昆泰酒店,我们根据入住客人的大数据分析,开发了两种不同主题的香眠房。那么,"香邦"与普通的香薰产品植入的不同是,抛开空间香味儿好闻这个概念,"香邦"还会以"芳香疗法"为基点,从健康的角度出发,帮助客人达到疗愈等健康层面的目的。

而芳香博物馆的诞生,是从我个人喜欢博物馆的视角和从事芳香行业十几年的职业角度进行的一个完美融合(不是说绝对完美,是我个人想象中未来的完美),是我的一种尝试,事实证明,芳香博物馆的存在是非常有价值的。

位于北京黄山店项目的芳香博物馆,展示有100多种植物标本,可以以一个完全开放的视角,让更多人了解植物,包括植物种属、来源和功效。比如说,我们每个人都认识的厨房香料——茴香,它的植物疗效是紧实皮肤、收敛毛孔、排毒和助消化,日常我们只知道做饭煲汤来用,谁知道它还有这么多其他维度的用途呢?

这样的例子有很多,所以每个认真了解过芳香博物馆的人,在无形当中都了解到植物另外的作用,这就是芳香博物馆存在的价值。

如果是本身对植物感兴趣的人,就会更深入地了解产品,我们也会举办各种活动增强用户体验感。

当然,这是为我们民宿带来附加值的特色项目。未来,我们还会有和宿集结合的芳香博物馆,也会有线上芳香博物馆,如同星星之火一样,向更多人传达着来自大自然的美好和疗愈。

世界级的乡村振兴示范村
Rural revitalization

M　"香邦芳舍"选址在北京市周口店镇黄山店村,附近还有许多人文古迹,您选址在这里有什么特别考虑吗?

H　选址其实是做文旅项目一个非常重要的考量。"香邦芳舍"距离市区50千米,差不多1~1.5小时车程,路程较短,是周末度假好去处。同时,除了人文古迹外,黄山店村本身就有坡峰岭风景区,风景优美,还有和芳香植物相关的药王谷,每年都有和旅游相关的节日,比如春夏之交的黄栌花节、秋天的红叶节等,会带来很多客流。以上这些都是我考虑的维度。

现在,在政府的推动和大家的共同努力下,黄山店村成为全国乡村治理示范村、全国生态文化村、北京市乡村振兴示范村、全国乡村旅游重点村。我们民宿也获得了很多荣誉,能为村子和当地村民做一些力所能及的事情,也是一件特别幸福的事儿。

M　设计对一家博物馆民宿十分重要,"香邦芳舍"在整体环境布置和细节上有哪些考量?

H　在有限的空间内,来设计五脏俱全的"博物馆+民宿",其实是个不小的挑战。

我大学的专业是艺术设计,所以在设计前期规划时加了不少个人的想法。例如从园林规划上来讲,"香邦芳舍"种植的植物必须是香草植物,也就是可以提炼精油的植物,哪怕是客人入住的时候想要喝杯香草茶,也可以就地采院子里的甜菊来泡水喝。

从还未进入院子的游客和芳香博物馆的观众视角来讲,外围墙面是初步了解"香邦芳舍"的基本空间,我们在外围墙面设计了不同尺寸的玻璃空间,置放模拟萃取植物精油的仪器和各种玻璃器皿,包括部分植物标本和来自不同地域的石头标本。

博物馆要展示大量的植物标本,用于芳香文化的科普,那就要有许多可以把它们放置在一起、美观且便于参观的空间。

从园林角度出发,我个人非常喜欢枯山水,于是在院子中设计了一个和"香邦芳舍"LOGO相似的小景观,然而后来成了客人孩子们最喜欢的游乐场所……

另外,"香邦芳舍"和芳香的结合体现在每个房间都有香薰灯,可以在客人入住前打开,让房间充满植物芳香的味道,还有浴室的鲜花泡泡浴,让客人在细节处感受香氛。

M — 运营上，你们如何定位自己的客群，平时获客的主要渠道有哪些？

H — 客群定位多以情侣、家庭为主，以院落为单位的民宿通常更有品质感、私密感和精神获取感。除了家庭和情侣等散客，我们也承接企业团建和其他定制活动。获客的主要渠道是通过自己团队的运营人员、自媒体和品牌粉丝，也会借助携程、去哪儿网等平台。

M — 您觉得北方与南方的客源市场在需求上有何不同？你们的芳香博物馆民宿如何满足这些差异化的需求？

H — 说起北方与南方的差异，其实有挺多。南方文化比较细腻和精致，而北方文化比较豪放和直接。比如，南方的客人可能比较关注民宿内是否有配套咖啡、喝的茶是否养生、吃的餐食是否健康等；北方的客人主要看整体，比如位置好不好、环境怎么样、整体体验是否舒适。当然，越完美的细节越能打动人，这是无须质疑的。

芳香博物馆通过植物和香气来满足客人的需求，通过嗅觉机制与情绪、记忆的关系，梳理来寻香客人的分类，并提供更多和香气结合的好玩的产品和活动。同时，芳香博物馆还提供舒适的居住环境，这样就很容易满足客人的需求，不分南北。从嗅觉角度讲，嗅觉是五感之一，植物的属性是相同的，可以让我们成为人类共同体。

M — 在推动中国乡村振兴的过程中，您认为女性在乡村民宿运营方面有哪些优势？

H — 女性运营者通常会比较细心，做事踏实、勤奋，并且善于平衡，工作认真严谨。

M — 在传承保护在地文化方面，你们做了哪些探索和实施？

H — 黄山店村作为"红色背篓"的发源地，孕育出了"坚决听党话，坚定跟党走，坚持为人民"的红色基因。村子里建了红色背篓精神纪念馆，让更多人参观和了解"背篓故事"和"红色背篓精神"。还有我们的非遗馆，可以做特色的非遗手工活动，包括古建筑搭建、古法造纸、植物扎染、油纸伞制作等。植物方向我们以村内漫山遍野的黄栌为元素之一，进行在地化的香气名片研发。

M — 芳香博物馆离不开无污染的植物原材料供应，运营乡村民宿后在保护和充分利用植物方面你们和村民有哪些合作？

H — 芳香疗法的原料来源，一定是植物本身，而高品质、无污染的植物种植，就是植物品质的核心。我们除了有世界优质产地的植物货源，还会在本村做一些植物方向的在地化研学活动，以村民挖掘的各种植物作为课程内容源泉，并且在村民的帮助下，用山上的特色植物黄栌，作为设计黄山店独特香气名片的植物来源之一。

芳草间的诗与远方
Future

M — 您希望"香邦芳舍"为当地乡村带来哪些影响？

H — "香邦芳舍"作为特色项目，可以为乡村带来更加多元化的切口。从芳香文化入手，充分结合美丽乡村，结合独特的乡村景观，打造芳香品质生活。通过香气为乡域赋能，打造独特的、在地化的香气符号。

M — "香邦芳舍"这个品牌未来还有哪些发展计划?

H — 目前的短期计划是有更多的芳香博物馆落地,如星星之火一样,让更多人了解芳香文化。

未来的长期计划包括美丽乡村建设、康复花园构建,大健康概念下康养中国计划等,通过天然芳香本身的疗愈属性,去解决城市人群焦虑、睡眠障碍、抑郁等问题,让芳香与健康实现更好地融合。

M — 你们的芳香系列产品未来和高端民宿市场有哪些连接?

H — 目前"香邦"洗护系列产品在精品民宿有植入和合作,譬如隐居乡里的各个品牌住宿项目,在市场基本需求的前提下,"香邦"还致力于研究解决睡眠和情绪问题的天然属性产品,同时,会在内容体验产品方向和更多高端民宿合作。

M — 对想进入中国乡村创业的女性,您有何建议或忠告?

H — 心怀梦想,脚踏实地。力所能及地做难而正确的事。

M — 您是中国民宿领域为数不多的"诗人",您的诗集《明亮事物之书》和您的诗人身份在"香邦"品牌的传播方面有哪些优势?

H — 悄悄说,这是没有公开的"秘密"。我觉得写诗是很私人的事,一般没有宣传推广过"诗人"身份。《明亮事物之事》是夏雨清老师帮我选的诗集名字。

撬动起大山深处的乡村振兴

——谈华

M 美宿志

T 谈华

📑 谈华，河南山人行文化旅游开发有限公司执行董事，河南新乡人，山的礼物连锁民宿联合创始人，曾获"三八红旗手""巾帼创业标兵"等荣誉称号。

完成河南 6 家"山的礼物"布局
Gifts of the mountain

M — 河南文旅近年在中国文旅领域的影响越来越大,特别是河南高端民宿的崛起为提升河南文旅的美誉度和吸引优质客源发挥了重要作用。"山人行文旅"当初选择深耕河南文旅领域的主要考量有哪些?

T — 因为我就是河南人,这里是生我养我的地方。我之前一直从事房地产工作,长期跟房子打交道。在这个过程中,我发觉自己更喜欢大山里的房子。我最开始做民宿的原因,就是希望能在大山深处给自己建一座世外桃源,圆自己的山野梦。随着国家乡村振兴战略的实施,河南作为农村大省、人口大省、文化大省和旅游大省的优势越发凸显,它有着广阔的开发空间、丰富的文旅资源、充足的消费客群和不可估量的发展前景,所以我们团队决定把文旅民宿作为我们的终身事业。因此我从房地产公司辞职,全身心投入民宿事业中。

M：请您简单介绍下"山人行文旅"的核心理念和在河南落地的项目情况。

T：对于我们"山人行文旅"来说，要想把民宿这个美好的事业做好，就需要紧紧抓住三个核心理念：打造过硬的产品、创新的商业模式和专业的团队聚合。

第一个核心理念：打造过硬的产品。

我们团队在创立之初几乎跑遍了全国知名的民宿，去拜访、学习，最后总结了打造产品的四条轴心：自然为重、服务为本、选材为轴、生态为根，并应用到我们的民宿建设中来。

首先，自然为重，让庭院露台把自然引入室内。

乡野度假民宿最吸引人的就是原生态的自然环境。所以我们的每间客房都配备了大院子或大露台，同时，我们在客房内的多面墙上开辟景观窗和大窗，目的就是把室外自然景观引入室内，让客人仿佛置身于自然之中。

其次，服务为本，吃、住、玩的面积配比达到1:1:1。

我们认为安缦度假酒店的成功之处就是公共区域和客房的面积配比达到了1:1，所以我们也坚持这个设计原则，让吃、住、玩的面积配比基本达到1:1:1。如果有1000平方米的客房，我们就配套1000平方米的公共区域，外加1000平方米的室外游乐区域。客人来我们民宿不仅要住得好、吃得好，更要玩得好。而这些服务体验都是建立在空间基础之上的。

再次，选材为轴，尽量减少城市装修材料应用。

来高端民宿的客人基本上都是经常出入各种高级酒店的人群，他们中的很多人都看厌了富丽堂皇的装修，要让他们眼前一亮，就需要回到乡村和自然的质朴上。所以，我们摒弃了城市化的酒店设计和装修板材，大量使用老榆木、人工水磨石、泥土等在地材料，营造舒适、自在、松弛、质朴、自然的度假体验。

最后，生态为根，因地制宜，不因建造而破坏自然生态。

在大山里建房子最不适宜大拆大建、破坏生态环境，在土少、石头多的太行山更是如此。很多项目为了平地基而开山、炸山，导致水土流失，得不偿失。我们"山人行文旅"主要聚焦于村民闲置或者废弃的宅基地，利用宅基地原本的地基来重建或改建，基本不破坏房屋周边的自然生态，甚至有时候为了保护院子里的树冠，而减少房屋面积或者放弃建设二层。

第二个核心理念：创新的商业模式。

因为我们团队的成员有房地产从业经历，在开发、设计、营销等方面都有专业人才。所以，我们嫁接了一些房地产的开发模式到民宿开发中来，创新推出了投资共建人模式，把很多喜欢民宿的客人变成了我们的投资共建人，把"独乐乐"的事业变成了"众乐乐"的事业。

投资共建人仅需投资 15 万 ~ 40 万元，我们便会拿一间对等价值的客房资产 40 年的所有权、分红权、处置权，一对一地质押给投资共建人，以确保其资金安全。同时，在 40 年内，投资共建人每年除了可以在我们所有连锁店面不限房型免费入住 60 天，还可以享受所投资店面经营利润一半的投资分红。

这样，我们既做到了前期投资的快速回收，还实现了轻资产运营，把传统民宿仅靠经营获利的单腿发展模式，转换成更加稳健、长效的双腿支撑发展模式。投资共建人仅用在城市里买个车位的钱，就实现了家门口的"诗和远方"，圆了自己的山野民宿梦。

第三个核心理念：专业的团队聚合。

我们"山人行文旅"总结了 16 个字的企业文化——内心奔腾、头脑冷静、手中有刀、脚下沾泥。这 16 个字也是我们觉得任何民宿主都不可或缺的心态和素养，缺一个字都做不好民宿。

"内心奔腾"就是你得真心热爱民宿这个事业。哪怕有天大的困难你都得迎难而上，而不是只喜欢民宿的情调，不能听说民宿投入巨大或者不赚钱什么的，就打退堂鼓。

"头脑冷静"就是你得具备做出科学决策的能力。这涉及选址、土地、建设、经营管理、国家政策等多个方面。一些民宿主在选址时没有做关于土地、地质条件、地形环境的详细调查，觉得挨着水库湖面，位置和环境绝佳，就贸然贷款投入。结果遭遇自然灾害后，投资全打了水漂，实在令人惋惜。

"手中有刀"就是你的团队得具备庖丁解牛的专业能力。俗话说专业人干专业事，无论是设计、施工、运营、管理，还是营销，得有专业人士才能干好。小小民宿虽然不是什么大产业，但麻雀虽小，五脏俱全。团队不专业就做不好民宿，很多老板不差钱，但如果民宿团队是个草台班子，就很难做好民宿。

"脚下沾泥"是最关键的一步，再有能力，如果不勤奋，都是隔靴搔痒、纸上谈兵。靠一张图纸是建不出好民宿的。因为山区地形复杂多变，很多地质情况让设计师始料未及。这就需要设计师经常在现场，随时调整设计方案。山区施工难度较大，很多时候是我们带着施工队亲自干，才能控制住造价成本。除此之外，在运营期间，有的客人喝酒唱歌后回房晚，很多民宿主心疼管家第二天要早起准备早餐，只能自己刷盘子到凌晨。有时候连续满房，中午集中退房入住，民宿里人手不够，为了尽早让下波客人入住，民宿主也得进客房铺床、打扫卫生。

很多事情，如果没有在一线亲力亲为的经验，是很难管理好团队、运营好民宿的。这也许就是外人经常说的情怀，背后则是服务业必须勤奋、必须脚下沾泥的本质。

从2019年到现在，我们正是凭借这些上山下乡、选村布点、怀揣情怀、肩负梦想一直向前。从新乡，到焦作，再到洛阳栾川，跨越巍巍太行山到青青伏牛山，即使遭遇特大洪水、疫情等诸多困难，我们始终坚守在民宿这条路上。经过5年的成长，我们终于完成了"山的礼物"河南6家乡野度假民宿的连锁化布局。

新乡辉县国家级传统古村落张泗沟村"山的礼物·太行秘境"被评为河南省五星级乡村旅游民宿，代表新乡申报全国甲级民宿；焦作猫岔"山的礼物·民宿村"被评为河南省五星级乡村旅游民宿；洛阳栾川中原凉都三川镇"山的礼物·隐心谷"和"山的礼物·鸢鸟隐宿"以及洛阳栾川潭头镇"山的礼物·官地溪谷"和洛阳栾川狮子庙镇"山的礼物·隐山塘"等多家店相继开业，均获得了市场、社会以及政府的高度赞誉，被河南省文化和旅游厅授予白名单企业；"山的礼物·太行秘境"更是成为抖音河南住宿人气排行榜第一名，也是河南唯一入围全国榜单的高端民宿。

我们"山人行文旅"的创始人许江先生也因此获得了"河南省乡村文化和旅游带头人"荣誉称号！

实现河南连接省外旅游市场的突破
Breakthrough

M—T— "山人行文旅"经过5年的发展，目前已在河南新乡、焦作与洛阳等地落地了6家高端连锁民宿，请您介绍下这几家民宿的特色和客群定位。

我们的民宿主要围绕国家乡村振兴战略，对村民闲置或者倒塌的房屋进行开发建设，目的是打造微旅游度假目的地。我们承租的大多都是村民闲置或者倒塌的房屋，由村集体经济合作社集中流转或者承租下来，再加价转租给我们20年+20年。

我们通过这种方式，将村民闲置或者倒塌的房屋变废为宝。一方面，使村民每年都有固定的租金收入；另一方面，也提高了村集体收入。在20年+20年租赁期满后，我们投资开发的建筑物资产将无偿赠予村民或者村集体，由此，村里以前倒塌、闲置的石头房就变成了民宿二层小洋楼，实现了村民或村集体资产的几倍增值。最后，因为是租赁开发，我们并不侵占村民或村集体的资产和资源，也因此被当地政府和老百姓评价为河南乡村振兴的标杆和范本。

因为不邻近景区，也不借助景区游客引流，所以客群主要是专程来体验我们民宿的休闲度假人群。

M — 针对定位中的客户群体,你们是如何实现有效竞争力的?

T — 我们总结出"万千民宿仅生一味",这"一味"就是人情味。民宿因人而生情,因情而生魂,我们要让来我们民宿的客人体验到像回家一样的松弛自在感。所以我们在培训管家时,要求他们对待客人不仅要热情,还要像对待家人一般温暖随和,目的就是给客人营造满满的人情味。客人满不满意靠的是人情味,但体验好不好就得看舒适度了。

北方民宿的淡季是冬天,冬季的北方景色萧条,没有绿意,客人也少,但是我们在保证冬季舒适度上的投入是最大的。5年前,城市房地产高端楼盘还在用50系列的断桥铝双层玻璃门窗的时候,我们就在乡村选用了造价高一倍的70系列的重型断桥铝三层玻璃双层腔体的门窗,目的就是实现最好的保温、隔音效果。另外,我们的客房全部采用双供暖设施,不仅实现全屋地暖,而且还特意从东北引进零下50摄氏度都能正常运转的空气能冷暖空调,实现房间双供暖,让客人在零下15摄氏度的北方山区也能穿着短袖吃火锅。两个系统叠加启动,能确保在2个小时内把房间温度从2~3摄氏度快速升到20摄氏度左右。当客人驾车2个小时到民宿后,一进客房就有家一般的温暖。我们全屋选用五星级酒店才用的科勒洁具、康乃馨布草以及侘寂风进口家具,真正做到拉满入住舒适度。民宿是个有情怀、有温度、有态度的地方,我们把这些尽力做好,客人自然就满意了。

M — 无论在河南还是在其他地方做高端民宿,其实都有一个共同的问题,那就是风景优美、人烟稀少的地方往往基础条件不太好,前期建设的困难会很多。您在河南参与民宿建设的过程中遇到的最大困难主要有哪些?

T — 在山区建民宿不同于城市里平地起高楼,这里没有现成的道路,且地形复杂,处处受限。由于高差大,省时省力的施工机械往往无法进入施工现场,各种建筑材料全靠工人肩挑手抬才能二次转运到工地。当初我们也想把民宿的施工外包给建筑公司,但是城市里的建筑公司习惯以机械的工时计算造价。换成全人工工程后,由于这种工程他们做得少,他们也无法评估需要多少工时,报价低了害怕不赚钱甚至赔钱,便会报出一个远超于我们预算的天价。没办法,我们只能自己找工人,亲自带着干。

M — "山人行文旅"在河南高端民宿的布局，主要是从太行山到伏牛山一路落点，请问这样布局主要考虑了哪些因素？

T — 目前河南民宿的主要客户群体还是省内客户，我们想结合河南丰富的文化旅游资源，通过多店布局推出"全景河南"7 天 6 夜家庭品质深度游产品。通过各地多店串联，实现省外旅游客户从太行山到伏牛山的深度品质游体验，一价全包、吃住高端民宿、玩遍全景河南。景点包括郑州"只有河南·戏剧幻城"、焦作云台山、洛阳洛邑古城、龙门石窟、栾川老君山、竹海野生动物园和鸡冠洞等。该旅游产品将面向全国多家大型旅行社分销发售，实现省内民宿连接省外旅游市场的突破以及外省客群的开拓。

撬动起大山深处的乡村振兴
Deep in the mountains

M — "乡村振兴"是中国的战略性政策，近年来各省、市、自治区都在根据自身的资源进行探索尝试。结合你们在河南的项目落地情况，对河南乡村振兴和民宿的结合有哪些想法？

T — 国家完成精准扶贫攻坚战之后，又提出乡村振兴战略。我认为高端民宿对于乡村振兴而言，就是排头兵，起到了抓手的作用。高端民宿让城市里的中产阶级和精英阶层带着一家人来乡村度假，发现乡村美，重新审视中国乡村未来的发展前景。未来也许有一天，他们也会投身乡村振兴大业，投资投产于乡村。真正的乡村振兴绝对不仅仅是乡村旅游和乡村民宿，因为不是所有乡村都适合做旅游、做民宿。

真正的乡村振兴是产业振兴、人才振兴、文化振兴、生态振兴、组织振兴，我们参与其中，任重而道远。

M — 你们对新媒体运营十分重视,其中"山的礼物·太行秘境"曾经在抖音做到河南住宿人气榜排名第一的成绩,也是河南唯一入围抖音全国榜单的高端民宿(全国 TOP 30 排名第 15 名)。你们在新媒体营销推广方面的主要做法有哪些?另外,对高端民宿新媒体运营有哪些建议?

T — 现在,社会上到处都充斥着营销、挤满了广告,导致大家越来越不相信营销和广告。我们没有上携程、美团这些 OTA(Online Travel Agency,译为"在线旅行社")平台,就是害怕一份应该享受美好的事业被这些平台卷得廉价而无力。

在抖音,商家的账户没有投流也很难有热度和曝光。所以我们反其道而行之,不是用我们自己的账户推广,而是让管家引导每一个拥有满意体验的客人在自己的抖音账户替我们发宣传视频。这样做虽然烦琐,但是能避开抖音的限流。因为客人们的抖音账户都是素人号,没有流量限制,甚至有些客人从来没发过抖音,第一次发我们的视频就有几十万的播放量。一天大概能有二三十个客人替我们发视频,每条视频有几千甚至上万的播放量,积少成多,由此,我们宣传视频的受众一天最少也能达到十万个。

就是用这种最勤奋的笨办法,我们用万千客人带来的千万传播量,不到半年时间,就做到了抖音河南住宿人气榜排名第一的成绩,我们也是河南唯一入围抖音全国榜单的高端民宿(全国 TOP 30 排名第 15 名)。

女民宿主的"她力量"
The power of woman

M — "她力量"在中国民宿领域发挥越来越重要的作用。结合您个人和身边女性朋友的经验,您认为女性在运营乡村民宿中的优势主要有哪些?

T — 高端民宿讲究老板娘文化,需要对生活美学有精致追求的漂亮老板娘,更需要女性特有的亲和力和人情味,这些优势往往都是男性民宿主的短板。我们在民宿的实际运营过程中,还有意挖掘一些独立自主、喜欢民宿的美女客人来我们民宿做两三天民宿主理人。心中有丘壑,眉目恋山海,懂生活的人一眼便会爱上民宿。通过这种招募,我们让她们充分享受民宿生活,也深入理解民宿工作的不易。喜欢民宿的人多了,山高路远,总有人为你而来,为民宿而来!

"山的礼物"未来会去河南之外的地方发展吗？

祖国大美河山，有太多美丽的乡村。我想，随着我们团队逐渐成长和成熟，我们一定有精力和能力走出去，带着我们"山的礼物"高端民宿品牌去河南之外的地方发展。我们也希望"美宿志"能组织全国民宿业的女性民宿主和创业者，加强交流、相互学习，在山野绽放出更多美丽的"她力量"，见证中国民宿的发展和乡村振兴的成果。

乡野的美从来没有边界

马旖旎

M 美宿志

M 马旖旎

马旖旎，途乐利方文旅 COO，陕西省民宿协会副会长，"不舍宿集""时光山野度假营地"品牌创始人及旗下 20 家门店主理人。80 后西安本土姑娘，旅居海外多年，资深文旅从业者。曾获"中国最美民宿女主人""爱彼迎她力量中国区杰出女性"等荣誉称号。

乍见之喜，久处不舍
Novelty and the accumulation of time

M — 请问您是如何开始从事民宿行业的呢？能否与我们简单分享一下您的故事？

M — 我 23 岁大学毕业，工作一年多后，通过教育部选拔委派，飞跃 10000 千米在西班牙成为一名对外汉语教师。在西班牙工作的几年里，我走过了西班牙 7800 千米的海岸线，游历了拉丁美洲各国，从东亚到西欧，从北半球到南半球。我投身文化旅游、国际贸易、对外汉语等不同领域，收获了许多成长和来自旅途中的"他乡的温柔"。

在海外的日子里，每每提到长安城（在本文中指西安），我的内心始终汹涌澎湃。我挚爱着我的城市，她承载着五千年的历史文化。我最终放不下对故乡的眷恋，决定回到西安创立我的民宿，为来长安城的旅人们提供一个温暖的归处，就像我在外收获的那些美好一样。

M — 您早年从事汉语教学与交流工作，负责陕西省中国国际旅行社针对西班牙语系国家的入境游组织接待工作。这些经历对您日后开启民宿事业，带来了哪些视野上的影响？

M — 之前的经历对我仍然有着深远的影响。由于我长期投身于文旅行业，在国内外入住过众多各具特色的民宿，这让我对"民宿"有了更为深刻的认知，也让我对于通过民宿想要呈现和传递的理念更加明确。因此，在落地我的民宿时，我始终坚持着"打造有内容、有温度的共享空间"的理念，期望与客人形成情感共鸣。

M — 您品牌的名字有什么故事呢?能否简单说一下品牌的内涵?

M — 我们的品牌名为"不舍宿集","不舍"一词双关,意指让人依依不舍的住所。品牌slogan为"乍见之喜,久处不舍"。我坚信,民宿的颜值与灵魂皆不可或缺。通过精心的个性化设计,我们致力于打造令人眼前一亮的欢喜之所,让客人愿意驻足并进一步了解我们民宿。当客人入住民宿后,他们会体验到空间里每一处精心安排的动态布局和完备的设施,加上我们热情细致的人文关怀服务,便会使客人产生不舍离开的美好感受。

秦岭秘境,朱鹮美宿
Secret realm

M — 您是从何时开始关注并开发本地的精品特色民宿的?在决定打造一家以"朱鹮"为主题的生态疗养民宿时,您当初的考量是怎样的?

M — "不舍宿集"在创立早期,主要以打造长安古风独院的城市民宿为理念,当时来到"不舍宿集"的客人大多为来西安旅游的游客。后来,国内逐渐兴起了周边乡村旅游民宿的热潮,也是在那时,我开始投身于乡村民宿事业。

我们在洋县八里关镇打造以"朱鹮"为主题的民宿,是因为朱鹮被认为在世界灭绝后,研究人员于1981年在八里关镇神奇地发现了七只朱鹮。同时,八里关镇也被认定为地球同纬度生态最好的地方,因此在这里建设一家以"朱鹮"为主题的生态疗愈民宿是最合适不过的。我们的所有民宿项目,在设计前期都会挖掘当地文化,因地制宜地打造具有当地特色的主题美宿。

M—— 对待自然，对待人与自然的生态关系，您有哪些看法？生态美学如何在民宿的打造中上升为生活美学？

M—— 作为民宿主理人，对待自然及人与自然的生态关系，应秉持敬畏之心与可持续发展的理念。自然不仅为我们提供了经营资源的宝库，更是我们赖以生存的基础。

第一，尊重自然。首先要认识到人类活动应当顺应自然规律，减少对环境的破坏。在民宿的设计、建设和运营过程中，应尽量采用环保材料，减少能源消耗，进行垃圾分类和回收利用，保护当地生物多样性，以促进生态平衡。

第二，融入自然，体验生态之美。民宿的设计应尽量融入周围自然环境，而非突兀地存在。例如，可以利用原有的地形地貌，保留老树，种植本土植物，设计观景平台或步道，让客人在居住的同时，能深入体验和欣赏自然之美，感受到与自然的亲密无间。

第三，生态教育与体验。通过组织自然观察、农耕体验、生态保护工作坊等活动，不仅丰富了客人的住宿体验，也传播了生态环保意识，让客人在享受自然之美的同时，学习如何保护自然，从而在日常生活中践行绿色生活方式。

第四，推广本地文化与生态智慧。结合当地的文化传统和生态智慧，如使用传统建筑技术、手工艺品装饰、本地食材制作的餐食等。这种做法不仅促进了文化的传承，也让生态美学与生活美学相融合，提升了民宿的文化价值和生态价值。

第五，持续学习与创新。随着科技的进步和环保理念的发展，民宿主理人应不断学习新的环保技术和设计理念，探索如何更加高效地利用自然资源，实现经济效益与环境保护的双赢。

总之，生态美学在民宿的打造中上升为生活美学，关键在于将对自然的尊重和保护融入每一个细节，创造一个既能让人放松享受，又能启发思考、促进人与自然和谐共处的空间。这样的民宿不仅仅是住宿的地方，更是一种倡导可持续生活方式、传递生态美学理念的平台。

充分挖掘当地文化
Local culture

M— 看了民宿的介绍和周边环境，可以发现您在整个民宿设计中的独特设计风格，您能够谈谈"不舍宿集"的设计理念吗？

M— 民宿的设计工作均是由我带领团队亲自进行的。每一家民宿都因地制宜，在充分挖掘当地文化的基础上，结合其特色展开设计工作。

在城市民宿集群中，我融入了长安古风的特色，让每一位到访的客人都能瞬间梦回长安城。而在乡村民宿集群中，我们则结合当地的特色条件，比如在山谷里，我们运用疗愈避世的理念，让民宿与大自然充分融合，呈现出侘寂的风格；在羌族故里的陕南宁强县，我们则将当地特色的石砌碉楼元素融入建筑设计中；对于外部条件受限，需要重点打造内部场景的"东方十二花神"花园民宿，我们则运用了浪漫唯美的东方美学，将每一处细节的美感都放大展现。

这些设计风格，我统称为"不舍"设计风格。我始终坚决抵制批量化、同质化的生产方式。一家民宿要想打造出有温度、有内容的空间，需要在前期设计中持续探索与创新，用心灵去创作。

M— 南北方民宿在建筑设计、气候适应性、市场定位以及商业模式等方面都存在显著差异。陕西地处我国西北地区，请问您怎么看待西安的民宿业？西北地区城市的地域环境为本地民宿赋予了什么样的特性？

M— 南北方民宿在各方面的差异确实显著。陕西位于西北地区，在气候条件上确实存在一些不可避免的劣势。每年从十一月中旬至次年二月，这里会经历漫长的寒冬。因此，在民宿空间设计之初，我们必须以运营为先导，进行精心的打造。比如，合理设置室内公共空间的比例，增设足够的保暖设施以提升客人的体验，并在冬日推出围炉炖锅等暖身套餐，以此来弥补寒冬带来的不利因素的影响。

M — 您的旅行足迹遍布世界，体验了各式各样的民宿。在这些经历中，哪些国家和地区的民宿给您留下了深刻的印象呢？

M — 西班牙的民宿非常有特色，多为独栋小院。西班牙人喜欢地中海风格的白房子，结合各种雕花铁艺窗户，搭配藤蔓植物和花朵的点缀，极具辨识度。民宿主人通常会提供许多当地特色美食供客人品尝，并分享当地的旅游攻略。他们非常热情地愿意陪伴客人一同前往，在地中海的阳光下共享漫步的乐趣。我始终坚定地认为，充满人文关怀的民宿才是真正的民宿。

致力于打造的五个方向
Five directions

M — 您认为作为民宿业运营者，最需要具备哪些管理素质？

M — 维系情怀与商业的动态平衡。商业是支持情怀落地的基石，情怀则是推动商业良性发展的催化剂。在硬件打造上，我们坚持非标化、个性化的理念，而在服务管理上，我们则精心打磨出标准化、流程化的 SOP 管理体系。一切皆可量化、数据化，我们运用明确的结果思维，理性分析运营数据，精准制定运营策略，以实现规范化、流程化的管理。

M— 您希望客人在您的店里得到什么样的独家体验？针对特定的消费环境和消费群体，如何强化竞争力？

M— 人文关怀的温度，特色内容的体验。前期设计打造高颜值的空间，后期通过服务体验给予客人有趣且有灵魂的民宿体验，即"不舍"式的"乍见之喜"与"久处不厌"。

M— 您的民宿品牌主要竞争力在哪里？您在活动策划方面有哪些创新之举？

M— "不舍宿集"品牌已创立8年，旗下20多个项目遍布陕西省境内，也将在全国进行布局。"不舍宿集"致力于打造以下五个主要方向的竞争力。

第一，独特的品牌故事与文化。"不舍宿集"通过构建富有情感链接的品牌故事，强调与当地文化的深度融合，提供独特且有温度的住宿和服务体验，形成"不舍宿集"的品牌识别度。

第二，高品质的服务与设施。从细节处体现对品质的追求，保持高标准的住宿条件和个性化服务，满足不同顾客的需求。

第三，环境与位置优势。"不舍宿集"品牌下的项目往往选址于风景优美、人文资源丰富的地区，我们会利用自然景观和地域特色，打造难以复制的住宿环境。尤其在设计方面，我们会因地制宜，定制化设计出符合当地条件、突显当地特色的民宿项目。

第四，社群与体验活动。我们会定期组织一系列与当地文化相结合的体验活动，如手工艺品制作、农事体验、特色美食烹饪课程等，以增强顾客的参与感和归属感。例如，2023特仑苏•向往的生活陕西露营季活动就在我们民宿中举办。

第五，可持续旅游实践。我们践行环保理念，如使用可再生资源、推广低碳旅行方式，以满足现代旅客对可持续旅游的需求。

"不舍宿集"的活动策划同样是我们的优势领域，通过不断创新，我们赢得了广大消费者的喜爱。我们的活动策划主要包括以下内容。

第一，主题化活动。我们根据季节、节假日或者特定文化背景策划主题住宿套餐和活动，如"春日采茶节""中秋团圆民宿体验""时光音乐会"和"国风露营节"等，以此增加对游客的吸引力。

第二，跨界合作。我们与艺术家、设计师、当地工匠等进行紧密合作，举办展览、工作坊等活动，将艺术文化元素巧妙融入民宿体验中，从而丰富品牌文化内涵。

第三，线上线下互动。我们积极利用社交媒体平台发起互动挑战、直播民宿日常、组织在线分享会等，以增强与潜在顾客的互动，进而扩大品牌影响力。

第四，个性化定制服务。我们为特定顾客群体提供定制化服务，如家庭亲子游、情侣浪漫之旅、团队建设活动等，以满足不同顾客的个性化需求。

第五，社会责任活动。我们积极组织或参与公益活动，如环保清洁、支持当地教育、帮助小农户销售农产品等，以展示品牌的社会责任感，同时提升游客的参与感和满意度。

M — 目前中国民宿领域普遍存在淡旺季差异明显的问题，您认为民宿如何应对淡季的营销？

M — 淡季通常出现在秋冬季节，但这恰好是年底的时候。在这个时期，我们不仅会推出一些适合秋冬的养生暖炉产品，还会组织赏红叶、赏雪景的徒步活动。此外，我们会特别关注 B 端客户的需求。由于年末往往是各类企业年会或团建活动的集中时期，我们会根据项目特色和功能空间，为他们量身定制符合需求的年会活动方案。到目前为止，我们已经成功承办了多场活动，并收获了良好的反响。

保持品牌的活力和竞争力
Vitality and competitiveness

M — 当前国内民宿一直在产业化道路上快速发展，品牌化和连锁化经营成为很多民宿主的选择。在未来，您的品牌有何发展规划？

M — 面对当前国内民宿行业的快速产业化发展，以及品牌化和连锁化经营的趋势，我们很早就已经开始布局和实施品牌化战略，主要通过以下几个方向来进一步增强品牌影响力。

第一，深化品牌文化与特色。我们持续挖掘并强化品牌独有的文化内涵和地方特色，通过故事营销、主题房间、特色体验活动等方式，让客人不仅能享受到优质的住宿服务，还能深入体验当地文化，形成差异化竞争优势。

第二，拓展连锁布局。在确保品质控制的前提下，我们有策略地选择新地点进行扩张，可以是热门旅游目的地，也可以是新兴的小众旅游市场。通过科学选址和精准定位，拓宽市场份额。

第三，数字化与智能化升级。我们利用大数据、云计算等技术优化预订系统、客户服务、运营管理等环节，提升顾客体验和运营效率。同时，智能家居系统的应用也能增加民宿的吸引力。

第四，多元化业务发展。除了住宿服务，我们还在探索餐饮、休闲娱乐、文化创意产品销售等附加业务，以形成复合型经营模式，增加收入来源，提升"不舍宿集"品牌的综合价值。

第五，可持续发展与社会责任。我们注重环境保护和社会责任，实施绿色运营策略，如使用可再生能源、减少塑料使用、支持当地社区发展等，树立良好的品牌形象。

第六，人才培养与合作。作为陕西省民宿协会会长单位，我们已经建立了专业的人才培养机制，吸引和留住优秀人才。同时，我们与教育机构、全国民宿兄弟协会等建立合作关系，推动民宿行业人才的职业化进程，提升整个行业的服务水平。

第七，强化客户忠诚度计划。我们采取会员制度、积分奖励、定制化服务等措施，增强客户的黏性，构建长期稳定的客户群体。

第八，灵活应对市场变化。我们持续关注行业动态和消费者需求变化，灵活调整经营策略。

综上所述，"不舍宿集"的品牌化后期发展规划应围绕提升品牌影响力、增强客户体验、实现多元化经营和可持续发展等多个维度展开，以保持品牌的活力和竞争力。

乡村振兴需联动多方
Rural revitalization initiative

M — 当前，乡村民宿与本地经济繁荣及乡村振兴策略紧密相连，您与八里关镇人民政府携手合作，致力于将民宿深度融入当地经济建设的蓝图之中。您对于民宿推动乡村振兴这一重要议题，有怎样的独到见解和看法呢？

M — "不舍宿集"在陕西省已成功落地并运营了20多个乡村民宿和景区旅游民宿，在推动乡村民宿融入当地经济建设，进而促进乡村振兴方面，积累了一定的经验和方法。

第一，深度融合本地文化与特色。民宿不仅是住宿场所，更是展现当地文化的窗口。乡村民宿可以通过细节设计体现八里关镇的独特历史、民俗和自然景观，举办乡土文化体验活动，如农耕体验、朱鹮研学、康养疗愈、传统工艺学习、民俗节日庆典等，吸引游客深入了解当地文化，促进文化传承与创新。

第二，促进产业联动。结合八里关镇的自然风光、特色农产品等实际情况，民宿可以作为纽带，串联起乡村旅游、生态农业、休闲养生等多个产业。例如，民宿可以与当地产业合作，推出"采摘+民宿""农产品直供餐桌"等项目，既丰富了游客体验，又为农户提供了销售渠道，增加了农民收入。

第三，提升基础设施与服务。改善乡村的交通、水电、网络等基础设施，提高接待能力和服务水平，是吸引游客并保证其良好住宿体验的基础。政府与民宿从业者可以合作，共同投资改善基础设施，并培训当地居民提供专业服务，创造更多就业机会。

第四，实施绿色可持续策略。鼓励民宿采用环保材料建造，推广垃圾分类、节能减排等措施，保护乡村生态环境。同时，引导游客参与生态保护活动，如植树造林、野生动物保护等，提升乡村的生态价值和旅游吸引力。

第五，推动社区参与和共享利益。建立民宿与当地村集体的共赢机制，比如通过合作社模式，让村民以房屋、土地、劳动力等形式入股，分享民宿收益。此外，民宿可以为当地居民提供职业培训，增加他们的就业技能，实现民宿发展成果与社区共享。

第六，强化品牌建设和市场营销。整合八里关镇的文旅资源，通过线上线下多渠道营销，提升八里关镇的知名度和吸引力。乡村民宿能够利用社交媒体、旅游平台等工具，讲述乡村故事，吸引目标客群，同时参与或举办各类旅游、节庆活动，扩大影响力。

通过上述措施，乡村民宿不仅能够成为带动当地经济增长的新动力，还能促进乡村社会文化的复兴和生态环境的保护，真正实现乡村振兴的目标。

为客人提供超越期待的体验

钱洁华

M 美宿志

Q 钱洁华

钱洁华,广东省"涟岸"民宿品牌创始人、投资人、主理人。目前经营三家民宿,其中,涟岸湖居客栈荣获广东省旅游局颁发的"广东最美民宿"、全国旅游标准化技术委员会颁发的"全国甲级旅游民宿"等荣誉称号。

实现"远方与家"的统一

Distant places and home

M Q1　请问肇庆市涟岸湖居客栈在端州区的位置如何，周边环境有哪些特色？

M Q1　肇庆市涟岸湖居客栈位于广东省肇庆市星湖旅游景区（AAAAA级景区）的岩前村内，能直观欣赏星湖旅游景区的七星岩旖旎风光。岩前休闲半岛属于政府重点打造的旅游名片，客人可漫步于岩前休闲半岛。

M Q1　涟岸湖居客栈的设计理念是什么，您希望通过客栈传达给客人什么样的体验？

M Q1　客栈虽在闹市，而其所在的岩前村如明珠般嵌入星湖内，独享优美的青山碧水，真正做到离尘不离城。

静坐于落地玻璃露台上，如浮在半空远眺山水，天空高阔，一步入世，一步入景。给每位客人以"远方与家"的统一感。

M Q — 涟岸湖居客栈在环保和可持续发展方面采取了哪些措施?

2019 年,加装了 600 根太阳能制热水管,3 吨的储存热水罐,比之前单纯使用空气能热水器制热水的方式,减少了近 60% 的用电量。

在照明方面,把客房和公共区域等位置的所有照明设施,全部更换成为 LED 照明光源。全店节约了 50% 以上的电费支出,实现了提质增效的目的。

M Q — 涟岸湖居客栈客群定位主要有哪些?

涟岸湖居客栈的客群定位,主要面向大湾区内的城市人群,其中周末及节假日以家庭出游群体为主,平日则以有钱有闲的高净值人群和刚退休的年长人群为主。

打造肇庆市的一张旅游名片
Tourism postcard

M Q — 涟岸湖居客栈在文化传承上做了哪些努力?

涟岸湖居客栈所在的肇庆市有着丰富的文化底蕴,以及众多的非物质文化遗产。

如肇庆的端砚(我国四大名砚之一),我们客栈在接待前台特别开辟专柜,展示肇庆市端砚名家作品,有大小各异的砚台和形态各异的端砚摆件,并附有详细的工艺说明和名家工匠的介绍,也便于我们的前台工作人员对入住的客人或是感兴趣的游客进行产品讲解。

涟岸湖居客栈的餐厅和客房的外走廊墙壁,都以图文的形式,制作了本地非遗项目的系列展板,让每一位入住的外地客人和参观的游客,都能很方便地了解本地历史文化。

M — 涟岸湖居客栈在旅游淡季是如何吸引和保持客源的?

Q — 旅游淡季是民宿经营过程中不可回避的状态,"冬病夏治"(提前部署与执行营销方案),是我们一直秉承的经营手段。

M — 涟岸湖居客栈在网络营销和社交媒体推广方面有哪些策略?利用新媒体在客源引流和品牌成长方面做了哪些尝试?

Q — 我们客栈开业于 2016 年 4 月,开业之初,我们就很重视线上的营销推广,我们会从每年的销售营业额中,预留 6% 至 8% 的金额,投入营销工作中。我们的信息都可以在各大自媒体平台中搜索到,形成立体的宣传网络。

M — 您认为您的性别给涟岸湖居客栈的经营和管理带来了哪些独特的视角或优势?

Q — 作为女性主理人,我根据自身的阅历和经验,能为入住客人提供体贴入微的服务,如女性客人遇到生理期的帮助、儿童活动的安排、以家庭为单位的客人的交通出行方式和饮食建议,以及陪伴客人品茗畅谈。女性主理人在接待过程中,容易让客人放下戒备心理,快速地融入休闲度假的环境中。

广东省首批国家甲级旅游民宿
The first batch

M — 可以说说涟岸湖居客栈对乡村振兴的推动作用有哪些吗？

Q — 涟岸湖居客栈的前身是一座电子工厂，随着经济的发展，工厂的经营搬迁，留下了较多空置房。

涟岸湖居客栈推出市场即引起了不少轰动。在这之后，涟岸湖居客栈所在的岩前村，民宿如雨后春笋般涌现，目前岩前村已经成为肇庆市的一张旅游名片，每个旅行者必到岩前村休闲、消费或打卡。涟岸湖居客栈的建成，成为其他各家民宿建设的引路灯塔，我们也成为肇庆市文旅建设的标杆产品。

M — 涟岸湖居客栈是广东首批荣获国家甲级旅游民宿的两家民家品牌之一。荣获这一荣誉后对你们的品牌发展有哪些推动作用？

Q — 荣获国家甲级旅游民宿荣誉后，对涟岸湖居客栈的品牌发展具有深远影响。这一殊荣不仅彰显了客栈独特的人文魅力与卓越的服务品质，更在广东民宿界树立了标杆，提升了自身的品牌知名度和美誉度。这一荣誉将吸引更多游客前来，体验高品质的旅游民宿服务，从而推动民宿业务持续增长，为品牌的长远发展奠定坚实基础。

为客人提供超越期待的体验
Better experience

M — 除涟岸湖居客栈外,你们还投资了其他两家民宿。目前,请简要介绍一下那两家民宿的特色,以及你们管理运营3家民宿的情况?下一步,你们还会继续扩张开店吗?

Q — 除了肇庆市涟岸湖居客栈,我们还在河源市投资了涟岸·禧悦庄与涟岸·康缦温泉美宿两座温泉民宿,都位于河源市客天下国际旅游度假区(AAAA级景区)内。

这两家民宿各具特色:涟岸·禧悦庄以自然生态的小岛为基础,环岛而建22栋小别墅以天然氡温泉为主题,融合巴厘岛田园风情,为宾客提供私密、舒适的温泉体验。

而涟岸·康缦温泉美宿由3栋独立的2层泰式风情建筑体围合而成,内置泰式风情泳池和氡温泉泡池,注重自然生态,让游客在享受温泉的同时,体验养生度假服务。

在管理运营3家民宿方面,我们坚持"品质为先,体贴服务"的原则,致力于为每一位客人提供超越期待的体验。我们通过精细化的运营管理,确保了3家民宿在保持各自特色的同时,也能保持高水准的服务质量。

对于未来,我们一直在寻找更多优质的旅游资源,探索更多元化的民宿发展模式。至于具体的扩张开店计划,在目前的经济环境下,结合自身实力,会暂缓推进。

每一步都谨慎地倾听市场的声音
——符小密

M　美宿志

F　符小密

符小密,广东丹霞印象客栈民宿管理有限公司董事长,广东省妇女十三次代表大会代表,韶关市第十四届人民代表大会代表,广东省旅游协会民宿分会执行会长,韶关市客栈民宿协会会长,韶关学院外语学院客座教授。从 2010 年的第 1 家店,到目前运营近 25 家不同主题特色的网红客栈和民宿,丹霞印象民宿及符小密先后荣获"全国三八红旗手""全国文化和旅游系统劳动模范""国家乡村文化和旅游能人""全国首批乙级旅游民宿"等荣誉称号。

::::: **每一步都谨慎地倾听市场的声音**
Listen

M/F 您在韶关学院外语学院的学习经历对您今后的职业生涯有何影响?

F 当初来韶关学院学习无疑是与这座城市结下了不解之缘,逐渐了解到丹霞山的壮丽,领略了韶关山水的独特魅力。这里的自然风光令人陶醉,连绵的群山更是引人入胜,于是我深深爱上了这片土地。在韶关学院的学习经历中,一方面,我主修的是外语教育专业英语教育方向。学习外语的人通常心怀对世界的好奇,喜欢四处游历、探索未知,这使得我们的生活充满活力和乐趣。另一方面,教育学的学习背景对我未来从事运营管理工作也有着重要的辅助作用,它让我能够更好地理解教育行业,为将来的职业道路打下坚实的基础。

M/F 您最初决定参与打造民宿集群的动机是什么?

F 我们在发展民宿业务的过程中,从单一店铺扩张到多家店铺,逐渐认识到行业的兴盛依赖于行业生态的形成和城市氛围的营造。一个共赢的商业模式,如创建一个民宿集群,能吸引不同的创业者加入,从而营造出更加丰富多彩的商业氛围。此外,丹霞山的旅游资源相对稀缺,尤其是核心景区内仅有两个村庄,这使得该地点成为打造民宿集群的理想选择。这两个村庄不仅地理位置优越,还拥有独特的自然风光和人文环境,非常适合发展特色民宿业。

M F 能否详细介绍一下"丹霞印象"品牌的创立过程?

在第一家民宿命名的讨论中,我们意识到,丹霞山丰富的资源为我们提供了一个独特的机会,我们可以通过打造具有独特个性和特色的住宿体验,从而让游客对丹霞山的印象更加深刻。因此,我们将民宿命名为"丹霞印象"。

从第一家民宿投入运营开始,我们不断地与客人进行沟通交流,逐渐发现市场对这类住宿体验的需求很大。客人不仅对住宿有基本需求,还期望能体验到不同主题的民宿,如亲子游、公司团建、闺蜜游等。这些反馈促使我们进行业务扩展,于是我们开设了第二家以艺术为主题的民宿。

在这个过程中,我们每一步都谨慎地倾听市场的声音,确保我们的服务能满足不同客人的需求,同时也不断创新。

我们逐渐扩展了民宿的主题,以满足不同客人的喜好和需求。小清新主题的民宿为喜欢优雅简约风格的游客提供舒适的住宿体验;禅修主题的民宿则适合那些寻求内心宁静的旅客;亲子主题的民宿满足了家庭出游客群的需求,提供了适合全家老小的娱乐设施;图书馆主题的民宿吸引了阅读爱好者,让他们在书海中度过悠闲时光;自然生态主题和研学主题的民宿则深受那些热爱自然和寻求知识的游客的喜爱。

随着不同主题的民宿陆续开设,我们意识到,如果能将这些不同风格的民宿集中在一起,形成一个集群,那将更有利于管理和运营。在一个集群内,既可以保持每家民宿的特色,又可以实现资源的统一调配,这样就能为客人提供更加丰富多元的住宿选择。

这种集群式的经营模式,不仅提高了我们的服务效率,还使得每一家民宿都能在各自的领域内发挥最大的魅力,为客人带来独一无二的旅行体验。

"民宿+"的全新体验
A brand new experience

M — 能否介绍一下您首创的"民宿+文创农创"的发展模式？在实际运营过程中，您是如何平衡民宿经营与文创农创产品销售的？

F — 在民宿集群的管理和运营过程中，我们采取了一种分而治之的策略。每个民宿都配备了专属店长和管家团队，他们负责发挥各自民宿的独特魅力，确保每一家民宿都能提供符合其主题的优质服务。我们认为，民宿不仅仅是一个住宿的空间，更是一种生活方式的体现。因此，我们致力于打造"民宿+"的概念，将民宿与研学、文创、文旅、乡村旅游等多种元素相结合。

在文创方面，我们特别注重创意和地方特色的融合。我们的民宿不仅提供了住宿服务，还积极参与当地的文化创意活动，利用当地资源开发独特的产品和体验。例如，在农产品销售上，我们借助民宿平台推广当地的辣椒酱等特产，这些产品不仅丰富了游客的游玩体验，也极大地促进了当地农产品的销售，每年都能实现可观的销量。

通过这样的管理模式和创新理念，我们不仅提升了民宿的吸引力，也促进了当地经济的发展，实现了文化与旅游的良性互动。

M — 您提出的"美丽乡村生活圈"概念具体指什么？这一概念是如何在您的民宿事业中得到实践的？您认为这种模式对于改善乡村面貌、提升居民生活质量有何贡献？

F — 首先，民宿业不仅是人们对美好生活的向往，更是与乡村生活紧密结合的一部分，尤其体现了乡村美学。随着民宿业的发展，周边政府会相应地改善配套设施，如公路、照明等公共设施，使得整个村庄的基础设施更加完善。

其次，民宿业的发展带动了村庄面貌的转变。整个村庄和民宿集群的改变不仅仅在于外观，更在于生活方式的提升。无论是民宿经营者、游客，还是当地居民，都能享受到一种融合共生的生活方式。例如，村庄周边可能会发展出酒吧街、购物街，以及各种丰富的夜间活动，为村民和游客提供更多元化的生活体验。

通过这种方式，"美丽乡村生活圈"不仅为游客提供了更多的住宿选择，也极大地提升了当地居民的生活质量，促进了乡村旅游和文化的融合发展。

在具体实践方面，将不同业态融合在一起，我们打造了一个类似社区但又别具一格的"美丽乡村生活圈"。它位于景区内部，既保留了乡村的原始魅力，又融入了现代生活美学。这个生活圈汇聚了多元的人群，包括富有智慧的民宿经营者、来自不同背景的游客，以及各种经济层面的消费者。此外，我们还举办了一系列社区活动，协同政府和村民共同参与，进一步丰富了当地的生活内涵和文化底蕴。

通过整合其他业态，"美丽乡村生活圈"的内容更加多样化，为实践这一概念提供了坚实的基础。虽然目前还没有达到最理想的状态，但已经展现出了积极的发展势头。"美丽乡村生活圈"不仅为居民和游客带来了更丰富的生活体验，也为乡村旅游和文化的融合发展作出了贡献。

丹霞山地区的科普价值不容忽视
Popular science value

M — 您是如何将乡村旅游、科普研学等多种元素融合到民宿经营中的？

F — 韶关周边地区拥有丰富的红色文化和乡村旅游资源，这些资源与丹霞山景区相结合，为游客提供了多样化的旅游体验。我们也充分利用了这些资源，为客人定制了包括采摘、农耕体验在内的乡村游路线，以及一些乡村景点的打卡活动。

此外，丹霞山地区的科普价值不容忽视。作为世界地质地貌的代表，丹霞山拥有丰富的地质地貌和生态多样性，这些资源为科普教育提供了丰富的素材。我们与科普团队合作，为游客提供了成熟的科普课程和体验活动。这些活动不仅吸引了众多科普团队的参与，也让游客在住宿、用餐和体验中感受到了科普的魅力。

通过将乡村旅游资源与科普教育相结合，我们为游客打造了一个既有趣又富有教育意义的旅游环境，进一步推动了乡村旅游产业的发展。

M — 在您看来，如何在乡村旅游中融入和传承本地文化？

F — 关于本地文化的传承，我们有一些民宿就融入了当地特色。例如，韶关红豆是市级非物质文化遗产，我们将非遗元素融入民宿中。同时，我们还挖掘当地的文化、茶叶和物产等资源，通过讲述它们背后的故事和与传承人合作，将这些故事和体验活动放到我们的民宿空间和游玩路线中。这样，客人就能亲身感受到当地的非遗文化和地理标志产品，从而更深入地了解和体验当地的独特魅力。

这些努力都是不可或缺的，因为当地的独特文化和产品是与众不同的宝贵财富。将它们融入民宿业，我们不仅为游客提供了丰富多样的旅游体验，还促进了当地文化的传承和发展。

M — 在打造民宿集群的过程中，您如何确保项目的可持续性？

F — 我们从最初的起步，逐步获得了各级政府的支持和政策倾斜。在民宿集群的发展过程中，我们始终紧跟政府的政策导向，积极利用政府提供的资源和政策支持。政府不仅鼓励民宿的开发和运营，还提供了相应的优惠政策。

在内部管理方面，我们注重人才培养和团队建设，以确保各分店的有效管理和运营。同时，我们在市场定位上不断创新，不仅仅将民宿作为住宿的场所，更注重提供丰富多样的文化内容和体验活动，以吸引更多的游客。

因此，要实现民宿的可持续发展，我们需要在政策利用、内部管理和市场运营等多个方面共同努力。只有这样，我们才能确保民宿业的长期繁荣和成功。

M — 您采取了哪些措施来保护乡村环境，实现生态旅游？

F — 在保护乡村环境方面，我们采取了一系列措施来推动环保和可持续发展。首先，在酒店入住方面，我们不鼓励使用一次性用品，以减少资源浪费。同时，我们会通过小标识提醒客人节约用水、节约粮食等，培养他们的环保意识。

其次，在村庄和社区层面，我们特别关注环境卫生问题。我们的员工会主动参与整个村庄的打扫工作，确保环境的整洁和美观。我们会以身作则，不仅保持店内和店周围环境的干净整洁，还积极引导村民一同参与到周边环境的改善中来。通过这些努力，我们希望能够营造一个干净、美好的乡村环境，并为村民树立良好的榜样，共同推动乡村的可持续发展。

乡村民宿为乡村带来新的发展机遇和挑战
Opportunities and challenges

M — 您参与推动《韶关市民宿管理暂行办法》和《仁化县农村民宿管理办法》制定的初衷和过程是怎样的？您认为这些管理办法对于规范和引导民宿行业健康发展有何重要性？

F — 虽然我没有直接参与管理政策和扶持奖励政策的制定，但由于我们较早地开始在韶关市从事民宿业务，根据实际情况提供了一些建议。这些建议对于民宿行业的规范化，以及为从业者提供可以遵循的标准具有重要意义。有了这些标准，从业者就可以按照要求去优化和提升服务质量。同时，政府提供的鼓励措施也能更好地促进大家的发展。在整个民宿协会中，我们有许多会员单位，并且我们与韶关市的其他同行也有紧密的联系和交流。

在韶关市，我们评选出的星级民宿已超过100家，包括三星、四星和五星等不同级别。这对整个民宿行业来说，无疑是一个巨大的鼓舞。许多人会惊叹于韶关市对民宿行业的支持政策，这对整个韶关市的民宿发展产生了积极的影响。目前，韶关市的民宿业已经涵盖了经济型、中端和高端等不同层次，满足了不同消费者的需求。

韶关市的扶持政策在省内乃至国内都具有一定的参考价值。由于这些政策制定得较早，且奖励制度特别优惠，许多其他地市都对此表示高度关注，并认为值得借鉴。这些政策不仅促进了当地民宿业的发展，也为其他地区提供了宝贵的经验。

M — 您如何看待民宿行业标准的制定对于提升服务质量和保障游客权益的作用？

F — 民宿行业标准的制定对于民宿内部管理而言具有重要意义。从装修设计到日常运营，这些标准为我们的员工提供了明确的参考和指导，确保了服务质量的一致性。同时，我们在遵循标准的基础上，注重加入个性化和多元化的元素，让客人在享受标准化服务的同时，也能感受到独特的个性化体验。

我们的民宿还被选为广东省民宿标准的试点单位，是全省唯一一家输出并实施这些标准的民宿，并因此获得了相应的奖励。这对我们来说，不仅是对内部长期发展的一种肯定，而且在实际应用中，也能显著提升客户的体验感。通过这种方式，我们不仅提高了服务质量，还为整个行业的发展树立了榜样。

M： 您是如何理解和实践乡村振兴战略中民宿业的角色和功能的？

F： 在乡村振兴的宏大画卷中，民宿无疑扮演着一个举足轻重的角色，它以强大的生命力和影响力，为乡村注入了新的活力与魅力。以广东省为例，当前正全力推进的"百千万工程"中，乡村民宿的发展更是被赋予了极高的期望和重视。

乡村民宿的兴起，离不开各级政府的高度关注与大力支持。政府倡导了对乡村酒店与乡村民宿的扶持计划，这一举措无疑为乡村民宿的发展注入了强大的动力。为了激励更多的乡村民宿脱颖而出，政府还出台了相应的支持奖励政策，计划评选出 200 家优秀的乡村酒店与乡村民宿，以表彰他们的贡献与成就。

而在我们韶关市，这样的评选活动已经如火如荼地展开。众多优秀的乡村民宿脱颖而出，成为乡村振兴的亮点和典范。其中，我们将闲置学校改造而成的特色民宿尤为引人注目。它巧妙地利用了闲置资源，不仅为乡村带来了经济收益，更成了乡村文化的新名片。

这些乡村民宿的兴起，离不开周边政府的配套支持。政府的引导和推动，为乡村民宿的发展提供了有力的保障。同时，乡村民宿也为乡村带来了新的发展机遇和挑战，让乡村在发展中焕发出新的生机与活力。

首先，乡村民宿通过充分利用周边的闲置资源，实现资源的最优化配置。其次，乡村民宿注重环境卫生和配套服务的完善，为游客提供一个干净、舒适的环境。再次，乡村民宿通过发展乡村旅游和文旅产业，带动当地就业，为居民创造更多的就业机会。最后，乡村民宿将商场与乡村旅游相结合，让游客在乡村中能够有地方停留，体验乡村美学。这将吸引更多的人来到乡村，去感受自然、创业或投资。

此外，通过将周边的文化体验串联起来，以传承传统文化。这种新的消费方式，让城市里的人有了更多的消费渠道和不同的消费产品，进一步促进了乡村旅游产业的发展。

M — 您认为政府、企业和乡村应如何合作，以推动更多类似的乡村发展项目？

F — 在政府、企业与乡村的合作中，政府的角色更像是搭建舞台，为各方合作提供基础和支持。而企业则在这个舞台上发挥其经营和管理的才能，共同推动乡村的发展。为了实现这一目标，政府需要做好周边配套设施的建设，将合适的资源拿出来供企业投资和经营。

在这个过程中，政府应更多地扮演服务者的角色，营造良好的营商环境。这包括制定有利于企业和乡村发展的政策以及建立长期的服务机制。同时，企业也应承担起自身的责任，不仅要关注自身的经营和发展，还要积极参与乡村建设，为乡村振兴贡献力量。

以乡村民宿为例，政府在配套设施建设方面要有所作为，确保民宿周边环境干净整洁、绿化美化到位。这样，游客在享受乡村民宿的同时，也能感受到乡村的美丽和宁静。同时，企业也要围绕乡村民宿的发展需求，引入更多优质资源，提升民宿的品质和服务水平。

总之，政府、企业和乡村应各司其职，相互支持，共同推动乡村振兴战略的实施。只有这样，才能真正实现乡村的可持续发展，让更多人感受到乡村的魅力和价值。

M — 您曾荣获"全国三八红旗手""全国文化和旅游系统劳动模范""全国先进个体工商户"等荣誉称号，您获得的各种荣誉称号对您个人和企业有何意义？

F — 这些荣誉都是经过多年的努力和累积才获得的，同时也是各级政府推动和认可的结果。这些荣誉不仅是对过去成就的认可，更是对未来发展的期许和鞭策。当拥有这些荣誉时，我内心既感到自豪，也深知肩负的责任。我时刻反思自己是否能够持续保持荣誉的标准，是否能够不断突破自我，为社会作出更大的贡献。

正是这些荣誉的激励和责任感的驱动，让我们更加努力地工作，不断追求卓越。同时，社会和政府对我们的尊重和认可，也让我们更加坚定地走在未来的道路上，与社会各界共同进步、互相成就。只有这样，我们才能不断提升自己，为社会创造更多的价值，实现个人和企业的共同发展。

希望熹遇·见岛的前沿探索能给其他民宿带来全新的思考

——雪颜

M　美宿志

X　雪颜

🔖　雪颜，国际疗愈度假品牌"Hey Retreats·熹遇·见"创始人。拥有15年高端民宿领域的丰富经验，致力于传递疗愈力量，为客户遇见更美好的自己提供一站式解决方案。

情怀与诗意的旅途绿洲
Journey oasis

M — 您为何选择在深圳大鹏新区做民宿？

X — 早在十年之前，我就已经来到了大鹏新区，当时我就特别喜欢大鹏新区。虽然后来创办了"温迪家"，但打造高端民宿一直是我的愿景。民宿是一种生活方式的呈现，绝不仅仅是旅途中住宿的地方，而是带着情怀与诗意的旅途中的绿洲。再加上我一直热衷于疗愈板块，这些就自然而然地结合在了一起，也就有了熹遇·见私汤别墅。

M — 熹遇·见私汤别墅在地理位置上不及一线海景民宿，您是如何巧妙地将这些看似不利的条件转变为独特优势的呢？

X — 位置很重要，但它并不是决定因素，熹遇·见私汤别墅的成功足以证明这一点。

熹遇·见私汤别墅的核心竞争力来自丰富的住店体验，它由香港跨界设计师SamZheng亲自操刀设计，空间线条和软装设计都极具美感。熹遇·见私汤别墅以疗愈和美食为核心理念，再加上扎实的硬件、独特的设计和细腻贴心的服务，始终稳居大鹏新区高端民宿的第一梯队。

欢喜相遇，见证彼此
Joyful encounter

M —— 熹遇·见私汤别墅和熹遇·见岛的命名有何深意？

X —— "熹遇·见"是我们的品牌名，意为欢喜相遇，见证彼此。熹遇·见私汤别墅和熹遇·见岛是我们对不同项目的独特表达，以后，我们还会有熹遇·见山、熹遇·见林等，就如同我们人生的成长一样，见自己、见天地、见众生。

M —— 熹遇·见私汤别墅是你们第一家店，这家店给您最大的收获是什么？

X —— 最大的收获是满足感。熹遇·见私汤别墅实现了我打造高端民宿的愿望。通过熹遇·见私汤别墅，我们与越来越多的可爱的宾客建立起了更多链接，我很爱与客人聊天，他们独特的故事让我着迷。熹遇·见私汤别墅让我遇到了很多志同道合的人，这使我坚定了在高端民宿这条路上走下去的决心。

M —— 在疫情期间，"熹遇·见"经历的最艰难的事是什么？

X —— 疫情期间最困难的其实不是经营本身，而是很多时候我们没有办法做自己想做的，比如无法稳定地提供高标准服务，因为人员变动太大以及猝不及防的突然封控，导致宾客无法感受到高端民宿真正的魅力，这才是我们真正感到困难的问题。但好在现在一切都过去了。

在深圳市场没有前例
Unprecedented

M　请您从选址、设计理念介绍一下熹遇·见岛的情况。

X　熹遇·见岛位于玫瑰海岸西南角，在 2000 平方米的热带花园中仅打造了两间城堡式客房。地中海式的经典蓝白建筑与品牌标志性的自然侘寂美学完美结合，为宾客营造了沉浸式的一价全包的国际化海洋风情度假体验。

M　深圳大鹏新区的海岸线民宿近几年逆风飞扬，高品质的民宿越来越多。您认为熹遇·见岛的诞生将会对深圳大鹏新区的民宿带来哪些影响？

X　熹遇·见岛是一个独特又有趣的项目，在 2000 平方米的热带花园仅打造两间客房，这在深圳市场没有前例。目前它具备了国际高端客群的主流度假模式，注重宾客的私密化与多元化体验。此前，深圳的民宿大多选择在客房中做文章，希望熹遇·见岛的前沿探索能给其他民宿带来全新的思考。

M　您认为经营高端民宿最核心的竞争力在哪里？

X　不论是酒店还是民宿，其核心竞争力与选址息息相关，但是在时代变化以及行业革新之下，核心竞争力也有了一些变化。

除了选址，服务与设计越来越重要，当然扎实的硬件设施也必不可少。此外，体验性也是关键。熹遇·见岛的竞争力在于它是真正以最前沿思维打造的项目：目前深圳地区绝无仅有的选址、引领潮流趋势的国际主流度假模式以及丰富多元的活动体验。

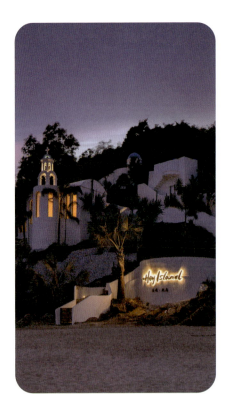
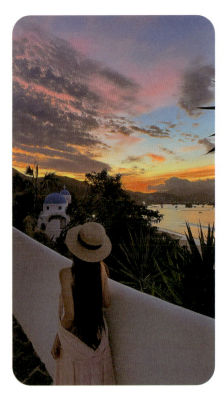

我们在一开始就走在前面
We lead from the start

M　目前"熹遇·见"的运营团队有哪些优势和劣势？

X　人才一直是民宿行业的痛点。近年来，深圳高端民宿虽然发展迅猛，但人才积累薄弱，导致行业内普遍缺人。

　　"熹遇·见"团队最大的优势在于，每个人都具有非常强的服务意识，他们在主动提供服务的同时，还拥有强大的问题解决能力，几乎能满足客人的任何需求，我认为这正是管家服务的核心所在。而我们团队的劣势则在于团队对行业的认知有限，缺乏全国乃至全球视野。

M　未来，"熹遇·见"在品牌美誉度和知名度打造上有什么计划？

X　"熹遇·见"始终将疗愈和多元活动体验作为核心理念，抢占未来竞争先机，始终走在前列，我们将不断深耕这两大领域。希望未来，大家只要说到疗愈民宿就能想到"熹遇·见"。为此，我们将扩大团队，打造专属的疗愈品牌，为宾客提供更深入、更专业的疗愈体验。

　　目前，我们拥有了两家店，"熹遇·见"品牌基本成型，围绕品牌宣传的一系列策划也已经展开。近期，品牌核心活动"Wildest Dreams"首次沙滩晚宴成功举办，反响热烈。

M　下一步，"熹遇·见"品牌是否有计划走出深圳，进行全国布局？

X　我们对于"熹遇·见"的期许绝不仅限于深圳，我们希望它能走得更远。目前，"熹遇·见"有两个全新的目的地项目正在计划中，敬请期待。

M　您对包括深圳大鹏新区在内的中国海岸线民宿的发展有什么期待？

X　中国有着极为辽阔的海岸线，同时也有广阔的市场，未来，市场必然会孕育出很多独特又有趣的项目。

客户渠道大部分来自新媒体平台

M 美宿志

L 林蓓琪

———

林蓓琪

林蓓琪，汕头市环畅酒店管理有限公司总经理，"环畅·浠汐里"民宿主理人，南澳县民宿协会副会长。汕头市南澳县人，喜欢旅行和探索，热爱机车和各种海上运动项目。

南澳岛"中高端民宿"有很大的市场空白

Market void

M — 广东的海岸线和岛屿在中国海岸线中占据重要位置,您当初为何选择在广东南澳岛做海岛民宿?

L — 我本身是南澳岛土生土长的姑娘,对海岛有一定的情结和根源。大学毕业以后,刚好遇上南澳大桥开通,南澳岛旅游业大力发展。当时我也比较看好南澳岛"民宿业"和"文旅业"的发展趋势,因此不断学习和积累经验。在 2019 年的时候,我发现南澳岛在"中高端民宿"领域有很大的空白和潜力,就一直在找合适的场地去做一家属于自己的品牌民宿。

M — 南澳岛最触动您内心的有哪些东西?

L — 南澳岛幽美、自然的风光,不仅吸引了本地岛民,也吸引了更多岛外有情怀、有想法的"外地人"在南澳岛开民宿,让我们凝聚在一起,把南澳岛民宿氛围做得越来越好,全国各地的游客朋友们可以根据自己的喜好选择中意的民宿度假。

M
└
— "浠汐里"三个字在温柔中有着坚定的力量,寄托着您对大海的哪些情怀理想?

M
└
— 其实,一开始取名的时候,我们想要根据民宿所在地理位置的特色去做定位。取名为"浠汐里",最主要的原因是民宿选址依山傍海,每天都可以看到潮起潮落(潮汐),可以让客人多体验一种具有本土特色的"赶海"方式。而民宿最美的时刻就是傍晚时分,可以捕捉南澳岛最美的夕阳与余晖晚霞。

我们希望每一位入住"浠汐里"的朋友们,看着大海可以将身心放松下来。天气好的时候,阳光散落在波光粼粼的海面,以及晚霞染红了整个天空,海天一色,被阳光包围住全身,幸福而知足。

客户渠道大部分来自"新媒体"平台
New media

M
└
— "浠汐里"在整体设计上主要有哪些特别的地方?

M
└
— "浠汐里"民宿的前身是南澳岛的"贝灰厂",以前周边海域养殖的生蚝壳会被利用起来,磨成粉末去做贝蛎灰。贝蛎灰是我国沿海地区一种重要的传统建筑材料,大至建城墙、筑桥梁,小至盖房屋、修沟渠,都会使用到这种材料,应用已逾千年。随着时代的不断发展变化,"贝灰厂"不再生产使用,就一直荒废着。

我们是在 2021 年有幸发现了这个"宝地",根据"贝灰厂"原有结构,保留了部分独具特色的地方并做了设计改造。从拆除到装修,再到对外试营业,用了整整 15 个月。

M
└
— 您最满意"浠汐里"设计上的哪些细节?

M
└
— 最满意的设计是利用废弃的养殖鱼塘改造成独具特色和氛围感的海水泳池。

M — "浠汐里"在具体经营上，主要有哪些特色突破了传统民宿的模式？

L — 我们会根据客户的需求进行"旅行定制"，民宿有很多留白的空间供客户去想象、发挥、取景拍摄等。

"浠汐里"民宿还拥有超大草坪空间以及后院露营区域，可以接待定制团建、户外婚礼以及品牌拍摄等活动。

M — 近年来，许多民宿尝试探索私域流量。你们在私域流量导流上也很重视，在传统 OTA 平台和私域流量的引流方面，你们的获客比例是怎样的？您认为如何才能让私域流量在民宿经营中占据重要作用？

L — 2023 年 1 月 1 日"浠汐里"民宿开始试营业，2023 年一整年我们是没有上各大 OTA 销售房源的，大部分客户来源都来自"新媒体"平台——小红书和长期积累的自有私域流量等。我们在 2023 年 11 月特地空出半个月做了各种细节调整和增设配套等，2023 年的入住率是 70% 左右。

广东民宿的优势就是拥有独特的山海生态资源
Ecological resources

M — 结合多年探索，您认为海岸线乡村民宿的核心竞争力有哪些？

L — 海岸线乡村民宿的核心竞争力就是海景和各种沉浸式体验海岛生活的活动等。

M — 您如何将在地文化融入民宿的服务细节和场景布局？

L — 南澳岛是潮汕的一个县级市海岛，潮汕美食以"鲜"为主，所以，我们在南澳岛更要让客户体验到"鲜味"。代表性早餐就是一份最地道的海鲜汤粉，下午茶是当天"现煮"的特色潮汕糖水，等等。

M —— "浠汐里"未来最期待的客群定位是什么?

L —— 中高端客群。从开业至今,我们的江浙沪客户占比是 30% ~ 40%,后期希望多往江浙沪以及周边地区再拓展。

M —— "浠汐里"开业以来,获得了不少业内好评及相关荣誉,这些荣誉的获得对"浠汐里"和您个人而言有什么特殊意义?

L —— 其实,"浠汐里"民宿能够获得大家的认可和喜爱,离不开整个民宿团队的努力和付出。而作为主理人,我觉得非常欣慰和感恩,希望我们越做越好,能够让更多人记住"环畅·浠汐里",在南澳岛留下美好的旅行回忆。

M —— 您个人与海有何种特殊的情感联系吗?经营海岸线民宿给您的生活带来了哪些改变?

L —— 虽然我从小在海边长大,但是,我去外地旅游时,还是喜欢去各种海岛或者海滨城市,体验不一样的海岛风情文化,品尝各种特色风味海鲜!

M —— 大数据显示平时订民宿的人群大部分是女性,女性民宿经营者也占据重要比例。您认为"她力量"在乡村民宿发挥的重要作用有哪些?

L —— "她力量"在乡村民宿发挥了很关键的作用,比如以我们民宿配备的人员比例来说,男女占比是 1:3。女性在民宿服务和细节方面会更有优势,成为主导力量。女性员工不再是谁的母亲、谁的妻子,而是做回自己,不断探索自我,在各自的岗位上实现自己的价值。

M 广东民宿近年来发展得很快,您认为广东乡村民宿发展的优势有哪些?

L 广东民宿的优势最主要是拥有独特的山海生态资源。广东大力推动民宿产业高质量发展,支持乡村民宿提升消费,推进乡村民宿特色化、集群化、规范化、品牌化发展,深入培育和打造美丽乡村、特色名村、示范带、精品线路等多类型标杆典型,打造了 20 个美丽乡村、40 条美丽乡村精品线路、90 个特色名村。广东致力于搭建"民宿+"生态圈,全面提升全产业链服务。

M 中国海岸线上的民宿很多,您认为海边的民宿应该如何提高自身的竞争力?

L 首先要学会"软硬兼施"。硬件方面,就是根据在地资源和自身优势去打造独具特色的"有品质"民宿,软件方面,就是"以顾客为主",很多服务可以先帮客人设想好或者预备好,当客户出现需求的时候,可以及时作出回应和反馈。这样以来,基本上大部分客户体验后,都会主动推荐身边的朋友再来。

乡村民宿未来发展方向会比较精彩

—— 付帅

M 美宿志

F 付帅

> 付帅,昵称"老沫"。四川游哉部落文化旅游有限公司董事长,"闲在"品牌创始人,Asé造化愈场联合创始人。四川省旅游协会民宿与客栈分会副会长,都江堰青城山民宿协会副会长。曾任世界五百强外企高管,后全身心投入文旅产业,创立的"闲在"品牌以"融景""隐市""野趣"三大系列进行深度开发,在中国西南至西北地区打造了一系列精品标杆民宿。
>
> 2020年成立"游哉部落"文旅品牌,创立"不止宿集"品牌。在乡村文旅融合发展的基础上,深度探讨了民宿集群的共生方式,以及BC端和运营端的协同与互联,形成了未来宿联的运营新方向。目前,已覆盖景区、乡村、城市三大类集群项目。

用自己喜欢的方式过一生
Live your life in the way you love

M — 您在做民宿之前是从事什么行业的？是如何与民宿结缘的？

F — 每个人的生命中可能都会有一些转折点，关键是你的选择是否遵循你的内心。做民宿之前我是IT行业某世界500强外企高管，十几年时间每天奔波往返在各城市之间，我就在想如果到退休仍旧是这样，可能生命会有遗憾。梦想与现实之间往往只是一步之遥，我也想慢下来让未来的时光能够更加从容和有趣，于是在别人觉得不能再从零开始的年纪我毅然决定转身，辞去了大家都觉得不错的职务，放弃了高薪。用心陪伴家人，用自己喜欢的方式过一生，这是我决定做民宿和做"闲在"品牌的初心。

M — "闲在·解春秋""闲在 · 逅舍""闲在· 云水渡"命名的背后有怎样的思考和意义赋予？

F — "尘中见月心亦闲"，古时的"闲"写作"閒"，从门中见月，由身之隔到心之静，进而有了闲心，有了闲心后才能最本真地回到生命原始状态。闲在初心，就是让尘世中的人，寻觅一种"闲与在"的生活方式。

【青城山闲在·水云书】

"繁花似锦觅安宁,淡云流水度此生。"

——黄敬远《风蝶令·惊鸿起》

【都江堰闲在·逅舍】

"后其身而身先,外其身而身存。"

——《道德经》

有舍才有得,都是道家文化。

【大理闲在·解春秋】

"万物之散聚皆在《春秋》。"

——司马迁《太史公自序》

愿你不负韶华,不负春秋。

M — 年代久远的都江堰是无坝引水的宏大水利工程，青城山也是著名道教圣地，"闲在"品牌选址在这些区域有怎样的考量？

F — 都江堰和青城山是著名的 AAAAA 级景区，吸引着国内外众多游客，本身不缺客流量。同时，这两个景区距离很近，周边旅游资源丰富，度假产品众多，也一直是成都人民的后花园。

我们的选址会优先考虑周边环境、大 IP，以及地理环境和各类资源。"闲在"品牌先后在这里做了三家店，第一家店于疫情期间转让了。目前，我们在青城山下打造的"闲在·水云书"，是我们在这个区域的第二家店，项目从建设到落地，前后花了 4 年多时间。项目用地内有 30000 平方米的水杉林盘，具有很好的自然环境优势，我们在这里植入了咖啡文化、森林营地、休闲疗愈等空间，未来，我们计划将"闲在·水云书"全力打造为一个小众、多业态联合的微度假目的地产品。

另外，"闲在·空山境"是 2024 年我们在都江堰附近的水磨古镇与当地政府一起打造、开发的乡村文旅宿集产品，初期已经落地"不止宿集"品牌的三家民宿小院产品，后续我们会继续升级宿集产品内容，持续进行文化创新。

M — "闲在·解春秋"选择传统的白族村落，不选择古城、洱海边，是想要定位哪些受众群体，提倡怎样的生活方式？

F — 我们一直很喜欢大理，因为那里阳光灿烂、民风淳朴、很有底蕴。这个小城一直很安静，特别适合渡过余生。所以我们一直心心念念想在大理做一家足够喜欢的院子。

去大理旅游的人通常分为 3 种：跟团到处跑的人，基本是第一次去；去过一两次，纯粹去度假散心的人；还有就是想长居大理、修身养性的人。而"闲在"的客人基本都有相同的气质，喜欢闲时旅居的高生活品质，喜欢安静和高舒适度，喜欢有品质的设计风格。

而"闲在"的选址一直也是很特别的，大理店"闲在·解春秋"即不会离热闹喧嚣的古城太远，又能让人拥有绝对足够的私密度和超大空间的舒适感。隐在一处有百年历史的白族古村落里，外表看上去和周围的建筑毫无违和感，一踏进院落就会让人眼前一亮，截然不同的设计空间、超大的草坪、玻璃泳池、白色沙滩和玻璃餐厅，这些空间无一不让进来的客人欣喜。

闲在时光,理想生活
Ideal life

M　你们以"融景""隐市""野趣"三大理念为主陆续打造了一系列的"闲在"精品民宿,在具体的设计中如何体现这些理念?

F　"闲在时光,理想生活",短短两年时间,"闲在"品牌以:"融景""隐市""野趣"三大理念为主陆续打造了一系列的"闲在"精品民宿。隐市系列的都江堰"闲在·返舍",西安"闲在·归年",都是在最热闹繁华之地选择的院子,任世界如何喧嚣,进入院子内部就是一片宁静。融景系列的大理"闲在·解春秋",完全融于古老的白族村落里,与当地建筑风格、青瓦白墙完全融为一体,野趣系列的"闲在·水云书"位于青城山脚下的一座岛,两面环水,充分利用川西林盘特点构建自然小屋和生态驿站,"闲在"的每一处院子都希望能够成为当地未来的民宿标杆,成为最令人向往的理想院落。

M
F
— 保留老物，是温度感的重要体现，能否阐释树、水井、民居和人的和谐关系？

"闲在"的每一处院子都尽量利用当地的石材、木料，尽可能保留老物件。都江堰"闲在·逅舍"充分诠释了川西民居风格：青色瓦、木穿斗、薄封檐、斜坡顶，每一块青瓦飞檐都刻意保留原来的沧桑感，房内的所有家具全部纯手工订制，5000平方米的空间里，转角处处是景。

大理"闲在·解春秋"门口的几颗大枣树，已经生长了几十年。为了保护好它，设计师只能绕着它进行建筑设计，为了保留原来房东留下的桃树和李树，我们把原本计划修房子的地方重新规划，为它们专门空出一片空间，让它们自由生长。

大理"闲在·解春秋"在苍山下的隐仙溪，苍山十八溪，著名的隐仙溪就在我们这个村、我家院子旁。白族村落每个村子都有一个信奉的神明，我们这个村信奉龙母，刚巧我们院子里有一口井，是这个白族村里的龙眼。为了方便村民取水，我们特意打造了一条小路让大家能够自由进出。每天早晚，村里的老人们喜欢背着背篓带着她们的孙子坐在我们院子里的秋千上晒晒太阳，有时我们也会随意聊几句，我们感受自己已经是村里的成员，很自然，很舒服。

M｜ 把房间名称和当地风物相关联，是一种具有文化创意的表现方式，能否举例说明一下？

F｜ 大理"闲在·解春秋"占地4亩，却只打造了仅仅10间房，共7种房型，剩余大部分面积留给了公共区域。苍山十九峰，两峰夹一溪，房间正是借用了十八溪的溪水名称而来。十间房，分别名为霞移、万花、茫涌、灵泉、白石、隐仙、绿玉、清碧、葶蓂、阳南。

西安"闲在·归年"房间名称则是取自古时描写长安城的诗词歌赋。

M — 有品质感的呈现方式和思路，在房间的细节中如何体现？

F — 虽是民宿，但房间内的一切设施都可与五星级酒店匹敌。自然又不拘谨的舒适度是"闲在"的一贯标准，所有用品设施无一不是精挑细选的，都江堰"闲在·近舍"和大理"闲在·解春秋"房间都是采用天然实木色调，有一种"润物细无声"的美感。软装也延续了"闲在"一贯的好品位——客厅里的木制茶几是"闲在"首席设计师尼莫从山上寻找和筛选的一张张整料，后找当地老匠人手工打磨而成的；沙发也是设计定制的，连房卡也是由我找了手作匠人花了半年时间在日本寻找购买的，又花了几个月时间打磨设计而成。

M — 地域性和新的村落邻里关系，是"闲在"的一大特色，怎样把空间场所和人文村居体验相互关联？

F — "闲在·解春秋"院落的半围合空间，深深地渗透进与村民的日常交往之中，成为村落空间的一个枢纽，成为传统与现代两相契合的榫卯，也减少了与村民的磨合。这种半围合的、开放性的空间特质，不但消解了空间与场所的错位分离，更是成为一种别样而饶有趣味的人文图示与村居体验。

M — 从自然美学的角度来看，室内取景与原生树木的格局景观，想表达什么样的文化理念？

F — 之所以保留大量的原生树木，是因为这些郁郁葱葱、形态各异的树木，几十年、几百年成长于斯，它们才是这块土地真正的主人。于是，我们在建筑翻建与室内取景上，便以这些原生树木作为格局构建与景观回应的依据。在庭院中，划定出下沉的景观区，为了使边角上的植物更自由地生长，建筑直接退出了一个缺口，以此展现对自然的尊重。

乡村民宿未来发展方向会比较精彩
Future development direction

M — 您如何预见乡村民宿的发展方向?

F — 近年各地文旅部门把发展乡村的切入点都选在了民宿,由此,各地兴起了民宿潮,而各地引进打造的民宿,大多以高端品质为起点。乡村民宿未来发展方向会比较精彩,一方面是地方乡村振兴战略支持下的新兴民宿目的地的兴起,另一方面是老牌民宿目的地竞争洗牌。未来,乡村生活方式将升级改造,民宿将呈现集群化发展趋势,在地文化都将会逐渐兴起。我们也会有更多融入式的探讨和新的发展方向。

M — "闲在"系列产品的打造有什么核心主线,如何针对在地文化的特色来体现地域特色和人文温度?

F — 这几年,"闲在"主要依托西南区域逐步向外辐射,未来将以三个核心继续探索和打造"闲在"旅居线路:第一,就是作为在地空间的建筑名片,希望"闲在"的每一个院子都能成为当地的建筑文化传播名片,具有独特的 IP 传播风格;第二,"闲在"作为当地的文化策源地,无论处于城里还是乡里,未来"闲在"的每一家院子都希望成为当地艺术手作等文化传承的交流空间,我们会不定期组织各种文化活动,如手工造纸、非遗制香、非遗手工扎染、音乐、人文历史讲座沙龙等;第三,人居和自然环境的融入与生活方式的升级改造,未来"闲在"将着力发展与乡村发展和人文环境相关的业态。

M — 3.0 阶段的民宿越来越体现文化理念和创新设计的元素运用，您对这些元素的运用有哪些心得？

F — 所有民宿的独特文化理念和创新元素最终都会带给客户更好的感受和印象。一家能让人印象深刻的店，除了设计空间能够打动人，舒适感、服务细节、文化传播等缺一不可。所以我们院子的每一处空间都有许多精心的考虑和设计，拥有可以让人传播的很多拍照点，且具有唯一性，只有我家独有。这些作为现代的媒介渠道，很容易让人立即产生互动。这是第一植入，就好像看到青瓦就知道是"闲在·返舍"，看到红墙就知道是"闲在·解春秋"。再如很多在地文化活动，我们每家店都会选择和当地人文相契合的内容，同时融入自己的特色。比如在大理店，我们会教客人自己烤鲜花饼、手作咖啡、学习扎染等。我们希望各地的文化内容都可以"闲在"体验到。与新业态的各种融合也是我们的探索方向。西安"闲在·归年"是一家小而美的民宿，这是一家将威士忌酒吧和民宿相融合的店。不同于"闲在"以往的风格，我们希望探索更多新的风格和业态。

M — 成都高铁直达大理，交通更加便利，对成都与大理的"闲在"有怎样的影响？

F — 高铁开通之后，两地往返又多了一个渠道，对于大理的旅游业发展有很大帮助。疫情之前，大理曾经历洱海环保拆迁的动荡，民宿行业遭受了比较大的打击。疫情之后，大理未来还需要一段时刻缓慢恢复。现阶段，大理暑期的"旅游热"也许只是一种短暂现象，居安思危，我们更希望"闲在"磨炼好自己，走得更稳。

M — 如何看待现代网络媒介，如抖音、综艺节目等给民宿业带来的影响？

F — 这是一个全民自媒体的时代，每个人都可以作为传播点。所有新的事物和新的传播渠道我都欣然接受，一些优质的媒体矩阵和民宿相关的综艺，其实还是能为民宿带来很好的口碑和传播效应的。我们本身有自己的目标客户，会主要定位在一些新媒体渠道，其他的各种渠道我们也在尝试和积极寻找合适的运营推广方向。民宿品牌的发展从某种角度，除了修炼好自身内功，也需要做好外部运营推广，不断探索，不断自我改善。全域旅游发展离不开文旅融合的新动能，离不开民宿发展的乡村空间，也离不开民宿发展的沉浸式体验。

文化化是个性化、差异化的前置条件——杜天煜

M 美宿志

D 杜天煜

> 杜天煜,字旃蒙,坐忘森林酒店创始人,中国疗愈酒店倡导者,英国 OMT 冥想导师,国际认证的 QHHT 量子催眠师。
>
> 2012 年至今专注疗愈酒店运营体系,"坐忘"品牌旗下共四家酒店。2018 年创办坐忘森林酒店,2022 年创办坐忘·元所·云峯桢里酒店,2023 年创办坐忘·成都燭州酒店,2024 年创办元沚瑶心奢温泉酒店。
>
> 20 年来,她坚持秉承坐忘"住店内容差异 + 在地文化"的发展理念,延续"坐忘"品牌"让天下人找到灵魂栖息地"的理念,从呼吸到情感,从饮食到睡眠,把关爱融入每一个细节、每一项服务中,开启健康、平衡、喜悦的身心唤活之旅。

发呆坐忘，对话自己
Self-dialogue

M D 您的品牌名为"坐忘森林"，有何深意？

"坐忘"出处是《庄子·大宗师》，意为"忘却自己的形体，抛弃自己的聪明，摆脱形体和智能的束缚，最后达到一种精神回归"。开店的第一年，我会向客人分享我们名字的"官方"出处。但到了第二年，我就发觉，客人有他们自己对"坐忘"的诠释。"坐忘"是属于每一个人的，在这里发呆也好，抄经也好，他们坐着、躺着、忘却什么或者回忆什么，都是自己的体验感受，而我们提供这样一个空间、一个发呆的契机和时间。

再说"森林"，是借用道家的"天人合一"思想，寓意着人与自然的相处。我们常说民宿可分三层：第一部分是"身宿"，是身体得以安放的地方，可以让人度假、休息等；第二部分是"心宿"，民宿提供一些好的服务内容，能让感受到"坐忘"或青城山的文化；第三部分是"神宿"，人和这里的花、草、树、木、鱼、虫相链接，也就是"天人合一""回归自然"，生命引领生命，生命影响生命。"坐忘森林"不是修建而来的，而是在森林里"种"出来的，我们的建筑颜色比较深，所有的设计都想要"隐"下来，因为主角是这里的山山水水。同样，我们也运用了道家的一些理念、疗法，从客人的身体到精神再到信仰，给客人诠释更多的青城山道家文化，这也是我们的初衷之一。

M 您提到酒店的定位为介于民宿与酒店之间的"第三空间",能详细阐述一下吗?

D 一开始我们没有把"坐忘"定位成住宿场所,而是定位为红尘和寺庙的第三空间,我觉得现代人可以分为两拨,一拨人是红尘中的人,在城市为了工作、生活而拼搏,另一拨人,是在寺庙里面修行的人,就是僧人。是否可以建立介于红尘和寺庙之间的一个空间?既可以暂时脱离红尘的大环境或生活方式,又不会像寺庙一样有着严肃的宗教氛围,它完全处于中间,是可以自由修行的地方。什么是修行?修行可分为"修"和"行"。简单来说,"修"就是学习,比如念经,研究上古文化,研究哲学。"行"就是工作、养孩子、挣钱。红尘里面的人,没有停下来去"修",寺庙里面的人,就只有"修",而没有把学到的经典文化运用到跟人相处、工作、赚钱中。所以"修"和"行",两边是分开的,只有在"第三空间"里,人们既要学习,也要实践,并将在这里收获的东西用到实践之中。在寺庙修行相对简单,因为有一定的物理距离,而在红尘当中修行才是我们每一个人应该去完成的使命。

M "坐忘森林"的精神文化内核是什么?您通过什么样的方式将抽象的精神表达给客人呢?

D 简单来说,"发呆"其实体现了"坐忘"的精神。并非所有人都具备发呆的"坐忘精神",这需要我们的引导。我们的引导分为三个层面,第一层是美,我们的场景、课程设定,是很唯美的,引导客人在这里拍照打卡,宣传这份"美"。第二层是趣,很多课程我们不称之为"课",而说是"分享的内容",很多客人排斥上课这个概念,所以整个课程设计都是有趣的。比如颂钵的音疗课,音乐本身对我们身体和精神有疗愈作用。第三层是最核心的,即真正去解决人的问题。现在很多人都有精神上的疾病,抑郁、压力没有地方释放,而"坐忘"也在寻找各种方法,从道家文化、黄帝内经等我国传统的文化,到国外的冥想理论等,我们都在做各种尝试。只要对客人有帮助,让他们走出这个大门后,可以安安心心地回去面对自己的生活,就达到了我们的目的。我们希望"坐忘"能够成为中国土生土长的疗愈酒店品牌,在国外有许多这样的酒店,一些明星或企业家会抽时间去这种类型的酒店,这些酒店可能设有一些瑜伽课。但在中国,没有一个土生土长的,用疗愈性精神内核来打造酒店文化的酒店或民宿。我们希望从中国传统的庄子"坐忘"的思想开始,设计独特的疗愈方法,最后形成一个疗愈性的酒店。

坐忘是灵魂安放的地方
The place where the soul rests

M 可不可以理解为"坐忘"主要通过有趣的课程传达自己的理念,课程是主要的传播载体?

D 课程是一方面的内容,现在我们的常规课程有五六十个品种,"坐忘"算是一个旗舰店,将课程、管家的服务流程模块化。之后可能会"轻资产输出",把我们的课程模块输出给有需要的酒店或者民宿。另外,"精神团建"也是我们很重要的一项业务,老板们对此很感兴趣,我们每天带着他们的团队念《道德经》《心经》,或者带他们到森林溪水旁边冥想,而不是说每年的团建活动都仅限于跑步、拉力赛,他们也需要更多样化的内容。

好多人都认为"坐忘"仅仅是一个网红打卡地。我不喜欢别人说"坐忘"仅仅是网红民宿,因为"网红"往往代表短暂和表面。而"坐忘"真正的使命是非常有价值的,现代人的灵魂无处安放,"坐忘"便是灵魂安放的地方。

M "坐忘森林"承载着许多哲思,相信与您个人经历有关,能谈谈您的人生经历吗?

D 我特别喜欢玩,之前在旅游行业待了很多年,我也爱出国玩,以前做背包客也好,其他也好,很爱出去旅游。我从高档的五星级、六星级的酒店,到沙漠、羊圈都住过。后来这些经历带给我思考:人们出去旅游,到底在体验什么?

我觉得那时候睡在沙漠里看到满天的星星,那才是最有价值的东西。我们曾经爬了16个小时到山顶后,住在火山的旁边,真的不介意睡的床是什么样的。现在睡觉对于许多人来说是一个大麻烦,很多人都失眠,很多疾病也都是失眠导致的。我因为旅游而关注睡眠,然后思考人们怎样才能睡个好觉,现在我觉得,有时候人可能并不是非得躺在床上。真正冥想一个小时,内心的充盈、欢喜、自在就会自然生发出来,人也能得到很好的休息。

服务本身就是一个度众生的过程
The essence of service

M — 您为什么会想到在青城山开一家民宿？

D — 我参加过一个论坛，当时有一个问题：民宿的选址和主题，哪个更重要？我觉得关键并不在于选址重要还是主题重要，因为选址蕴含了民宿的主题。

那为什么"坐忘"选址在青城山？"坐忘"肯定符合一部分高知人群的期待，他们有更多的压力，更多的精神诉求，他们是"坐忘"的第一拨客人，同等条件下，"坐忘"能让他们的情感从满足、满意、惊喜上升至依赖、上瘾。第二个原因是，我们想去做"坐忘"本质的东西。道教的发源地是青城山，我们希望"坐忘"能够在青城山里有第一家店。其他道教所在地对我们这种软性服务也是有需求的，只要"坐忘"有这个认知，在三圣乡也好，峨眉山也好，只是换了一种形式。

M —— "坐忘森林"品牌主题的思路来源是怎样的？

D —— 2012 年，我在大理，当时大家都在讲"面朝大海，春暖花开"这个口号。我算是第二批进入这个行业的民宿经营者，当时我做了一家客栈，那个时候可能大家都有情怀，而现在大家都不讲情怀，我是反对的。我觉得没有情怀的人甚至都不会做这一行，所以现在大家不谈情怀，我觉得是为了不谈而不谈。后来意识到民宿可能真的不只是一间房，不仅仅提供很好的床品和舒适的环境，虽然"面朝大海"的海景确实很吸引人，但到最后还是要回归到自我本身。我们的所有诉求不是往外看的，而是往内造的，旅游不再是往外走，走遍千山万水，其本质更像是为了找到一条走回自己内心的路。

M —— 在您的民宿里，您最喜欢哪一部分的设计？它在设计上如何进行风格或元素的融合？

D —— 我们设计本身就是基于一个动线和流程的，不是脱离实际的。我们有"坐忘十境"，每一境都代表着不同的感官体验，对应眼、耳、鼻、舌、身、意。首先是扶摇桥，扶摇直上，下面是青龙潭和白龙潭的两条小溪，然后是通幽径、忘心门，再到七录草舍、镜水平台、隐食坊、溪曲亭、坐楼、忘楼。十境是密不可分的。我们从最小的通幽径开始，然后再到镜水平台，很多人到这里的第一反应是小声说话，这个氛围会影响他，这也是一种行为的引导，一定不可忽视的是镜水平台，它在设计的时候是有文化内涵的。但是现在很多民宿，都做一个泳池和天空之境，将其作为网红打卡地的必备内容。镜水平台则是跟我们的文化息息相关的，古人说涌动的水是看不见自己的，只有平静的湖面才能观照自己，所以走到这里，见到自己，就开始了你的"坐忘"。

包括我们的温渡茶室，寓意佛家讲的四渡。"温渡茶室"体现了我们有温度的服务，而服务本身是助人的。我今天给你倒杯水，也是在渡自己，我给你端水的时候，你不理睬我，也有可能，但我们认为服务本身就是一个度众生的过程。

时间投资，情怀价值
The sentiment of time

M — 您品牌发展的团队架构是怎么样的？在人才培养方面你们做了哪些探索？

D — 两部分内容，第一部分内容讲我们的核心创始团队，由七个创始人组成，在业内大家都叫我们"七仙女"。我主要负责外联和企业文化打造业务，每个人负责的业务不一样，我们是异父异母的亲姐妹，从最开始的玩伴，到找到要去共同创造的这么一件事情。我们共事十多年了，你问有没有争执？当然有，但是我们维护彼此之间关系的方法很简单，就是不计较，另外就是大家心目当中有一个共同要去做的事情。目标是一致的，才形成了非常核心的团队。这是第一部分，与原始文化有关，第二部分讲我们的管家。从我们开店以来，员工的流动性相对较小，基本上一半的员工都是从开业到现在一直服务在这里的管家，已经有四年的服务时间。这是一个筛选的过程，通过我们的引导和他们本身有的共同的价值观，加上我在他们身上花的时间，共同造就了"坐忘"的管家团队。我们每周二都会为管家安排培训，培训内容更多的是一些道家的经典著作、音乐，甚至道士手上戴的珠串文化等。最开始我去引导他们有话题可以跟客人聊，他们一开始不懂也没有内容跟客人聊，现在我们很多管家可以去跟客人聊《易经》，很多客人一开始不是很尊重管家，但是接触后会另眼相看。这样一来，他们的自我价值也有一定程度地实现。员工来工作第一是为了挣钱，第二是为了前途，第三是为了文化信仰。只有实现第三个目的，他们才能够安心。我经常跟员工交流，问他们觉得"坐忘"更多的是像一个学校，还是像一个游乐场。他们会觉得"坐忘"更多的是像学校，这本身也是我们的初衷。我们会逐个考试，你可以看到我们的试卷，好多客人看了可能都答不出来，客人就会觉得你们管家懂得挺多，因为管家才是直接面对客人的，我不可能面对很多客人，他们代表的是"坐忘"本身。也有人说，你花了那么多精力，你刚刚培训了他们，但他们就要走怎么办。那如果我不培训，他们也不走，他们在这里没有进步，对我来说是更大的损失，即使他们培训完就走了，出去后还是能为社会创造价值。

员工不能被低估，员工花了时间在这里，是我们最大的投资人。他们投资的是时间，他们把时间交到你这里，你要对他们的投资负责。我批评他们也好，要求他们进步也好，安排他们考试也好，我是在作为一个投资者对员工负责。

我们给员工开设的第一堂课就是问他们，你来这里，你等于什么？来到一个团队的第一步，先看自己在这个团队里重不重要，第二步看你对团队来说是否稀缺，继续进步后是否能达到你在团队中"不可替代"，当你不可替代后，我们之间的合作关系才能触及最深层次的东西，员工也都在相互影响，这也是能够留住人才的很大一部分原因。一方面，他们在文化价值、信仰方面获得认同，另一方面就是我们提供的平台、课程培训，他们自己也能学到东西。

M ：在实际运营中，当民宿情怀与商业利益冲突的时候，您是如何协调两者关系的？或者说您是如何把自己的情怀融入商业运营管理中的？

D ：其实这两者本身是密不可分的。当冲突产生时，就看你怎么看待情怀。如果只是把情怀理解为在这里喝茶，或者种点花花草草、浇浇水，那么可能对情怀的理解有点片面。我们刚才说的就是我在这里做的一些有价值的事情，这些事情才是我讲的情怀，助人自助才是我在这里寄托的情怀。所以，对我个人而言，这两者之间并没有什么冲突。如果你把情怀放到比较浅的位置，肯定会有冲突。

M ：您的民宿品牌主要竞争力在哪里？在活动策划方面有哪些创新之举？有哪些是值得同行学习借鉴的？

D ：我认为"坐忘"品牌的主要竞争力还是在于文化方面的打造。在活动策划方面就是从最开始接待团队，到现在整个流程都程序化了：入境仪式、跨香、净手、更衣、习经等，包括颂钵，我们还有一个餐前的开餐仪式。其实整个入住流程非常成熟，如果是团队接待会更好，因为散客有点难以达到效果，团队过来包场，我们有多种服务、流程和课程可供选择。课程也是根据客人选择的服务进行搭配的，我觉得这一从早上到晚上的过程应该是其他酒店很难去模仿的。

如果说给同行借鉴的话，更多的是美和有趣的层面，但是到最后真正地去解决问题还是需要我们的人，我们希望管家们都能走到最后一层，他们通过学习精进到解决问题的层面，就可以进行开拓了。

民宿应该提升到"文宿"
Improve

M — 您如何看待住宿业将面临的挑战与机遇,以及住宿行业的发展趋势与方向?

D — 我认为在住宿行业里面一定要去到不同的赛道。要思考:我不同于什么?现在都在讲差异化、个性化。我提倡文化化,我们的民宿应该提升到"文宿",在地文化也好,主题也好,每一个东西必须要文化化。文化化是个性化、差异化的前置条件。当你有了文化便自然有差异,自然有体验,自然有个性。所以我觉得每一个民宿主不用刻意去说我要做亲子项目,我要修一个城堡,我要修一个教堂,因为中国大好河山,资源太丰富了,每一个山头本身都有自己的在地文化,只是我们怎么去用,怎么去挖掘,怎么去做有核心竞争力的东西,有文化的东西一定有认知度。另外是场景化,现在很多的场景化就是网红秋千、鸟巢、天空之境、无边泳池等。这些不是我们理解的场景化。我们理解的场景化是你进来"坐忘"后,你的感知去带领意识,可能会觉得我要安静一点,我要跟自己相处一会儿,这个才是场景的打造。然后就是体验化了,客人自己可能不会玩,所以需要我们引导他怎么玩。把体验内容做得更透彻一点,可能比先修一个酒店,把一个酒店运营好后在周围复制十个,或者马上资本融资再建二十个会更好。

我们谈论做一件事情的目的时,就像稻盛和夫讲的,因果不同。所以民宿做不做得好,"因"很重要。如果是为了挣钱,那么就不要做了。一定要有一个起始点,把这个"因"找到了,再把刚才我说的一系列在地文化场景做出来,我认为这样的民宿很具有吸引力,而且是有品牌价值,且具有黏性的。

2018年创办坐忘森林酒店,2022年创办坐忘·元所·云峯桢里酒店,2023年创办坐忘·成都燿州酒店,2024年创办元汕瑶心奢温泉酒店。每一家酒店的文化都是我们十分注重的元素。

M — 您比较看好中国哪些地方的民宿发展?

D — 我并没有特别看好中国某些地方的民宿发展,中国是地大物博、资源广泛的,只要能够合理利用在地文化,我对任何地方的民宿发展都是看好的。

M — 您怎么看民宿与乡村振兴的关系？您的品牌对当地有哪些拉动和促进作用？

D — 促进作用就像刚才说到的民宿学院算是一方面。另外，我认为乡村振兴要把市场做好，商业好了，乡村振兴就会顺理成章地实现，而非提前规定好必须发展哪些类型的旅游产业，用条框去限制它。就像我们现在做完项目之后可能还会去做文创品牌。我们的文创应该如何思考呢？比如"坐忘"今天下雨了，我收集的是 8 月 1 日雨的声音。现在有一种机器，客人以一块钱或一分钱扫码听雨声，这种思路很好，但新的思路开发确实也要耗时间、人力、财力。所以我们能为青城山做的，可能首先是带动就业和周边的商业群，还有就是我们后续要带动青城山的文创产品，但对于我来说是有很大难度的，好的事情是需要花时间仔细思考的。

为生物多样性保护探索「中国样本」——廖凡

M 美宿志

L 廖凡

廖凡,昵称"小野"。鹭鸟庄园主理人,摄影师,四川广汉人。中国生物多样性保护与绿色发展基金会(后简称"中国绿发会")中华鹭鸟保护地·广汉主任,热爱中国传统文化,曾参加首届全球甲骨文大会。鹭鸟庄园多次被"一条"、人民日报、CGTN、环球网等国内外媒体报道,鹭鸟庄园荣获第七届黑松露奖「松弛之境」"小而美"民宿奖。

::::: 一饭一蔬皆是至味
Simple life

M — 民宿是由您父亲亲自设计改造，一砖一瓦建起来的，能和我们分享民宿修建过程中您印象最深刻的一件事吗？

L — 修建民宿的过程中有挺多印象深刻的事，因为在当代像这样靠个人的力量，花十余年搜集废旧老木料，以旧修旧的古建筑不多了。我作为一个观察者、亲历者去实践到其中，拍摄记录了不少修建的历程。时间的累积，历史的厚重，何其百味！很难讲清楚什么是印象最深刻的事。

跟您分享一个小故事，民宿是用中国传统榫卯结构搭建的。在修建这个古建筑（民宿）的过程中，我的爸爸平均每天只睡三四个小时。有一次，他的手受伤了，扎着白纱布，仍一边指挥，一边劳作。建筑结构施工时，我数了数有十二位工匠师傅（加上我的爸爸），他们平均年龄72岁。有的站在榫卯柱头上，紧抱着柱头，有的在地面上协助，很难想象他们在没有任何安全措施的情况下，用中国传统的建造方法，齐心协力把穿斗式的建筑框架搭建好，就像是在托起"乡村的破败史"和正在消失的中国传统文化。从那一刻起，我的内心满是敬畏，现在看到它，都不禁肃然起敬，仿佛它拥有着无穷的生命力，可以超越时间。

当晚，爸爸清理还未完成的工作直到深夜，妈妈走过来心疼地说太辛苦了。爸爸一句话都没说，仍然做着自己的活儿，然后妈妈和我帮着他一起干活儿。或许是真实地活着，这样朴素的日常让人有平实的感动。人与人的连接，人与动物的连接，万物之间的连接，在文化传承下又多了一层对爱、对家的守护。

M— 2019年，鹭鸟庄园获得"中国绿发会中华鹭鸟保护地"的称号，这对你们一家的生活有什么影响？

L— "中国绿发会中华鹭鸟保护地"这一称号主要是我去申请并获得的，记得我跟爸爸手牵着手站在这个牌子下，当时还留了一张照片当作纪念，有一种传承、接力的感觉。对我来说，作为"鹭鸟庄园"二代传承者，有责任去保育这片仿天然林的鸟林，发散自己的创造力与想象力，让其公共价值、社会价值能够以更多元的形态为绿色可持续发展贡献力量。

我从事摄影工作，2017年、2018年、2020年、2024年我都作为中国绿发会良食基金举办的良食峰会的摄影志愿者，有幸来到台前幕后，记录国内外顶级大厨们演习烹饪的过程。我被他们的专注精神、热爱所打动，他们通过食物获得愉悦与能量，并且他们关于食物与文化的交流也让我深深感动。在这之后，食物潜移默化地影响着我们的生活。

一些机缘，近几年我们有幸邀请了一些国际知名人士和学者来鹭鸟庄园交流学习。2019年，我们邀请了第一位受邀白宫的女性大厨——美籍华裔米其林大厨安妮塔·洛女士，耶鲁大学后勤顾问伊丽莎白·福克纳女士和耶鲁大学著名的欧洲中世纪史学家和食物历史学家保罗·弗里德曼教授来鹭鸟庄园交流。2020年，我带妈妈去辛庄良食节，参与了辛庄"厨王争霸赛"的全过程，拓宽了视野。后来她通过食物治愈了自己的身心，并用食物连接居民社区，基于在地食材做可持续食物的研发与创新。

自然便是万般可能
Go with the flow

M — 据了解,鹭鸟庄园因地制宜开设了亲子家庭游学项目,能跟我们聊聊这方面开展的情况吗?

L — 是的,这是我们一家三口花了 20 余年,基于本土文化努力营造出的绿色可持续的人文生态圈去做的课程研发。现在我们设计了观鸟(鹭鸟守护者)、甲骨文与三星堆面具、古建筑寻宝、食育与美育、妈妈厨房、人文骑行、自然博物、乡村生活体验、螺旋花园、朴门永续、Wet 菜市场探索等一系列课程。

我们时不时也会开展一些公益课堂,做生命关怀儿童教育的培育,邀请当地的孩子参与,让他们做一些良善、有意义的事。例如,我们设计了地球日活动,与教育行动携手,共同响应《中国应对气候变化的政策与行动》白皮书、第五届联合国环境大会(UNEA5)通过的《终止塑料污染决议(草案)》。

活动结束后,孩子们的反馈相当不错,超出了我的预期。因为最开始我只是出于兴趣去做各种探索,当我看到乡村的一些社会问题(留守儿童、空巢老人等)时,会产生同理心、共情,所以我就开始去做各种设想,并且把它实践出来。挺惊喜的是,有的孩子隔了几个月甚至一年,仍然会回味到我们这里学习的收获,露出灿烂的笑容,我也会用相机记录他们,这让我觉得很欣慰。我希望他们能有更多的可能性与生长力。

M — 森林、野地、动物……这对孩子来说简直就是一个游戏天堂,未来会针对亲子出游这一块开设其他的项目或者拓宽民宿的功能吗?

L — 我们民宿最初的设计是针对亲子活动的,房间是上下两层的家庭 loft。经过我们近些年的探索,发现孩子们来到这里会有天然的欢喜之心。之后应该会设计其他项目,不过目前个人的精力以及资金投入有限,没有团队一起去做,现阶段几乎是我一个人去做布局、策划、执行等,所以还需要慢慢地探索。

初步设想,在园内增加一些鸟类的科普知识,展示鹭鸟庄园四季的变化,以及呈现其发展历程和故事。在孩子的功能区有更多的学而思的玩趣,让孩子在自然玩耍中点燃快乐学习的想象力,做一个中国传统文化与多元文化共融的自然花园式学习课堂。

M — 鹭鸟庄园一直践行着循环、可持续发展的理念，在您看来，民宿行业在环境保护上可以有哪些作为？

L — 我们民宿刚建不久，从 2022 年 10 月尝试对外开放，一路摸着石头过河，不敢妄自评价整个民宿行业。不过，可以拿我们民宿正在践行的一些循环、可持续发展的行思分享一下。

2020 年，中国绿发会良食基金的《从妈妈厨房到良食枢纽》项目获得洛克菲勒基金最佳"食物体系远见奖"。2022 年，我们开始与良食基金合作，成立了"妈妈厨房"，打造健康、可持续和生产"觉醒食物"的厨房。我们为以"食物改，气候变"为理念的在 UNFSS-AT2 中国行动平台的青年赋能项目发声。2023 年，我参与了新兴国家影像传媒文化论坛，以鹭鸟庄园"妈妈厨房"作为典型案例分享。我的妈妈也是可持续生活的践行者，我们用中国传统饮食智慧与植物领先的方式，讲好中国故事，推广健康可持续饮食，共同推动生态文明建设。

我们整个园子 90% 以上都是植被，秉承的是以自然为本的理念。可能大多数的民宿以人为本，而我们感受的是中式园林依循大自然无常变化的本质，人在自然中，自然在园中，从而体悟中国传统文化与在地文化内在的精神融合。

民宿的材料是用有上百年历史的别人拆掉不要的老柏木和青砖，建筑形制也是按照古建筑的制法复建的。园子里 90% 的树多都是别人筛选后不要的，我们把它培育养活。空调使用美国环保水循环设备，餐食制作践行联合国可持续发展及健康中国行动平台上的理念，在实现"双碳"目标等方面，我们在不断实践。

道法自然,慈悲处世
Taoism is natural

M — 都说民宿主是一家民宿的灵魂,您希望民宿的开设可以和客人产生怎样的生活理念碰撞?

L — 一面是人间烟火气,一面是诗意栖居。我们努力营造人与自然和谐共生的中国传统古典园林,诗文兴情以造园,读书吟赏挥毫之所,身临其境,体悟"人造空间,空间化育人"的东方意境和人文居住哲学。

在"妈妈厨房"这块,通过一饭一蔬影响家人的健康福祉,也影响着地球上其他的生命。"妈妈"并非一个性别概念,它象征着大地母亲,也意指对生命的哺育、呵护。在这个理念的基础上打造凝聚家人于厨房的"反哺之屋"。从小培育孩子的感恩之心,在中国文化的传承上多一些逆向生长的人文肌理。

M — 现在因隐逸的乡村生活走红网络的人不在少数,租地公益养鸟的初衷会不会因走红受到质疑和困扰?对此,您又如何应对呢?

L — 我们几乎每次都是最后才知道自己"走红"了,质疑的声音一直都存在。可能是我在鹭鸟庄园待了几年,扫园子也扫了几年,心好像沉下来了,能比较平和地去看待这件事。一件事有"阳"就有"阴"。就像我们在每个阶段可能都会面临困惑,当时觉得非常难以面对的境况,迈过了之后似乎也没有自己想象的那么难。开始顺应自然发展,就像流水一样,流动着,会有生命力和来自万物的滋养润泽,这就是自然的智慧。

前段时间我有幸去看了一场弘一法师、张大千的展,其中有句话"悲欣交集见观经"对我的触动挺大。所以在对待事情上,我可能会更慈悲一些。

M — 您是摄影师,当下也在经营鹭鸟庄园,未来您有新的职业规划吗?

L — 我似乎是一个没有太多职业规划的人,做自己热爱的事,在慢慢探索的过程中,会滋长出不同的灵感。可能下一步,我会把鹭鸟庄园的不同场景(廊桥—妈妈厨房—主楼—茶室—民宿—家畜舍—紫薇长廊—城墙)用影像记录下来,活化古今人文新景观,构建不同场景的空间剧场,在东方艺术领域寻找精神对话。

M — 您有过北漂的经历，但真正从城市回归乡野后，生活方式的改变难免带来心理落差，可以聊聊您前后的心态变化吗？

L — 有一点儿忘记了在城市的心理状态。印象中是比较忙碌的，整个人会比较浮躁。回到这里刚开始感觉很不适应，生活节奏一下子慢下来了，我需要去融入这里的生活。每天打扫园子，照护树木，你会从细微处发现一片树叶随着四季的变化，你会自然地随风雨舞动，随心所欲不逾矩，会突然看到一个场景、联想到一句诗。整个人像是化开了，内在的觉醒，回归了素直的心，自利利他，与宇宙意志同频共振，似"天人合一"之感。

为生物多样性保护探索"中国样本"
Sample

M — 您父亲前后租地面积差不多八十亩，但民宿的收益并不多，如何去维持生活、养护园子的收支平衡？未来有想过用其他方式增加经济收入吗？

L — 之前主要是我爸爸在外地打工赚钱来贴补园子的支出。目前我们探索把鹭鸟庄园作为集生态保育、自然研学、美食研习、在地艺文与多元文化交流的综合空间剧场。可以在园子里喝茶、吃饭、住宿、游学等。增加收入这块必须是在不影响鹭鸟生活的前提下去进行。

M — 目前完全在依靠自主打理、不请工人的情况下，经营民宿和打理偌大的鹭鸟庄园之间如何取得平衡？

L — 我们的民宿有4套房，要想在打理30亩庄园和经营民宿之间取得平衡，自己是非常辛苦的。目前，我们是预约制，民宿没有作为主推。人手有限，若请人，暂时负担不起雇佣的费用。之后会在乡村振兴的背景下，赋能本土的妇女儿童，让更多人拥有"共建美好家园"的意识。对外的话，以后会招募志愿者过来。打理园子，我觉得这可以作为键山秀三郎先生写的《扫除道》的项目来实施，做一个良知生活方式的体验。

M — 疫情对民宿行业的冲击很大，疫情给鹭鸟庄园带来了怎样的影响？

L — 我们是从 2022 年 10 月才开始尝试对外开放的，疫情影响相对较小。不过，经过疫情，我们会去思考如何面对疫情等不可控的自然灾害，有哪些措施可以让鹭鸟庄园不至于陷入"枯水期"，能为他人提供什么样的价值等。

M — 您对鹭鸟庄园未来的期许是怎样的？

L — 全球化影响下，人类已成为命运共同体。鹭鸟庄园致力于讲好中国故事，为实现"双碳"目标、生态文明建设以及生物多样性保护探索"中国样本"，期待在中国早日实现人与自然和谐共生的愿景。

为当地乡村旅游的民宿集群 IP 打造赋能

——刘霞

M 美宿志

L 刘霞

刘霞,昵称"路子"。"山鬼 Mnot Mirage"民宿创始人,重庆灯彩幻境文化科技有限公司董事长。重庆人,重庆乡村旅游分会秘书长,重庆国际社区项目发起人。曾获"团巾帼三八红旗手"等荣誉称号。

⸬ "山鬼"二字取自屈原的《九歌·山鬼》
Mont Mirage

M L — "山鬼"的名字有何由来?

M L — "山鬼"二字取自屈原的《九歌·山鬼》,意为山神。在法语中,Mont Mirage 意为山中的迷雾与幻影,与屈原在"若有人兮山之阿"中所表达的浓郁浪漫主义爱情色彩不谋而合。我们希望"山鬼"民宿能够像山神一样,超脱于人的物欲,找到人与自然的和谐共处之道,守护着这片土地。除了民宿的名字,我们还以屈原诗中的山之阿、遗所思、杜衡、辛夷、子慕、含睇等词语命名民宿中的房间,营造独特浪漫的住宿氛围。何为山鬼?横为山鬼,竖为鬼,未成仙,修林深,探日月星辰,鬼鬼于世。

M L — 您创立"山鬼"的契机?

M L — 我从小跟着父母在拉萨长大,长相与个性也因此具有了异域风情,曾被同事开玩笑说像"吉普赛女郎"。拉萨很早就成了国际性的旅游集散地,街上常年穿梭着中外游客,从那时起,我就对探索外面的世界产生了向往。我想人应当流动地走出去体验在地文化,我先后旅居过悉尼、墨尔本、布里斯班、西班牙等国,以及丽江、大理等国内旅游胜地。在旅行的过程中，我萌发了开民宿的想法。因此，我一直想要做像国外那种融入在地文化、兼具环境舒适与风景视野的精品民宿。于是我就到丽江租了个纳西族院子做客栈。在一次出游中，我们在拉市海附近的山路上被大货车撞翻了车。这次事故让我感受到了孤独与悲凉，也让身在异乡的我对远在家乡的父母感到愧疚。我转让了丽江院子，暂停了我的客栈梦。

结束旅居回到重庆后，我继续学习企业管理，我在调研重庆本地旅宿行业发展情况并进行评估之后，发现还没有成为旅游目的地的重庆并不适合发展民宿，只好暂时放下了我的民宿梦。

怎么看这些经历都有点野路子，但正是这些经历让我打下了多方面的创业素质基础。随着互联网、自媒体的兴起，掀起了旅游者入住民宿的新潮。我跟随着民宿主、旅游博主的风向，关注到了重庆成为网红旅游城市的趋势，决定在本地布局做民宿。重庆旅游的核心是都市夜景、江景，因此，在重庆民宿行业发展之初，大量兴起的是城市民宿。这类城市民宿的运营门槛与技术含量较低，具有极高的可复制性，从而导致了同区域内市场的恶性竞争。在对投资环境进行可行性分析之后，我决定做个升级版的郊区山野民宿，依靠打造优质产品与提供创意服务来提升产品竞争力，从而获取利润空间。和我有同样想法的还有三个做青年旅舍的文艺青年，在我们的努力下，第一家"山鬼"民宿南山店诞生了。

成为业界的创新者与开拓者
Innovators and pioneers

M — L —

"山鬼"在进行选址时考虑了哪些因素？

选址首先要考虑项目通达性、项目定位与项目投资等要素，而我们团队除了对建筑设计的品位要求，还追求景观的独特性与人文底蕴的厚重性。这些要素是打造网红打卡点的重要内容，但在城中心要兼得这些要素很难做到。

站上"山鬼"南山店的屋顶，就能够看到起伏的南山山脉，湿润的雾气呈龙形盘踞在山腰，在晦明难辨的云层下幽深莫测地变幻着。遇见南山上的独特地块是非常偶然的，因此，我们在寻找下一个独特地块的道路上行走了三年。最终，我们找到了枇杷山上一个废弃多年的印刷厂房，它和南山店一样闹中取静、风景优美、视野开阔。我们通过打磨，将建筑与自然融入同一个框景中，让这个店也能够延续"山鬼"的独特概念，为爱侣们提供可以留下美好记忆的特别空间，在落日余晖中享受美好，体验夜景情侣晚餐。

M —— "山鬼"独特的建筑设计灵感源于哪里?

M —— 山水自古以来便是中国人特有的审美情结,古诗、山水画以及古建筑为表现山之美而做出的探索源源不断。巨山之巨在视觉效果上往往给人以崇敬之感,因为崇敬,谦逊自身;因为谦逊,心中自宁,自然回馈和商业制造的不同之处就在于此。因此,在"山鬼"的建筑设计中,设计师尝试用现代的建造方式对观山的意趣进行探索,始终将人类对巨山的崇敬作为设计重心,与幻雾、湿露建立交叉对话。建筑采用了大量的全景透视玻璃,显示几何、抽象、含蓄的形体之美的同时,开阔了向外眺望的视野,使客人在建筑内即可观赏远山风景。

枇杷山店的设计师以新娘嫁衣舞动的裙摆为创意灵感进行建筑设计。旅客可以在裙摆上游走,漫步于建筑连接处。不仅如此,设计师还将对爱情的纯洁向往融入建筑内部布局中。这是"山鬼"得到恋人群体青睐的重要原因。

M —— "山鬼"在建设初期遇到的困难有哪些?建设过程中是否有印象深刻的事情?

M —— 南山店是打工人做青年旅舍起步之后打造的民宿,这样的基础决定了投资额的有限。在这种情况下要做出设计要求极高的产品很难,再加上在南山主城中心的"肺叶"上能够看到大山远景的地块非常稀缺,要实现我们心目中的"山鬼"非常困难。但我们没想到的是,建设过程中出现的困难更是连续不断,难上加难。

在建设过程中因现实情况,成本不断扩大。因为建筑处于滑坡地带,地基又打不到岩石层,需要加大投资;山路窄,运钢材的大车进不去;高温没有人愿意出工,团队的男性成员亲自施工却伤到了腿,高温下的鲜血让年轻创业者的天摇摇欲坠。筹建完成之后,资金余额仅剩几十块,软装还没完成就开业了。因为没有足够的钱买菜,新招聘的厨师差点因为被我们要求垫第一天的菜钱跑掉。那时我们已经用完了全部筹备资金,境地无比艰难。但在很多次极大困难面前,大家都选择了坚持,否则就没有后来的"山鬼"。

枇杷山店的打造同样也历经艰辛。用于改造的老建筑分为两栋独立建筑,间隔10米空地,一栋为6层的办公楼,一栋为3层的印刷厂房,场地高差达12米。从设计到建设完工共历时一年8个月,设计团队的整体创意非常大胆,并较为注重叙事的想象空间。而室内设计也始终贯彻通透、简洁、大气、不做作的宗旨,最大限度保证江景视野的完整性以及老建筑的历史痕迹。

M — 主创团队在"山鬼"的建设过程之中参与度非常高。如今回看又是什么样的感受?

L — 首先,在设计理念上,"山鬼"主创团队的审美标准高度一致,设计分两部分完成,南山店的合作方是一位雕塑家,枇杷山店则选择了建筑专业学者完成概念设计,我们的团队参与完成了落地设计以及项目实施。

南山店原本是路边的废弃民宅,枇杷山店是坐落于枇杷山上颓没的老式工厂园区中的现代化白色建筑。两栋老旧厂房在保留历史感的基础上,大量采用玻璃、不锈钢和大理石等材料,通过光线的反射和折射,呈现多元的层次感和浓厚的现代感,给人们以巨大的视觉冲击。建筑落于半山之上,可以俯瞰壮美江景。"山鬼"开业至今,已经吸引了无数崇尚时尚与个性的客人前来参观打卡。我想,正是因为"山鬼"团队不顾一切地追求完美,才使得两处"山鬼"都能成为当地独一无二的地标性建筑。

优秀的设计得以完美落地本身就是名片,任何噱头的标榜都是余赘,不如轻盈一点,正如这建筑本身。打造"山鬼"过程中的每一步艰难,我们都刻骨铭心。我们成就了"山鬼","山鬼"成就了我们的梦。

M — 重庆的气候、地理环境对"山鬼"的建筑设计及其他方面是否产生了影响?

L — 考虑到重庆的地理环境,为了保证"山鬼"的舒适度,我们的客房设计了最大限度的采光,让室内具有充足的日光感。除此之外,我们还追求优越的地理位置给游客带来的良好旅游体验。"山鬼"民宿依山而建,面朝南山与长江,对岸是重庆的繁华之地。

由于建设之地多山的地理局限性,建设过程大多依靠单纯的人力完成,其施工难度可想而知。经过团队的不懈努力,在超过一年时间的攻坚克难之后,"山鬼"民宿最终得以呈现在人们眼前。

您最满意"山鬼"的哪一部分?

"山鬼"的策划、选择和设计都很不错,但我最满意的还是设计改建后呈现的完美空间。建筑设计的各个部分不是独立存在的,一间好民宿的设计需要综合性考虑。建筑室内的装饰设计,人在建筑内向外看的视角框景,建筑与环境的关系,都需要得到协调统一。这些设计需求突显了全方位设计经验的重要性,而我们团队参与过多项景观设计、建筑设计以及室内设计项目,在经验丰富性上保证了"山鬼"的一体化呈现效果。

从建筑与环境的相关性出发,"山鬼"民宿创新采用大面积玻璃作为墙体材料,美称"建在悬崖上的玻璃房子"。置身顶层,可一览长江壮美与南山多彩,在城市繁色与远山青绿中调适身心,将"2.0 倍速"的快节奏生活调速为"0.75 倍速"的舒适、慵懒新生活。

M — 您认为"山鬼"能给顾客带来哪些独家体验?

L — 客人的体验是检验工作优劣的结果。走入"山鬼",坐下远望的那一刻即可开启度假模式。吃、住、观展等各个空间的极致景致与惊喜体验是南山店与枇杷山店的共性,在此基础之上,运营的网络推广布局才有底气铺开。

作为一家综合性民宿,我们在每一个板块都力求做到行业极致,在提供优质产品的同时实现各个单项产品之间的完美互补。

M — "山鬼"目前是否有较为明确的目标客户群体定位?营销宣传工作又是如何进行的?

L — "山鬼"民宿的消费用户群体主要是有时尚生活要求的年轻人,他们普遍追求生活仪式感与高生活质量。在策划初期,我们就已经明确了客户群体画像,因而在空间、产品、设计、服务等方面做出了相应的选择。我们的第一波流量也得益于我们的定位。现代年轻人高度注重文化精神消费和自我标榜,喜欢通过互联网社交平台分享自己的品位,得到他们认同的产品自然会被传播。所以,我们非常注重品牌文化建设,在产品设计层面上更多地去考虑文化内容,比如年轻化、国际化的 logo 设计以及各区域的命名。

但品宣工作是一个庞大的系统,除全局规划以外,还需要熟悉应用各软件的推流风口期,社交平台"大 V"的选择、合作与 OTA 平台运营都有各自的规则和沟通细节。这些工作都相对烦琐且专业,但把握住了流量密码就相当于把握住了一半的成功。因此,这是我们除了设计以外的另一个核心板块。

团队的蓄能期
Team

M — 在疫情严重影响文旅业态的情况下,"山鬼"是如何度过的?

L — 疫情三年是真正考验运营管理的时候。"山鬼"在政策要求关闭的时候没有收入,综合考虑下只能降低成本。合作伙伴在各自行业内的深耕确保了我们能及时应对各岗位人员的反复增减。我们在特殊时期暂停了拓展工作,把团队成员放到项目里去做具体的工作,很好地控制了成本。困难是把双刃剑,在解决困难的同时,我们更加深刻地了解了行业中存在的问题。我们完善了团队构架,提升了应对经营风险的能力。那段时间也是我们团队的蓄能期,我们增强了各板块的专业能力,时间与经验的积累让我们更有信心去做好项目。

M L ― 您如何平衡商业利益与初心情怀?

我们在经营中最大的特点是热爱专业、分工明确。"山鬼"团队中的每一个人都是喜欢民宿行业的。"民宿"在我眼中只是一个名称,我们运营的始终是一个商业项目,项目一旦决定开始,在初期就要做好全盘考虑,确保运营效果达到预期目标。打造一间好民宿道阻且长,单纯为情怀买单可能会导致项目无法持续发展。许多民宿主因为对民宿的向往与热爱而不关注专业运营,即使前期固定资产投入再大,最终也会陷入运营困难的境况。

民宿行业涉及方面广、专业多,我建议想做民宿的民宿主先寻求专业团队进行咨询,一是减少投资风险,二是避免投资浪费。几年以来,我一直很谨慎地选择投资人和项目,并持续参与乡村振兴环境设计与打造民宿的项目咨询工作,积累经营管理经验,以期"山鬼"可以走得更加长远。

冷静应对流量，沉淀持续发展
Sustainable development

M "山鬼"成立发展至今获得的成果是否符合您在创立它时的期待？

L "山鬼"南山店早期没有上过任何平台卖产品，却在网上掀起了巨大的流量。"山鬼 Mont Mirage"和"山鬼订房系统"两个微信公众号的关注量在开业两个月里就分别达到了 3 万和 10 万。这仅仅是简单的一两篇文章得到的关注量，即使是专业推广运营机构，也很难达到这样的成果。

枇杷山店开业后，于 2020 年 4 月末开通抖音官方账号，未经任何推广，首发自制短视频播放量便达 135 万次。其中，讲述"山鬼"枇杷山店改造巨变的短视频播放量超过 180 万次，粉丝量超上万人次，点赞量接近 10 万次，累计 1300 余篇网友自发性的传播图文，并得到了民宿"大 V"的推介，点赞量居其作品首位。除此之外，"山鬼"得到了一条、谷德、几何等知名平台的倾力推介，以及携程、爱彼迎、booking、美团等 OTA 平台的多方位合作推广。

我们在设计上获得的认可也不容忽视。"山鬼"民宿获得了第十八届 IDMA 国际设计传媒奖，与意大利苹果酒店、希腊圣托里尼酒店一起荣获了 2020 时尚家居年度公共空间设计大奖，还获得了第五届金瓦奖双项大奖等奖项。

目前虽然获得了一些成就，我依旧不认为"山鬼"已经足够完美。我本身不是完美主义者，也不觉得我能做一个完美的民宿，对此我要承认"山鬼"仍存在一些不足之处。例如，我一开始就不太喜欢南山店里的座位布局，但因为下午茶人流太大，不得不布置得紧密，店内高峰时期人头攒动，不能惬意眺望触及天边的美景。

M / L 新媒体营销与粉丝经济对像"山鬼"这样的民宿发展影响大吗?

网红高流量与新媒体线上运营对民宿行业影响巨大,为经营项目提供了新的营销工具。但民宿首先还是一家店,属于提供"空间+食物"的服务行业,评估、策划、设计、运营是打造民宿的根本,如果不能提供与宣传配套的服务可能会使项目加速走向失败。做好这些之后,我们才具备了用工具放大业务效果的基础。

我们必须清楚网络运营并不简单,其是多渠道、多方法、有专业规划的团队工作,需要民宿主有意识地协调安排以及各部门的通力配合。流量是赢利的代表,但我们要冷静应对来得快、去得快的流量,并思考如何使之可持续发展。

为当地乡村旅游的民宿集群 IP 打造赋能
Rural tourism

M / L 在品牌化、连锁化大趋势下,您对"山鬼"民宿有何规划与展望?

民宿在中国已经发展了一段时间,整个行业以及旅游消费还都处于发展期。经过疫情,还能够持续打造优质民宿项目的团队可以算是专业机构,投资民宿一定要找专业机构咨询。投资不能只靠情怀,我们深知情怀有尽时,运营无休止。从我们团队的布局上就可以看出,"山鬼"的商业运营业务板块已经迈出了住宿、餐饮的策划与推广咨询、设计筹建、运营管理托管、连锁管理的战略步伐。"山鬼 3.0 版"的民宿体验是在过去运营管理的经验基础上所做出的优势极致发挥,具备了更完善的环境配套运营能力。这些行动为我们筹备、打造乡村旅游宿集项目奠定了基础。

"山鬼"首家门店成名后,带动形成的整个南山民宿集群,使南山抓住了年轻群体的消费方向,这与国家乡村旅游振兴政策相一致。换句话说,就是在我们热爱的地方引入空间运营品牌,形成新的旅游度假目的地。我相信"山鬼"能够为当地乡村旅游的民宿集群 IP 打造赋能,为国家的乡村振兴战略作出贡献!

努力打造中国首家法式婚礼主题民宿

——萧力

M　美宿志

X　萧力

▷　萧力，"德比翠"品牌创始人，武汉市旅游民宿协会副会长，武汉市酒类行业协会副会长。开创"文旅 + 民宿 + 婚礼"的新模式，提倡慢婚礼与微旅游的婚礼新理念。德比翠城堡荣获第 7 届和第 8 届黑松露奖年度精品民宿、2023 年武汉最美民宿奖、2024 年度假·1% Club 大奖 – 中国十大必睡星宿奖。

一直对乡村保有美好的回忆和憧憬
Beautiful memories

M 能否为我们简单介绍一下您开民宿之前的经历?

X 我做民宿之前其实主要从事红酒贸易及餐饮连锁行业,在 2020 年疫情暴发之前,生意特别稳定,对民宿行业不是很了解,也没有做民宿这方面的想法。2020 年的冬天确实有点冷,武汉封城,原本准备迎接春节长假的商家们都被紧急按下了暂停键。我所从事的行业可以说受到了致命的影响,基本搁置,无法开工。

但我在生活中是一个充满激情和敢于挑战的人,很难适应这种"躺平"的生活。我坚信危机就是商机,这对于我来说可能是一个好的转折点,能让我有时间静下心来做自己喜欢的事情。我通过对市场的分析,以及对疫情后市场的预判,预感文旅行业将是疫情后第一个反弹的行业,因此我坚定地选择了做民宿,也因为我一直对乡村保有美好的回忆和憧憬,在情怀和梦想的影响下,跨界进入了民宿行业。

疫情后,大环境的不确定性极大增强,企业能否力挽狂澜,取决于决策者深度思考的能力。我们只有抓住核心问题,找到核心优势,具备决断力和快速执行的能力,才能找到新的商机。通过各方面考虑,我敲定了选址、规划、设计、租金、合同等各类事宜,用两年的时间精心打磨,才有了现在的德比翠城堡。

事实上，每一个危机时代都会涌现一批成功的企业和品牌。十多年的创业生涯，让我坚信一个道理——敢于创新，就是要勇敢面对挑战和挫折，用心去打造自己的美丽人生。

M — 您为什么会想到在湖北打造一个法式城堡？

X — 这离不开我与葡萄酒的深厚缘分。2007年，我参加德比翠庄园主 Jean De Boigne 首次在中国举办的德比翠庄园酒会，这使得我对葡萄酒、葡萄酒的故事和历史产生浓烈的兴趣。我了解到酒瓶外蕴含的文化如此博大精深，并从此爱上了葡萄酒，接着成为德比翠庄园在中国的总代理商，能够有机会把葡萄酒文化传播给大家，也得到了所有客户的认同。在2016年，我受德比翠庄园主邀请，到法国德比翠庄园接受"德比翠骑士"称号授勋，感受德比翠庄园的文化。

德比翠庄园传承了800年的贵族文化，那里的贵族生活并不是人们想象中奢华的生活状态，贵族文化是一种正直的品格、辛勤的耕作精神、对事业的热爱、对他人的慈悲。这股精神深深感染了我，触动了我的内心。我被授予"德比翠骑士勋章"后，更加拥有一种传播"贵族精神"的使命感。此外，富有历史气息的古堡和贴近大自然的环境，让我梦想在国内也能拥有一个属于自己的法式庄园，让同样对生活有向往的人，远离城市的喧嚣，寻找内心的声音。所以，我经过德比翠庄园主的授权，开启了"德比翠城堡"之路。

中西融合的生活美学理念
The fusion of Eastern and Western cultures

M — 德比翠城堡包含了怎样的设计理念及生活美学，体现了怎样的生活方式的聚合？

X — 德比翠城堡的设计以新哥特式风格为特色，注重细节和品质，强调自然和舒适，同时融合文化和艺术，为客人提供一种独特的异域文化之美。

生活美学这个话题有点大。像上面所说，法国德比翠庄园有着800年的历史，相当于一个持续经营了25代人的家族企业，其中那座经典哥特式城堡也屹立至今600多年，成为法国文化遗迹，这个过程一定是曲折、艰辛的。但贵族精神在其传承发展中起到了至关重要的作用，并体现在整个庄园的经营与管理、个人的修炼、人与环境的统一等各种细节中。

武汉的德比翠城堡，也借鉴了德比翠庄园中建筑巍峨而细腻的美，融入复古、贵族元素，整体呈现出庄重简洁、持久耐看的特点，又加入时尚、新颖的配色来强调我们跟随时代创新的精神。我们非常注重坚持学习与服务细节，不断学习室内装饰知识，提升配套设施水平。因为我们希望来到德比翠城堡的客户既能在视觉上感受到环境的美和舒适，也能体会到我们对他们呵护备至的人文关怀，这是我们对"人与环境统一"的理解与要求，也是我们长期追求的目标。

M 德比翠城堡不仅是传统与现代的结合，也是东西方文化的交流融合，您怎样看待标准化与个性化之间的关系？

X 如果将餐饮管理理解为标准化的流程，那么德比翠城堡就是标准化与个性化融为一体的存在，我所理解的标准化与个性化是互补、相得益彰的。

我们参考西方标准化的管理流程，牢抓细节，不放过任何微小之处，从进入园区起的每一个步骤都有条不紊，同时加入中国传统的人文关怀、饮食与节庆文化。我们在房间里配备五星级床品的同时，还有专门提供给小朋友的洗漱用品；在端午月入住时，管家会在进门处送上端午香包；在我们的餐厅不仅可以体验葡萄酒配牛腩面，还可以体验茅台白酒配煎牛扒，以及端午特色的粽子宴等。可以说，个性化无处不在，而标准化是更好体现个性化的基础。

在我们的哥特式教堂中，法式马车上的新娘穿着华美的婚纱缓缓到来，在西式的婚礼仪式下与新郎宣誓。宴会的用餐是我们用邻近的荷花塘里的荷花摆盘而成的荷香圆桌盛宴，亲朋好友围桌而坐，体现出中国宴请宾朋时的热闹氛围。个性化的定制让中西文化完美融合，相得益彰，毫无违和感。我们在标准化的同时，又敢于打破常规，让一切皆有可能。

M — 您的民宿企业文化精神是什么？

X — 我们始终秉持着以家为核心的服务理念，坚持精细化管理，以尊重和关怀、坚韧和坚持、善良友爱、服务至上的团队精神服务客人，注重客人的体验和感受；同时积极展示和传承地域文化，让客人在旅途中收获更多的文化体验。这种文化精神不仅提升了民宿的品质和竞争力，也让客人在民宿中找到归属感和文化认同感，向人与自然和谐、人与环境统一的百年民宿目标前进。

未来希望将德比翠城堡打造成国内首家举办法式婚礼的民宿
Future goals

M — 德比翠城堡荣获第7届、第8届黑松露奖年度精品民宿等奖项，这对您的团队而言有什么激励作用？

X — 这些奖项对我们的团队产生了积极的影响，激励我们继续努力，提供更优质的服务，赢得更好的口碑。同时，这也为我们的民宿带来了更多的机会和可能性，让我们的业务得以发展，增加了知名度。感谢主办方给我们这个机会，让我们走出武汉，走向全国，和众多的优秀民宿相互学习。

M — 您是通过哪些平台宣传引流的？

X — 我们的宣传方式各种各样，首先，在美团、携程等 OTA 平台宣传，提供民宿的预订和推广服务。

其次，通过小红书、抖音、微信公众号等社交媒体平台进行宣传和推广。在这些平台上发布与民宿相关的内容，如照片、视频等，吸引潜在的客人。

最后，组织一些线下活动，如民宿体验活动、亲子活动、下午茶活动、试睡体验活动等，吸引更多的客人预订房间。

M — 您的民宿包含怎样的特色服务体验和文化体验，希望带给顾客什么样的住宿体验？

X — 在德比翠城堡，你可以感受中西文化的融合，我们有一个欧式的复古酒窖，能品鉴来自法国、意大利、西班牙、澳洲等国家的葡萄酒，我们还专门开设了葡萄酒培训课程与讲座，把中国美食品鉴与西方美酒品鉴相结合，让客户在住宿之余了解葡萄酒文化。

我们有欧式的阳光教堂，能拍婚纱照、举办婚礼与婚宴，可按客户需求定制中、西式宴会，也可以作为结婚蜜月旅程的一部分；我们有私人泳池、花园，可以结合园区的设施，为企业组织团建活动。

我们希望客户来到德比翠城堡，不仅能体验到高品质的住宿与服务，还能有额外的增值服务与收获，物超所值。

M — 您的民宿品牌定位是什么，目标客群选择民宿入住的契机是什么，企业团建等各种体验活动对您的民宿品牌活动形态的功能区间有什么塑造作用？

X — 德比翠城堡的品牌定位是法式城堡风格，注重细节和品质服务。入住客户一般是拥有良好的教育背景，有国外生活经历，以及对生活有美好追求的人。

目标客群是喜欢浪漫、优雅、时尚的氛围且有情怀的人群，这些客人选择德比翠城堡入住的契机可能是因为对我们这种独特风格的喜爱，可以体验异域风情。

企业团建等体验活动对于德比翠城堡的活动功能空间有着积极的塑造作用，能够提高民宿的利用率、增强品牌特色和吸引力，同时为客人提供更多的社交和体验机会。

M — 德比翠城堡作为一个欧式风格的民宿，您如何看待它与周边中式民宿的关系？

X — 欧式风格的民宿与周边的中式民宿并非竞争关系，而是互补关系。每一种风格的民宿都有其独特的魅力和吸引力，因此游客在住宿时也会根据自己的喜好和需求来选择。各种风格的民宿可以在同一区域内和谐共存，共同为游客提供多样化的住宿体验，形成百花齐放的效应。

M — 德比翠城堡在婚庆市场方面展现出巨大的潜力，城堡婚礼、教堂婚礼、民宿婚礼深受年轻人的喜爱，未来您的民宿会一起承办中式婚礼和西式婚礼吗？

X — 德比翠城堡在婚礼方面取得的成绩确实令人瞩目，这充分说明了婚礼市场的潜力和巨大需求。对于德比翠城堡来说，我们一直在探索如何为客人提供更加丰富和多元化的婚礼体验。

我们也会承办中式婚礼，中式婚礼具备深厚的文化底蕴和独特的韵味，而西式婚礼则更加浪漫和时尚。通过结合这两种风格，我们可以为客人提供更加个性化和多样化的婚礼选择。

同时结合我们民宿自身的特色，推出"慢婚礼·微旅游"的新理念，让每一对新人都能在我们的民宿中见证他们的爱情和幸福。依托武汉的交通优势和近年来武汉年轻群体喜欢选择在小众民宿举办婚礼的趋势，以及德比翠城堡所在地拥有五千多亩花卉基地的区位优势和我们团队多次成功承办婚礼的执行能力，未来我们希望将德比翠城堡打造成国内首家举办法式婚礼的民宿。

M — 您认为优秀的民宿主应该具备什么样的心理特质？

X — 优秀的民宿主应该具备多方面的心理特质，包括良好的服务精神、生活美学理念、艺术修养、乐观心态、坚韧意志、持续学习能力、创新精神、良好的沟通能力、社交能力以及抗风险的能力等。

M — 可否分享一下您做这种异域、异国民宿的心得？

X — 我们打造了一个复古的红酒窖，通过定期举行红酒品鉴会让更多的客人了解红酒知识，客人不用出国就能够体验到正宗的法国红酒。我们有专业的厨师团队做法餐，在民宿莫奈西餐厅就能享受美味的法餐，深受女士和孩子们的喜爱。民宿空间有法式艺术品、家具、灯具及设计师原创作品，尽显奢华和时尚。德比翠城堡和整个自然环境融为一体，吸引了和我一样喜欢这种美好生活方式的人来入住体验。

M — 您是如何将您的女性领导力在您的民宿上打下烙印，让您的民宿跟您的性格一样"刚柔并济"的？

X — 这个问题很有深度，我一直相信领导力并不只是关于指挥和管理方面，更多的是关于如何影响和激励团队，以及如何实现共同的目标。作为女性创业者，我可能更注重细节，更注重沟通和协调，这些特点也自然而然地体现在我对民宿的管理上。

至于"刚柔并济"，我想这就是我在民宿管理中所追求的一种平衡。既要坚持原则，保持决策的果断和执行力，也要注重团队的感受和需求，用理解和包容来化解冲突和矛盾。我希望我的团队能够感受到我的信任和支持，同时也能够感受到我的严格要求和期望。

我觉得我的女性领导力在民宿上留下的烙印，就是既温暖又坚定的氛围，让每一位客人和团队成员都能感受到家的温暖，同时也能感受到我们的专业与严谨。

等候每一场的不期而遇
Waiting for every unexpected encounter

M 民宿行业逐渐回暖,您对民宿业态的高质量发展有哪些构想,同时民宿可以从哪些方面助推乡村振兴?

X 经过三年的疫情,人们的消费观念和消费习惯已经发生了改变,大家的消费要求更理性、更精准了,这对民宿经营的产品、服务质量及企业文化都有了更高的要求。对于我们广大民宿主而言,要利用自身的优势,加强自己民宿的文化符号建设,提升团队创新意识,不复刻他人模板,打造好自己的 IP。

M 湖北民宿相对全国民宿来说,品牌优势并不明显。您认为湖北民宿的优势和不足主要体现在哪里?

X 我认为优势主要体现在以下两个方面。

首先,湖北地理位置优越,地处华中地区,交通便捷,这为民宿的发展提供了得天独厚的条件。其次,湖北拥有丰富的自然和文化资源。这里有壮丽的山水景观、悠久的历史文化和独特的民俗风情,是一个历史悠久、文化底蕴深厚的地区,拥有丰富的文化遗产和人文景观,这为湖北民宿增添了独特的文化魅力。

以上两方面都是吸引游客的重要因素。湖北民宿可以利用这些资源,为游客提供丰富多样的旅游体验。

不足之处在于湖北民宿在品牌建设和市场推广方面还有待加强。目前,湖北民宿的品牌知名度相对较低,很多游客在选择住宿时可能更倾向于其他知名品牌的民宿。此外,湖北民宿在服务质量和设施配套方面也有待提升,以更好满足游客日益增长的需求。

M — 武汉蔡甸区作为伯牙和子期知音文化的发源地，如何通过举办高质量中法音乐会等活动，促进文化交流，实现在地文化的新发展？

X — 德比翠城堡所在地是武汉蔡甸区的知音故里。千年的知音传说是这里的文化之根，这里素有"知音故里，莲花水乡，生态新城"的美称。3000多年前，伯牙与子期在此相遇，《高山流水》流传千年，知音缘起的地方遇知音。我们现在跨越万里，让中法文化在这片知音故土碰撞，弘扬知音文化与法国文化，在这里等候每一场不期而遇。我们也赋予德比翠城堡这样美好的愿景，希望这个美丽空间可以让每一个人在这片知音故里的土壤之上遇见人生中的知己。

作为伯牙和子期知音文化的发源地，这里拥有深厚的历史文化底蕴。我们通过举办高质量的中法音乐会等活动，不仅促进了文化交流，还实现了在地文化的新发展。在与法国文化的交流中，知音文化不断吸收新的元素和内涵，呈现出更加多元化的面貌。这种文化创新不仅丰富了知音文化的内涵，还提升了其国际影响力，使蔡甸区文化软实力得到了增强。

M — 蔡甸区作为全国最大的区县级莲藕生产基地，您的民宿如何利用莲藕种植等产业链，促进乡村经济发展？

X — 我们将民宿的设计、装修与莲藕文化相结合。从室内装饰到外部环境，都巧妙地融入莲藕元素，让客人在入住的同时，能够深切感受到蔡甸莲藕的独特魅力。这不仅为客人提供了一种全新的体验，还有效地提升了民宿的文化内涵和品牌价值。

我们提供由当地新鲜莲藕制作的特色美食，如桂花糯米藕、莲藕拌牛肉、粉蒸藕、藕圆子、排骨藕汤、荷花宴等，我们还组织游客参观莲藕种植基地，开展采藕、挖藕等农事体验活动，让游客亲身感受乡村的田园风光和农耕文化。

我们还与当地的莲藕种植户、加工企业等合作，推出莲藕观光游、莲藕采摘体验游等旅游产品，让游客亲身感受莲藕的生长环境和采摘乐趣，通过开发以莲藕为原料的特色美食和伴手礼，满足游客的味蕾需求，带动相关产业的发展。

将云稼慢乡田园生活社区模式推广到更多城市
——金琦

M 美宿志

J 金琦

▯ 金琦,昵称"Kitty 姐",湖北武汉市人。云稼慢乡原宿主理人、创始人,其主理的云稼慢乡原宿曾获"最美乡村振兴示范单位""全国必睡美宿"等荣誉称号。

祖国的怀抱才是最终的归宿
Destination

M — 您的民宿名字有什么特殊的缘由？命名过程中有什么有趣的故事？

J — 关于"云稼慢乡原宿"这个名字的创立，当初我们思考了良久。这个名字可以分两部分来解读，首先谈谈"云稼慢乡"。2019年，我们怀着对乡村生活的美好憧憬来到这里，立志打造一个"田园康养生活社区"。以拥抱绿色自然生态和建设云端数字化乡村的理念取"云"字；以发展生态种植为目标取"稼"字；以营造慢节奏的田园生活空间取"慢"字；以建设农旅康养结合的新型乡村为目标取"乡"字，组合成"云稼慢乡"这个名称。

我们把民宿定位为"云稼慢乡"田园康养生活社区的重要组成部分，功能上在满足客人回归田园、放松身心需求的同时，提供符合现代人生活方式的居住条件。当这个目标明确后，"原宿"这个词几乎是在一瞬间就出现在了脑海里。

一方面，"原宿"代表年轻、潮流、活力。让我脑海里忽然浮现早些年曾去日本游学的画面，当时走在东京原宿的一条街道上，看到如织的行人，穿着潮流、夸张的服饰，人潮和街道组成了一个充满活力的"时尚生态圈"，"原宿"一词正好体现我们民宿追求时尚、现代风格的特点。

另一方面，原宿的"原"字可以理解成原型和原野。我们将原住村民的房舍，进行符合现代人居住习惯改造的同时，尽量保留房屋本来的面貌，与环绕在周围的原生态自然乡村融为一体。在这里，在自然原野上，体验乡村的慢生活。

M — 您当初为什么会选址在武汉郊区？

J — 我是土生土长的武汉人，从小就生活在汉口的闹市，我早年曾出国游学并在国外定居十二年，虽然外面的世界有诸多精彩，但只有祖国的怀抱才是最终的归宿，所以毅然选择回国发展。城市的喧闹和繁华耳濡目染，对城市的繁忙有些许厌倦时，就特别幻想过一种宁静的乡村生活。当初为了实现开间民宿的愿望，在武汉周边考察选址时，来到这里，就喜欢上了这里。

武汉是一座两江三岸、湖泊密布的城市，所以武汉人大多喜欢江河湖海，有亲水的情怀，我也不例外。这里有原生态的乡村、有宽阔的梁子湖、有一群志同道合的朋友，还有来自五里界政府的支持。

对优秀传统文化的追寻是我们的基因
Gene

M — "云稼慢乡"的设计理念是什么？

J — 我们的传统文化是经历几千年在自然界生存中发展演变而来的，骨子里蕴含着回归自然的基因，或许，每个人都有重返自然、回到乡村、追求安定的生活梦想。"云稼慢乡"的设计理念就是来源于对这种梦想生活的美好期许，按照现代人的生活要求，对传统乡村进行空间规划和资源重整，融合农业生产、生态旅游、乡村生活三大板块，将广袤的田园场所打造成为都市人的游乐场，感受乡野间的闲暇生活、田园间的无尽乐趣，为都市人重塑一个回得去的新故乡。

M— 您是如何想到改造乡村旧宅的,同时在改造的过程中遇到了哪些困难?您在保证现代化生活的舒适并保留充分田园生活的痕迹上做了哪些努力?

J— 当初在民宿建设时,我确实是在推倒重建和整旧如新两种方案之间选择了很久,出于尽量保留原生态乡村风貌的整体考虑,最终选择对乡村旧宅进行改造。在改造的过程中,为了满足现代人的居住要求,我们请专业的施工团队对房间内部各个功能区进行了重新设计、装修改造,对于建筑的外立面,则采取整旧如新的原则,保留了部分木质廊柱、外墙、屋顶瓦面,在一楼客房增设了入户庭院,并改造戏水池塘、铺设沙滩和木质平台,周边种植花卉和农作物,实现园林景观和乡村自然风貌的完美融合。

这些村民自建的老宅,在改造过程中,因为房屋设计结构缺陷和部分地方年久失修造成的问题一度让施工进度变得很慢,最终通过部分拆除重建和结构加固的方式逐一解决。供水供电、生活管道设施也在相关部门的配合下进行了升级改造,以满足满房入住条件下客人对各项设施的使用要求。

M— 您的目标客群是什么,您希望客人在"云稼慢乡"得到什么样的独特体验?

J— "云稼慢乡"以现代时尚生活标准,为武汉都市家庭打造一个三代人共享的乡村田园康养度假空间。让一家三代人都能够在这里回归田园,放松身心,我们的目标客群是所有对乡村慢生活充满向往的人群。

结合周边村湾的民俗文化和传统农耕节气,我们每年都在组织开展以四季为主题的春播秋收、插秧割谷、种菜采果、赏荷采莲、钓鱼摸虾等农耕体验活动,也希望通过这些活动,让客人来到"云稼慢乡",亲身感受乡野间的闲暇生活和荆楚水乡的人文风情。

另一种乡村文化记忆的载体
Rural culture

M — "云稼慢乡"在创办之初是如何想到做成一个集民宿乡居、种植采摘、餐饮游玩于一体的田园综合体的？您认为"云稼慢乡"是如何体现乡村文化记忆的基因的？

J — "云稼慢乡"品牌定位为农旅融合型康养旅居社区连锁品牌，以农旅融合为特色、以田园康养为理念，再造都市人的新故乡。通过对乡村空间规划和资源重整，依托梁子湖畔的自然资源，融合农业生产、生态旅游与田园生活三大产业，以绿色农业为根，以健康生活为主干，以旅游休闲为枝叶，构筑一个成长型的田园康养社区。"云稼慢乡"集露营地、民宿、果蔬采摘、田园乡居、城市农场、会所、餐厅、咖啡馆等设施为一体，提供休闲旅游、公司会议、团建拓展、餐饮住宿、乡村旅居、亲子自然课堂等多项服务。

为了体现项目的乡村文化特色，我们除了结合本地民俗文化、传统农耕节气，以四季为主题，开展了丰富的农耕体验活动，还开展了植物画、荷叶染等手作体验活动，以及楚剧课堂、晒谱节、自然教育、国学课堂等文化体验活动。通过这些活动将乡村的传统文化融合到以自然田园为场景的休闲娱乐活动中。

M — 您为何在农场内部种植了大面积的果园，同时游客是通过何种方式采摘果实的？

J — 发展绿色农业是"云稼慢乡"田园康养生活社区的根本，我们秉持健康、安全的种植理念，为都市家庭提供生态化种植的名优特农产品，从生产源头上通过可溯源、循环仿生农业技术方法，让园区瓜果蔬菜的品质更令人放心。通过参与适当的亲耕或采摘活动，客人在体验乡村生活的同时，身心也可以得到放松。

"云稼慢乡"的采摘活动可以从每年5月持续到12月，300余亩的种植面积提供四季瓜果蔬菜。其中，以6月上旬的东魁杨梅、7月的西瓜、7—10月的蜜宝火龙果、7—12月的当季时令蔬菜等最受欢迎。游客可以自驾抵达"云稼慢乡"，园区内设有多个免费停车场，下车后步行到达各种植园区采摘，也可扫码使用电动车代步。

慢乡的未来，不止于此、不止于当下
In the future

M: "云稼慢乡"运营后曾经荣获相关平台的认同和推介。您认为这种荣誉对您今后关于"云稼慢乡"的规划有什么样的影响？

J: 首先非常感谢大家对"云稼慢乡"的支持鼓励，在我们投入正式运营不到半年的时间里被同行的专业人士认可，我们的内心是喜悦的，同时这也激励着我们要努力做得更好。获得业内肯定以后，也坚定了我将"云稼慢乡"推向更大市场的信心，加大了在微信、抖音、小红书平台上的推广力度，并开放了携程、微信平台的预订功能，希望能让更多的民宿爱好者了解并喜欢"云稼慢乡"。

M: 将"云稼慢乡"首个康养区建成后，"云稼慢乡"的未来发展方向又是怎样的？

J: 我常常把"云稼慢乡"这个项目比作一棵成长的大树。在我的意识中，"云稼慢乡"需要像一棵大树一样永远生长。通过这些年的规划设计到探索运营，我们逐步勾勒出发展的主干，但是还需要保持一颗向阳而生的心，捕捉市场需求，提供更多的服务项目，让这棵大树枝繁叶茂。

为更突出"云稼慢乡"田园康养的理念，我正在尝试推出一些纯素、低脂、控糖的糕点，选用"云稼慢乡"绿色种植的食材，结合中医食疗推出一些养生套餐以满足客人的需求。我本人对蛋糕烘焙非常喜爱，这么多年也一直在和业内一些大佬交流学习。

另外，我们也在探索更深一层的养心、养身活动，适合各个年龄段的客人来到我们康养社区静心、修心、养心。康养是个很大的概念，不仅仅是康养身体，我们更多的是想打造这样一个社区，让快节奏的都市人来到乡村放松下来、静下来、慢下来，给心灵一个康养休息的地方。

M: 对于"云稼慢乡"未来的发展规划，您有何构想？

J: 我们目标是将"云稼慢乡"建设成一个农旅融合型的田园康养旅居社区。武汉是第一站，在这个项目的发展达到了我们的预期以后，未来，我们将向打造"云稼慢乡"连锁品牌方向迈进，我们的团队将会在全国更多一、二线城市寻找优质的乡村资源，将"云稼慢乡"田园生活社区模式推广到更多城市。

发掘那些被遗忘或地处偏远的村落

刘艺

M 美宿志

L 刘艺

刘艺，昵称"婉儿"。五号山谷旅游文化集团联合创始人，早期从事通信行业，曾任诺基亚、微软等科技公司高级项目经理，后与先生转型民宿设计与管理行业，在湖南省创立"五号山谷"民宿品牌，旗下公司参与设计改造村落10余个，目前创建并运营了5家高端民宿度假村。

建设"五号山谷"初期最大的挑战
Challenge

M L — 简单讲讲您创建湖南张家界"五号山谷"之前的经历。

我本科就读于哈尔滨工业大学,随后在北京深造,完成了研究生及博士阶段的学业,专业均聚焦于电信领域。毕业后,我一直在电信行业工作。起初在中关村一家芯片企业工作,随后进入诺基亚,再后来又加入微软。在诺基亚工作的那些年,我凭借坚持不懈的努力,从基层岗位上升到了技术管理岗位,担任项目经理,负责手机型号发布等项目的整体管理工作。那时,外企在中国,尤其在一线城市,享有极高的声誉,工作环境优越,员工待遇丰厚。回顾这一路,我的成长经历基本上可视为中产阶级精英家庭孩子的典型成长路径。

M L — 当年真正促使您下决心回湖南张家界创业的内在原因有哪些?

在创立湖南张家界"五号山谷"之前,我从未设想过自己会涉足民宿这一领域,更未曾有过放弃北京生活、回归湖南小山村的念头。然而,后来因为家庭因素,尤其是父母年事已高,思乡之情愈发浓厚。经过与我先生的深思熟虑,我们决定以孝为先,把父母送回湖南老家,并着手翻新老家的房子。

在这一过程中，我开始关注家乡民宿行业的现状与潜力。发现当地五星级酒店设施略显陈旧，而村里的农家乐数量少且接待条件有待提升。于是，我们萌生了一个念头：如果决定改造自家的房子，那就一定要做得既独特又舒适。

我们的村子名为"西峪"，紧邻武陵源风景名胜区的西门。由于缺乏直达的索道，西门一度被弃用。通往村内的小山谷需要穿越一段约十几分钟的无人区山路。村民们因赶集路途遥远，交通不便，多数已迁往山下小镇居住。这样的自然状态保留了村子原始的风貌，村内环境格外宁静。对于我们这些长期居住在大都市，尤其是投身于IT或管理行业的人来说，这份宁静尤为珍贵，在日常繁重的管理工作中，尤其在项目上市期间，我们往往需全力以赴，身心俱疲。因此，每当回到这样的小村庄，感受到的是无比的宁静与舒心。于是，我们最终决定将自家房子改造为民宿，打造一种新的度假型住宿体验，称其为"洋家乐"。

M — 湖南张家界"五号山谷"是你们的第一件作品，企业的品牌定位、经营理念、核心团队组建都在这里磨合完成，在打造湖南张家界"五号山谷"的时候您个人经历的最大困难是什么？

L — 我先生陈子墨原本是从事旅游行业的，我们夫妻二人都不是民宿行业的专业人士。因此，涉足民宿行业对于我们而言是一次全新的挑战。在民宿筹备初期，由于我们与设计师在理念上难以达成一致，因此我们不得不亲自承担起民宿的整体设计工作。这对我来说是一个全新的挑战，需要从头学习，边做边摸索。

在团队组建方面，城里的年轻人不愿意来这么偏远的地方工作，而周边的农民和农村妇女虽然勤劳，但是他们长期生活在村里，对高端餐饮和住宿服务完全没有概念，思维方式也比较固化。因此，如何吸引并留住村子里的年轻人才，并培养一支适应民宿行业需求的可靠队伍，成了建设"五号山谷"初期最大的挑战。

始终坚持在乡村做民宿
Persist

M— 美宿志见证着"五号山谷"的发展，之前也曾采访陈子墨先生。疫情期间，中国民宿领域发生许多变化，一些曾经辉煌的品牌消失或萎缩，一些之前并不出名的品牌却逆风飞扬、快速成长。总结"五号山谷"的一路风雨兼程，您个人认为"五号山谷"主要做对了哪些事情才有今天的成就？

L— 实际上，疫情对民宿行业造成了巨大的冲击。从 2012 年我们经营第一家民宿开始，直到 2018 年，在这整整六年时间里，我们深深扎根，打下坚实的基础。无论是团队建设、品牌运营与宣传策略，还是民宿整体风格的设计，我们都积累了丰厚的经验。可以说，我们恰好赶上了一个相对有利的时机。

2018 年，我们在河南鹤壁做了一个整村改造项目。2019 年开业，前两年效益还不错，但到了 2020 年，由于疫情影响，项目的整体表现就趋于一般了。同年，我们在长沙望城铜官窑边上做了一个乡村项目，这个项目做得很好，成为当时整体项目布局的一个很好的补充，就像鸡蛋没有全部放在一个篮子里一样。在规划长沙的项目布局时，我们也充分考虑了这一点。望城紧邻长沙市区，吸引的是微度假人群。与张家界的旅游型人群不同，长沙市民想要休闲度假，但市区环境嘈杂，缺乏可以真正放松心灵的地方，因此他们倾向于选择周边自然环境优美的地点。而我们所在的地方恰好满足了这一需求。这里不仅风景优美，而且交通便利，从长沙市仅需一小时车程即可到达民宿。尽管面临疫情的挑战，但在过去的三年里，望城店的业绩表现依然可观。张家界店虽然受到一定影响，但幸运的是，老顾客对我们仍保持着一定的信任。因此，张家界店仍能维持不错的运营状态，这实际上是运气与实力的双重作用，疫情以后政府大力推动乡村振兴，而村落改造正是我们最为擅长且一直在深耕的领域。因此在 2022—2023 年我们又开发了浏阳"五号山谷"和株洲朱亭"五号山谷"两个项目。

另外，我们在项目运营上也极为谨慎，拒绝了很多合作邀请。我们始终坚持在乡村做民宿，做自己擅长的项目，把每一个项目当成自己独一无二的作品打造和经营。 这可能也是"五号山谷"持续发展没有被淘汰的原因之一。

M — 目前,你们主要深耕湖南市场,请您谈谈"五号山谷"在湖南的整体布局情况和各个店的定位。

L — 我们是根据地域文化和地理自然资源来定位的。沿着湘江,我们发展了以铜官窑文化为主的大隐于世的长沙隐世店,而株洲朱亭店主打千年古镇和朱熹理学文化,南岳衡山店则专注于悬崖山景和禅修体验。至于浏阳店,有世界驰名的烟花和绝美的溪谷风光,其自然美景本身便足以成为一大亮点。张家界店则以其土家族文化和张家界独特的世界自然遗产为特色。每一家店各有千秋,我们不做重复的产品,力求每个产品都能成为独一无二的存在。

M — 随着"五号山谷"的分店增多,对人才的需求也越来越多,2024年你们创建了"五号山谷民宿学院",并开始构建自己的人才培训体系,请您谈谈"五号山谷民宿学院"未来的计划?

L — 民宿行业对人才的需求极为严苛,要求员工既具备良好的综合素质,又拥有吃苦耐劳的精神。其中,民宿管家的角色尤为关键。他们不仅要负责接送客人,还要带领客人体验各类文化活动,提供全方位的服务。这种深度体验感与全方位服务感,远非传统酒店前台所能比拟。

在"五号山谷"的发展蓝图中,人才始终占据核心地位。目前我们着重于店内管家的培养,只要他们表现出色,就有机会晋升为店长。员工认可我们的品牌文化,形成强烈的归属感和认同感,品牌才能走得更远。此外,我们也积极挖掘周边的农民资源,通过专业培训,将他们转化为稳定而可靠的服务力量。这些勤劳朴实的阿姨和大叔们,能够长时间坚守岗位,无怨无悔,是我们民宿服务团队中不可或缺的一部分。

"五号山谷民宿学院"作为我们的人才培养基地,致力于为各分店输送既认同企业文化又能持续为品牌贡献力量的精英人才。通过内部培养和外部引进相结合的方式,不断提升我们民宿的服务质量和竞争力。

注重新媒体运营的专业化
New media

M — 新媒体运营对民宿的私域流量和品牌成长的影响越来越大，你们对新媒体运营一直十分重视，陈子墨先生个人就拥有几十万粉丝。下一步，你们在新媒体运营方面还有哪些计划？

L — 从 2017 年起，我们就已经在运营抖音等新媒体平台了。我先生在这一领域持续发力，投入了不少的精力和资金。利用网红效应，我们的望城店成功吸引了几十万粉丝的关注，让品牌得到了有效推广。

如果没有新媒体的助力，我们的发展速度不会这么快。我坚信，擅长民宿运营的人往往也具备媒体素养，尤其是对新媒体热点的敏锐洞察力。对于民宿，大规模的传统广告并不适用，况且我们没有那么多资金投入。而新媒体平台，尤其是短视频平台成了我们展示美好生活的便捷途径，而且效果非常地显著。

过去两年，我们在产品的打磨上投入了大量的精力，新媒体运营项目暂时被搁置。但如今，我们更加注重新媒体运营的专业化。我们不仅与专业机构联合出品，还大力培养内部新媒体人才。我们鼓励员工积极参与，将日常工作中的点滴作为视频素材，我们会从中挑选优质内容进行剪辑和推广。这种方式的好处在于，它更加鲜活、真实，比商业化的广告更能打动人心。

我们的私域流量也做得不错，与湖南地区高端客户群建立起了紧密的联系。许多客人不仅频繁光顾，还主动为我们带来新客户，甚至在我们开新店时热情捧场。这种回头客和口碑效应是我们成功的关键之一。我们始终把客人当朋友、当家人，用深厚的文化底蕴和优质的服务赢得客户的心。

M — 乡村振兴是中国的国家战略，乡村民宿是乡村振兴很好的切入口和重要抓手。结合"五号山谷"在湖南乡村的布局，您认为乡村民宿对乡村振兴的促进作用主要有哪些？

L — 民宿能够吸引人流，激发偏远地区的经济活力。在国家推动乡村振兴战略的过程中，民宿的发展扮演着至关重要的角色，我认为它是实现乡村振兴目标的一个绝佳抓手。

我们品牌的一大亮点，就是专注于发掘那些被遗忘或地处偏远的村落，并赋予它们新的生命与活力。我们刻意避开繁华地段，那里竞争压力大，而且难以突显我们品牌的独特性。相反，我们选择偏远但具有潜力的地方，凭借我们强大的品牌影响力和优质的服务，成功吸引了众多的游客。

当有人质疑我们在偏远地区开民宿能否成功时，我们始终坚信品牌的力量，并且我们对自身的实力充满自信。事实证明，许多客人愿意花费数小时的车程前来，这既是对我们品牌价值的高度认可，也是对我们服务质量的坚定信任。

夫妻携手创业是一段痛苦又美好的过程
Process

M — 无论是乡村民宿的具体经营，还是乡村振兴的具体探索，女性在其中的作用越来越重要。结合您个人的实践探索，您认为"她力量"在乡村民宿运营过程中最大的优势有哪些？

L — 其实我和我先生是非常好的搭档，这个组合对于我来说意义非凡，它就像一个人，有着属于自己的身体和灵魂。身体是骨架，是硬件，是动力；而灵魂则包含了情绪、精神和细腻的感受。在民宿的运营中，我们各自扮演着不可或缺的角色。

在建设方面，我先生是主导者，他负责设计布局，而我更擅长软装和氛围的营造，让民宿看起来既舒适又温馨。这样的组合使得我们的民宿既有硬朗的骨架，又有柔软的内在，让客人愿意留下来，享受这份宁静与美好。

在审美方面，女性也有着天然的优势。我们的客户中，女性占据了大多数，她们拥有一双善于发现美的眼睛，懂得如何去欣赏我们的作品。我们也会根据她们的需求和喜好，不断完善我们的特色活动，让她们在民宿中能够真正放松下来。

在经营过程中，我认为女性有着独特的优势。男性可能更注重结果和开创新项目，而女性更注重过程和细节。比如，我会根据客人的需求设计各种活动，开设宠物服务、SPA等服务项目，旨在让客人在这里能够享受最好、最全面的服务。这些都需要耐心和细心，而女性在这方面往往更加擅长。

此外，乡村民宿本身就是一个让人放松、感受温暖的地方。女性特有的温暖力量，能够给客人带来更加舒适和愉悦的住宿体验。

总的来说，我认为女性领导者在民宿经营中的优势在于耐心、细心和温暖。这些特质不仅让我们能够更好地服务客人，也让我们在团队中发挥着不可替代的作用。

M— 曾经有专家告诫，夫妻最好不要一起创业。因为创业本身很艰难，有许多不确定性，经营婚姻本身十分艰难，需要各种妥协和包容。夫妻创业等于把天下最难的两件事放在一起做，其中的艰难只有当事人最清楚。中国民宿领域夫妻经营的品牌不在少数，"五号山谷"是其中之一。如果回头再选择，您还愿意夫妻一起创业吗？另外，您给夫妻创业的民宿创业者有哪些建议？

L— 夫妻创业在很多行业中都屡见不鲜，这种以婚姻作为基石的搭档模式，确实具备着一定的稳定性。尽管男女思维存在差异，但这并不妨碍我们拥有共同的生活理想和兴趣。我们始终将团队利益置于个人之上，致力于创作出优质的作品，带动周边发展的同时传播家乡文化，这是我们共同的追求。虽然在工作上我们曾有过不少分歧，但我认为这正是我们相互磨合、提升智慧的过程。人生无法重来，夫妻携手创业是一个既痛苦又美好的过程，但正是这些宝贵的经历，让我们学会了互相包容与成长。

向世界展现湖湘文化的魅力
The charm of culture

M ——　"五号山谷"沿湘江布局，一些店的所在地人文底蕴十分深厚。未来，"五号山谷"在文旅产品的打造上有哪些设想。

L ——　湖南人打造湖南民宿，这便是得天独厚的优势。对于我先生而言，他了解湖南的文化和自然，熟悉湖南的民居风格，这是流淌在他血液中的文化基因。"文化＋旅行＋民宿"的深度融合，是我们一直以来非常想做并且正在逐步实践的方向，更是"五号山谷"品牌价值升华的关键所在。

我们从设计、规划到建造，再到文旅开发，形成了一套完整的体系，这就是我们的优势所在。在湖南，我们已经成功打造了五个项目，接下来我们将深入挖掘这些项目的潜力。洞庭湖、岳麓书院等著名文化旅游景点，无疑是值得我们重点关注的宝藏资源。此外，湖湘文化源远流长，孕育了诸如左宗棠、曾国藩这样的历史伟人以及朱熹等文化巨匠，他们的故事与我们的品牌文化息息相关。

未来，我们计划将这些有价值并且值得深度挖掘的文化点串联起来，打造一条完整的文化旅游路线。并希望通过民宿这一窗口，让更多人领略湖湘文化的魅力。在我们看来，人生的真谛在于追求那些有意义、有趣的事情，而非单纯追求经济上的回报。

M ——　未来，湖南"五号山谷"还计划在哪些地方布局？

L ——　我们的主要目标仍然是深耕湖南，我们计划往南走，可能在永州、郴州增设新的项目。同时，我们也会将视线拓宽至周边的江西、广西等省区，进行适度考量与探索。

关于未来的扩张计划，我先生曾构想了在全国范围内开设五十个项目的宏伟蓝图，但我个人认为，这需要等待一个合适的市场机遇，并且需要依据团队的实际情况以及资源的配置情况灵活调整。我们更倾向于在基础稳固、团队成熟之后，再考虑更广泛的布局，确保每一步都走得扎实而有力。

M — 未来,您期望"五号山谷"能够达到一个怎样的状态?或者说,您心目中的"五号山谷"将呈现出一种怎样的面貌?

L — 目前,我们已经是湖南的知名品牌,但我们的目标远不止于此。我们扎根于本土,致力于将湖湘文化推向全国乃至全世界。同时,我们也在学习借鉴国际经验,了解欧美和国外游客的喜好,努力将中国文化推向世界的舞台。毕竟,我们拥有五千年悠久的文明史,这是何等宝贵的财富,应当让全世界的人民都来了解和欣赏。

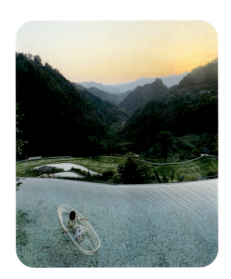

保持勇敢

刘喆

M 美宿志

L 刘喆

刘喆,"朴宿"及其旗下"微澜山居""栖澜海居""岛屿来信""故乡的云""所在""文脉·城市书房"等多个高端文旅品牌创始人。优秀新闻工作者,优秀女企业家,中国职工技术协会民宿专业委员会副会长,杭州市民宿协会副会长,青岛酒店管理职业技术学院民宿管理与运营专业企业导师。

对美景和美物的爱是创办朴宿的最初追求
Original intention

M — "PUSU 朴宿"公众号的第一篇文章刊发于 2016 年 7 月 12 日,这篇文章讲述了青岛的历史老街,并以"恰到好处的优雅"作为配乐。这个日期对您和"朴宿"有什么特殊的象征意义吗?

L — 这是我们正式用"朴宿"品牌去宣发产品的一篇文章,也是在那个时候,我们已经在做沉浸式体验。

M — 您是目前中国民宿领域为数不多的从媒体人转行做民宿的成功者之一。您当时下定决心从媒体转型做民宿是出于哪方面的考量?

L — 选择进入民宿和酒店行业,除了从小在青岛山海景色里的耳濡目染,还因为近十年媒体生涯让我深刻意识到:人只能活一次,能做的,想做的,要从当下就开始。另外,我想给女儿一个可以自由奔跑、享受阳光、亲近自然、没有雾霾的天地;想让她长成独立、自由的样子,刚好"微澜山居"就是我想要的地方。

M — "朴宿"最早的对外宣传语是"朴视界—宿生活",而"朴宿"的第一家民宿则取名为"微澜山居"。"朴宿"和"微澜山居"这两个名字,寄托了您当初什么样的理想情怀和生活美学畅想?

L — 如果说对美景和美物的爱是创办"朴宿"的最初追求,那对"乡愁"的情愫,则是我们坚持的动力。当一个个"朴宿"的项目呈现在大众眼前的时候,本真的快乐和深入灵魂的真实感让我们感到自豪和踏实。在其中,我们才开始懂得,真正的诗一般的生活,从来都是在当下平凡的生活中发掘美好,将平凡的日子过得不平淡。我们可以朴素天真,可以对世界尽情去爱,也可以无畏坦荡,对自己恪守忠诚。情怀是我的初心,但不是永恒,成为美的缔造者的坚守才是永续的创造力。

激活乡村发展的内生动力
Activate

M — 2024年是"朴宿"品牌成立的第十年。回忆十年来的发展历程,您认为做第一家店的经历为品牌后期发展奠定了哪些关键基础?

L — 自"微澜山居"开业之后,我们开始思考"朴宿"品牌的长期发展路径。面对市场上高度同质化的产品,塑造独一无二的、内核稳定的品牌体系,才能使"朴宿"在市场里生存下去。

近十年的时间里，我们已经完成了多次产品升级，同时总结经验、沉淀方法论，形成了一套自己的打法，即"精准定位 + 高识别度产品 + 高价值感体验"，不断用新产品刺激消费者的新鲜感，将"住在朴宿"与"小众品质度假生活方式"潜移默化地在消费者心里画上了等号，形成了自己的品牌性质。

M — "朴宿"一直在推进"文脉·城市书房"，如果仅从商业视角考量，书房或许不是一项特别挣钱的生意。您一直坚持推进"文脉·城市书房"的原因主要有哪些？目前"文脉·城市书房"的实际运营状况如何？

L — "文脉·城市书房"作为朴宿旗下的独立品牌之一，为城市和景区带来了文创空间的新可能。我们一直秉承着传承中国文脉的初衷，一部分项目的择址在景区核心位置，以直营的方式经营，自主研发文创与饮品，把控图书引进和服务质量，多店位列本地生活榜 TOP 1。它既延续了"传统"书店在图书甄择方面的品质和思路，同时融合了公共展览、艺术沙龙、文创售卖、休闲饮品功能，将文化价值和商业价值进行了有机结合。

"文脉·城市书房"的实际经营情况在疫情时期受到的影响较大，但在疫情开放之后，整体的经营情况还是不错的，只有 75 平方米左右的崂山书房，月营业额经常突破 5 万元。

M — 中国民宿优秀品牌的发展模式主要有两种。第一种模式是在创办第一家店时就全力打造好商业模型，然后借助政府和资本的力量强力推进，遍地开花，最后实现商业影响最大化。第二种模式是在创办第一家店时打磨好理念一致的团队，并追求商业上的利益最大化，努力去实现个人理念和社会价值的探索。"朴宿"似乎综合应用了两种模式，商业上一直在积极布局，个人的理想情怀和社会价值也在逐步实现。您和团队在实际探索的过程中，如何做到商业价值和社会价值的相对融合发展？

L — 做乡村振兴项目的运营，不仅要有发现美的眼睛，还需要具备把美变为产品的创意与实力。项目不能依赖政府的无限投入，也不能妄想单凭建筑空间或者单一业态实现乡村的可持续发展。

没有开展专业运营的项目，最终只会沦为门可罗雀的秀场。"朴宿"不仅着眼于当下，也放眼于未来。在运营规划中，我们注重整个片区的资源利用和多元业态打造，更关心村民生活质量的提升和观念的转变，更关注青年如何返乡回家、在家门口实现就业创业，因此"朴宿"运营的项目更能激活乡村发展的内生动力。

M — 近年来，政府和优秀民宿品牌"联姻"合作的民宿项目并不在少数，但从实际效果来看，真正实现持续"双赢"的成功案例并不多。"朴宿"在山东泰安九女峰的项目"故乡的云"曾经红火一时，一度成为网红目的地。双方合作终止后，你们在公众号上的告别发文《于道各努力，千里自同风》触动了许多人的内心。结合多年来的实践，您认为民宿品牌在和政府项目合作的过程中应该规避哪些影响民宿品牌美誉度的因素？另外，从客观上说，您对政府有哪些建议？

L — 做文旅项目要从实际出发，很多外表光鲜的项目实际上并没推动乡村振兴和发展，反而让乡村振兴变成乡村"折腾"。比如，破坏了乡村风貌和自然生态；照搬模型，脱离乡村实际。做文旅乡村项目，首先要明确目标产品，其次要做到运营前置，才有可能做到真正的乡村振兴，为乡村带来正向影响。

让乡村女性看到更广阔的世界
The wide world

M — "先锋""细腻""专业"都是"朴宿"产品的形容词。您坚持"用一本杂志的美学要求做内容",这一理念对"朴宿"团队养成员的审美提出了一定的要求。目前"朴宿"的员工数量庞大,对于员工的美学综合素养,你们是从招聘时就已有相应的要求,还是在平时培训中坚持强化这方面的内容?另外,员工流失率一直是困扰民宿发展的一个难题,"朴宿"在员工管理方面有哪些体会?

L — 招聘中会有一定的侧重,但民宿项目工作环境多数都在乡村,年轻人愿意离开大城市,到乡村长期工作的本就不太多,所以在招聘时招到符合要求的员工是不容易的。我们对员工的美学综合素养培养主要放在入职后的不断培训强化中,除了常规的工作技能培训,我们总部每月也会定期分享书籍、电影给大家,让大家养成长期阅读、学习的习惯。

M —— "朴宿"似乎特别擅于挖掘在地文化、情感与客群之间的共鸣,许多客人都从"朴宿"系列民宿之中得到了感动与温暖,一些客人甚至因为入住"朴宿",诞生了做民宿的梦想。对于给客人提供情绪价值,"朴宿"在入住细节上是否有相应的标准和制度?

L —— 我们拥有标准化的精品酒店服务流程,同时也保持了民宿"正规不正式"的个性化服务,我们"七星管家"团队的工作都严格按照标准与制度在执行。以备品为例,我们在每个房间都为客人准备了全套的洗漱用品,从洗面奶、面膜到漱口水等一应俱全,均为自主研发,同时还结合了文创元素,用感性的文案,打动了无数住客,客人也会在社交网站上自发分享传播。

M — 设计对民宿品牌打造的重要性已形成行业共识。一家设计出彩的民宿，既成就了民宿，也成就了设计师。"朴宿"选择合作的设计师时，最看重设计师的哪些方面？

L — 三观契合比较重要。

M — 营销时代，"朴宿"的每家门店都在介入新媒体的实践和探索，您的多元审美和媒体经验在其中也发挥了重要作用，从而打造出每家门店独特的风格气质。目前，你们在新媒体营销方面的获客比例大约占多少？

L — 新媒体渠道直接产生的订单不太多，多数客人是从新媒体渠道"种草"，转而从主流OTA渠道下单。通过新媒体营销获客的比例大概在40%左右。

M — "她力量"在中国民宿领域发挥越来越重要的作用。您认为女性在民宿行业有哪些独特价值？另外，以"朴宿"为例，你们的女性员工在乡村振兴方面做过哪些积极探索？

L — 女性会更加细腻，对客人需求的敏感度更高，更能知道女性客户需要什么。比如我们为客人准备的客房礼包，里面包含了洗面奶、漱口水、美妆蛋、棉柔巾等女性外出旅游可能需要的用品。

就"朴宿"来说，我们的女性员工占比高达60%，进入乡村振兴这个领域后，我们让更多乡村女性独立，走出家门，接触社会和新事物，看到了更广阔的世界。她们的称呼不仅仅是谁的母亲、谁的妻子，更是新时代的女性，她们用自己的努力和智慧，在自己的领域发光。

M — 目前"朴宿"是为数不多的成长于北方而后进军南方的品牌。在您看来，北方民宿在发展过程中比起南方民宿有哪些先天的不足？以"朴宿"的实践为例，北方民宿应当如何提升自身市场竞争力？

L — 对于市场环境以及一些相关的政策，南方可能会比北方更优越一些。
无论是北方民宿还是南方民宿，提升市场竞争力最重要的方法就是修炼自己的"内功"，结合项目本身做出产品差异化，从产品到服务都需要顺应市场不断升级，塑造独一无二的、内核稳定的品牌体系。

为更多目的地，写下属于"朴宿"的情书
Destination

M — "朴宿"曾荣获诸多奖项。您认为这些奖项在"朴宿"前行的道路上发挥着哪些作用？另外，在众多的奖项中您个人内心最看重哪一个奖项？

L — 设计领域、酒旅行业、新媒体渠道、主流 OTA 渠道等都给予过我们不少荣誉奖项，没有谁更重要一说，这些奖项都见证了"朴宿"在不同领域、不同阶段的成绩与成长。

M — 在"朴宿"成立十周年之际，你们开始进军海外，于日本北海道筹备新店。您在日本北海道的宿集项目将成为中国宿集走出中国本土乡村的第一步，也将是中国乡村与世界联系的重要一步。这个项目对"朴宿"的下一个十年有哪些重要意义？

L — 文旅行业正面临百年未有之大变局，从增量时代进入存量时代，从传统时代进入数字时代。2024 年是"朴宿"的十周年，过去十年是产品体系化升级的十年，是探索"城市更新"与"乡村振兴"双向平衡的十年，而未来将会是我们品牌全球化的新十年。我们会对品牌进行重新梳理分级，同时，我们要为更多目的地，写下属于"朴宿"的情书，不只在国内，也在国外。

M — 未来,您最期待的"朴宿"可以用哪些关键词表达?

L — "保持勇敢",这是"朴宿"第十年的年度主题。希望"朴宿"能在竞争激烈的市场中一直保持勇敢,敢于创新、敢于求变、敢于坚持初心。

缤纷里是一个内容丰富的文旅综合体
——甘淑丹

M 美宿志

G 甘淑丹

甘淑丹，福建南平人，香港中文大学语言学硕士。南平市建阳区卧龙湾生态旅游开发有限公司执行总裁，福建省民宿协会副会长，南平市旅游协会副会长，南平市民宿协会会长，国家级研学基地负责人。精通多国语言，朱子文化研究者，岩茶品鉴师。在旅游与民宿领域拥有丰富经验。

走过的每一步都算数
Process

M— 您从什么时候开始接触民宿行业的？最初对民宿有哪些印象？

G— 在大学期间（2013年）我就开始接触民宿了，当时我跟着我的母亲住遍了中国大江南北的民宿。而真正从事这个行业则是在2021年，我从央视辞职后便接手了家族企业的民宿板块，就此开始了我的民宿之旅。从开始接触民宿到现在，我始终觉得民宿可以做到高端与温度兼备，品位和乡味结合。

M— "缤纷里"项目体量很大，您可否简单介绍一下项目情况。另外，"缤纷里"原先作为地产项目，转型做民宿集群的决策是出于哪方面的考量？

G— "缤纷里"民宿的全称为"缤纷里·花花庄苑"，位于福建省南平市武夷花花世界景区。以"本地感＋现代感＋归属感"为设计理念，只为给各方来客一个安心的家，体验"喧嚣以外，人情以里"的山水生活。民宿所在的武夷花花世界景区是一个集生态观光、休闲娱乐、农耕体验、文化科普、康养度假为一体的综合性旅游景区，先后获评"国家AAAA级景区""国家级中小学生研学基地""省级建盏观光工厂""省级露营基地""闽台职工交流基地"等铭牌。民宿背靠花海、依山而建，是新中式合院风格，建筑占地面积 106 亩，总用地面积 680 亩。

除了住宿区域，"缤纷里"集齐吃、游、娱、乐几大元素，配有花花宴会厅、考亭院子餐厅、亲子厨房、拾光草坪、运动拓展草坪、多功能会议厅、美容 SPA 室、户外泳池、自助茶艺室、烧烤区、蔬果采摘园、萌宠乐园、开心游乐园、沙滩乐园、花卉基地、建盏大师园等公共空间。

M — 目前在"缤纷里"中，您主要负责哪些工作？谈谈在疫情期间的运营感受？

G — 目前我全面主持管理和运营民宿。疫情过后，整个旅游业受到了很大的影响。一开始，我的压力很大，因为有一些声音：在疫情下，民宿会是第一个归零的行业。事实上，经过一年多的复苏以及团队的努力，我们民宿保持了很强的活力，体现了很好的韧性，复苏速度远远超出预期。

M — 相比其他小体量的民宿，"缤纷里"体量大、项目多，您之前的经历对打造"缤纷里"有哪些帮助、有哪些不足？

G — 体量大，我们能容纳的客人总量较多，可以接待各种高端团队，也能够为大家创造舒适的住宿空间及体验。有花花世界庄园作为民宿的后花园，客人喝的花茶是园区里种植的洛神花泡的，吃的果蔬是园区里的"1 小时果蔬"，不用特地出门找风景，看见即是风景。除此以外，还能在园区的建盏大师园体验本地特色茶盏文化，看一场点茶，给自己定制一个主人杯。

同时，我们的客群没有小型民宿精准，由于体量较大，客群更广泛，有团队，有散客，因而有各种定制游学、疗愈休养的主题供大家选择。

我本身不是旅游管理专业出身的，与酒店、民宿等专业更是少有接触，我本科期间在中国传媒大学学习俄语，硕士研究生期间在香港中文大学修读语言学，毕业后在央视做新媒体策划工作。所以我的经验并不能直接地应用到管理、运营民宿方面。但是，我走过的每一步都算数，做民宿最重要的是创造力和情怀，需要丰富的人生体验和感悟，而这些不是在书本上就能学习到的。

民宿只是一个媒介
Media

M — 新媒体对民宿的引流和品牌宣传越来越重要,国内许多一线民宿品牌都成立了新媒体部门,"缤纷里"也不例外,可以简单介绍一下"缤纷里"新媒体部门的工作吗?

G — 比如小红书、抖音、微信公众号等新媒体平台的建设、推广、运营及管理;策划推广活动,进行视频拍摄、剪辑及文案撰写;社群组建及运营;分析用户需求,制定转化方案。但这些,都只是基本操作。

我们不仅仅宣传民宿,民宿只是一个媒介,更多的是把我对家乡的热情通过短视频的方式传递出去。

M — 民宿为何取名"缤纷里"?其中有何深意?

G — "缤纷"是春天的颜色,"里"是故乡,希望每一位来"缤纷里"的客人,都能在这里感受到家乡如春的暖意和诗意田园的浪漫。

M — 听说"缤纷里"的设计是由莫干山裸心谷的设计团队完成的,请您介绍一下最初的设计理念。

G — 我们邀请莫干山裸心谷设计团队进行独家设计打造,旨在以简单质朴的形式与取材,表达自然与度假生活的美好融合,力求使宾客在此感受到万物的宁静与自然的和谐。

民宿的户外造景强调"质朴、自然"的原则和"花海民宿"的概念。院落内植被丰富,四季缤纷,庭院精致清雅,极具宋风古韵,曲径通幽,移步易景,力求在精简与质朴中呈现返璞归真的纯粹。

"缤纷里"的室内陈设布展,处处体现民宿主人的情怀:我们将"花+茶+盏+文化"的元素融入民宿的每一处。首先,每日清晨,我们会为入住客人采摘园里新鲜的时令鲜花、蔬果用以妆点民宿。其次,民宿院落里的公共区域都设有清新古雅的开放式的中式茶室,每一间房都设有极具禅意的茶空间,每一处茶空间和茶室都会免费提供武夷岩茶及茶具。在这些茶室和茶空间内,我们都放入了精心挑选的建盏,供大家品鉴。

"缤纷里"是一家内容丰富的文旅综合体
Complex

M — 相比国内其他民宿宿集,"缤纷里"的建盏窑独具特色,这不仅是你们很有市场竞争力的研学项目,更是一项推动文化传承的项目。你们还给建盏大师建了工作室,请您介绍一下建盏窑项目的情况。

G — 言盏观光工厂于2019年被评为省级建盏观光工厂,也是福建省内唯一得到政府认证的建盏观光工厂,现有十余位工艺美术大师和非遗传承人组成的技术团队负责烧制技艺的研发。观光工厂有"承宋""言盏"两个独立品牌,进行建盏设计、研发、烧制工作,并提供专属的私人洽购服务,深受广大藏家信赖。

言盏观光工厂占地30亩,含古建筑7栋,龙窑3条,集建盏整套烧制技艺(生产和手作体验)、产品和文化展示(观光)、直播和线下销售(销售)等功能为一体。其中,主要分为柴烧龙窑区、DIY建盏体验区、宋韵茶盏文化表演区和自助品茶区(大众茶馆)、品牌建盏展示区、电商直播交流中心等几大功能区。

M — "缤纷里"的客源主要是哪些人群?

G — 客源主要以亲子、团建人群为主。

M — 以"缤纷里"为例,您认为民宿要从哪些方面彰显自身品质?

G — ①操作规范是民宿品质的基础;②文旅融合是民宿品质的灵魂;③安全管控是民宿品质的红线;④绿色环保是民宿品质的根本。当然,这些只是民宿品质建设的第一步,在标准化的基础上追求特色化、差异化、融合化发展,才是未来民宿高质量发展的必由之路。

M — "缤纷里"是一个内容丰富的文旅综合体,自身就是一个旅游目的地。它是如何突出与周边景区和民宿同行的差异化,并在市场竞争中脱颖而出的?

G — "缤纷里"民宿身处于国家 AAAA 级景区内,享有得天独厚的自然风光,融合了建阳本地人文资源,能够提供丰富的游客体验与定制创新、个性化的旅游服务。

在"缤纷里",游客饱览花花世界景区美景的同时,还可以亲手制作属于自己的专属建盏、体验宋代点茶、草坪射箭、沙滩排球、户外游泳、采摘水果、畅游游乐园、投喂小动物等丰富多样的项目,这些是在其他民宿或景区无法一次性体验到的项目,但在"缤纷里"就能一次性全部实现。"缤纷里"不仅是一家民宿,也是一个内容丰富的文旅综合体。

M — 您有媒体从业的经历。在民宿宣传方面,您有什么好的建议?

G — 考虑到民宿的非标准化和自带旅游属性的两个基本特征,我们民宿的宣传方式一直都在变化。10 年前是 OTA 平台,5 年前是微信公众号,现在是小红书、抖音等新媒体平台。对于民宿来说,合适的宣传方式一直都是暂时的,这是个动态适配的过程,关于有效宣传推广,只能针对具体的民宿来谈,很多民宿的宣传推广方式并不适用所有的民宿,民宿更应该结合自身的文化,在宣传内容上下功夫,找到适合自己民宿的宣传推广方式。

M — 您认为民宿协会要如何发挥行业组织的平台价值,推动区域民宿良性发展?

G — 民宿协会要发挥桥梁与纽带作用,共同推动南平市民宿产业的健康快速发展;要加强行业内部管理和行业自律,严格规范民宿运营管理,科学指导行业发展;要共同努力、勇于创新,充分挖掘本土自然、文化资源优势,激发行业发展潜力,打造南平市的民宿金字招牌;围绕打造度假型旅游产品目标,推动南平市乡村精品民宿良性发展。

M — 您认为"乡愁"能够赋予民宿什么价值？民宿在以"乡愁"吸引游子的同时，要如何抓住本地都市人的儿时"乡愁"？

G — 民宿是主人生活状态的真诚分享，一定要有主人的痕迹。作为一种非标准化住宿业态，民宿在服务、体验上要强调人情味，让游客更容易感受到家的温馨、舒适与放松。

民宿应该是"有温度的住宿、有灵魂的生活、有情感的体验"，要抓住本地都市人的儿时乡愁，不仅要重视民宿的装潢布置，也要注重民宿的文化、本土饮食和民宿体验项目。如制作传统美食、观赏非遗表演、体验农事活动和乡村民俗活动等，让游客在这些丰富的体验项目中找回儿时的记忆，唤醒心中的乡愁。

民宿业是乡村旅游的转型升级
Transformation and upgrading

M — 作为国家级研学基地负责人，您参与了许多研学活动。武夷花花世界景区举办的研学活动有哪些主题？您希望这些活动能够为在地学生带来什么收获？您对研学活动怀有什么期许？

G — 研学主题有：建盏黑瓷、建本印刷·重走宋文化非遗之旅；寻朱熹、宋慈故里，探建阳历史文化之旅；探花之秘境·田野耕作劳动实践之旅；传承红军革命精神，红色印记研学之旅；走进自然·探索动植物奥秘之旅。

通过研学活动，我们让孩子走出校园，学游相结合，体验不一样的课程资源，以学习观摩体验等形式拓宽视野、增长知识、提升综合素养，更好地锻炼他们的综合实践能力。

武夷花花世界景区作为国家级中小学生研学教育基地，多年以来，一直推动我们本地研学事业的发展，我们的目标不仅是要把研学的规模做大，更要把研学的品质做精，把本地文化融入我们的研学课堂，让孩子们知行合一，行学相长，在乐趣中成长，在快乐中学习。

M — 与闽南地区的沿海民宿相比，您认为闽北地区的民宿在发展上存在哪些困难？又有什么优势？未来在规划发展上需要注意哪些问题？

G — 困难：①民宿主经营能力参差不齐，大部分民宿属于个人经营，不规范、不统一，缺少专业的民宿经营管理人员与整体营销的经验，在产品、主题、舒适度上都存在较大不足，很难做到高品质；②基础设施不健全：有的民宿周围的道路、停车场、公共医疗卫生服务等基础设施无法满足本地旅游接待需求。

优势：闽北的民宿多依托景区或者地域特色资源而发展，乡土文化气息浓厚。这里的溪流、古树、奇石，以及许多叫不上名字的鸟和各种各样的野花，都能够给游客提供新鲜感。除此之外，还有农家宴的土鸡、土鸭、麻糍等充满乡村特色的佳肴。在这里待几天，体验特色民宿与村野趣味的完美交融，能够使久居都市的人醉享其中。

需要注意的问题：要科学制定民宿发展规划，突显地方特色，建设精品民宿；维护环境资源，加强生态保护；提升从业者素质，引导行业健康快速发展。

M — 在您看来,"缤纷里"对周边地区的文旅发展起到了什么作用?特别是在南平市的乡村振兴方面起到哪些推动作用?

G — 民宿业是乡村旅游产业的一部分不仅吸引全国各地乃至世界各国的游客到建阳旅游,让更多的游客了解朱子文化、建盏和建本的悠久历史,感受千年古县的文化底蕴,还能推动美丽乡村的建设。

民宿经营与当地发展相辅相成。没有乡村整体的振兴,就没有民宿的持续发展。乡村民宿的发展,契合了现代人远离喧嚣、亲近自然、寻味乡愁的美好追求,具有撬动乡村旅游的支点作用,能够促进乡村旅游消费、激发乡村发展活力。同时,民宿在助力精准脱贫、产业融合与推动农民本地就业等方面发挥着重要作用。

M — 下一步,"缤纷里"民宿宿集的发展方向是一直深耕南平市?还是有机会向外品牌扩张?

G — 扎根在家乡,但是也一定会继续延伸品牌,让更多人了解我们。

M — "缤纷里"转型民宿宿集,未来能否真正成功需要时间验证。您对"缤纷里"整体项目的未来有哪些梦想期待和实施计划?

G — 继续深挖当地生态、文化资源,坚持文化引领,体现乡村特色,坚持绿色发展,坚持统筹兼顾、协调推进,更好地满足广大游客个性化、多样化消费需求,致力将"缤纷里"打造成为福建高品质民宿的标杆。

我想在乡村种下一颗美的种子

——陈蜀曼

M 美宿志

C 陈蜀曼

陈蜀曼，昵称"阿曼"，福建省宁德市霞浦县人。福建拾间海旅游发展有限公司董事长，拾间海民宿、拾光餐集、哈铺伴手礼创始人，霞浦县民宿协会副会长。曾获2017年"乡村'双创'人才"、2020年霞浦县"三八红旗手"、2020年"乡村文化和旅游能人"、2020年"精品民宿发展与经营管理重点人才"等荣誉称号。

我的人生不需要去说服别人
My life

M — 您当初为什么想回到霞浦县做民宿？您的家人对您的决定是否支持？

C — 当时我回霞浦县做民宿主要是因为我想换一种生活方式，换一个生活环境。家人肯定不同意，也无法理解我当时做的这个决定。我父母觉得北京很好，工作、家庭、孩子上学等各方面都很稳定，所以他们没有办法理解。

M — 您又是怎么说服您的家人的？

C — 没有说服。我觉得我的人生不需要去说服别人。我自己认可这件事，因此我的内心是非常笃定的——一定要回到我的家乡，做民宿就是我想要的生活状态，跟其他人同意与否没有一点关系。

M　您当初想做一个什么类型的民宿？

C　首先我的选址是在海边，唯一要求就是在霞浦县长长的海岸线周边，寻找一处"面朝大海，春暖花开"的景观房。我走了很多地方，其中很多是我小时候父亲陪我一起在海边、乡间走过的，很怀念那段时光。后来确定民宿的选址大多数是围绕这个轨迹。

我们找的第一个位置是在霞浦县大京村一个叫丹湾的自然村。这里刚好有一所学校，十个房间都面朝大海，因此当时取名"拾间海"。后来因为当地村民观念与我们不太一致，我们没办法，只好继续沿着霞浦县的北线和南线走，辗转到了东壁村。

我记得那天下着雨，心情很沮丧，刚巧我的一个朋友跟我说东壁村有一套房子出租，我问有没有院子和花园，因为这是我唯一的标准。他说没有，就是一座楼房。虽然"面朝大海"，但是没有"春暖花开"，因为没有土地就不能种植植物。直到那天，房东带着我们从正门穿过厨房，打开房门后，我觉得它就是我心中想要的地方。

当时下着雨，整个海面传达出一种非常有故事感、情绪感和氛围感的复杂情感体验。雨中的海很清透，能见度很高，整个山海的格局给人一种很有故事的感觉，不管是远景、中景、近景，还是它们的出场顺序，我觉得这就是我的理想选址。

剩下的就是怎么解决"春暖花开"的问题。房子门口有一小块地方，是朝南方向，其实不太适合种花，因为只有早上能晒太阳，但即使没有足够的光照也有可以适应环境种植的植物。当所有问题解决后，我们在这个地方完成了拾间海的一期工程。

M　选址问题解决以后，您在内部装修、设施等方面的考量是什么？

C　当时我们返乡之前去看了很多江浙沪一带的民宿，所以"拾间海"一期工程其实有很多江浙沪民宿的影子。我们找了很多不同材质的木头和老物件去融合空间亲和力。在我们还没进行二期改造之前，它是中国乡村式的田园风格，当时这个风格在霞浦县是独一无二的。

我们有13间客房，其中10间面朝大海，所以仍然取名"拾间海"。我们对客人的接待几乎都是亲力亲为，所以我们一开始就构筑了非常坚实的口碑基础。那时还没有抖音、小红书，只有微博、微信朋友圈和公众号，我们通过客人朋友圈的资源吸引客流。

其实我们没有想那么多，因为我们只想把客人服务到位，但恰恰是这份用心使他们自发地成为我们的传播者，为我们发声，他们是我们最早的一波铁杆粉丝，一直追随我们。即便"拾间海"重新翻新，盖了二期，每年寒暑假，或者一些特定的他们觉得要回来的日子都会回来。

千万个细节成就了我们
Details

M "拾间海"除民宿以外，还有各种业态，可否与我们聊聊？

C 我们做完一期工程以后，在一整年的经营过程中，入住率基本保持在85%左右，几乎是一个满房状态，同时我们也在经营过程中发现了问题。

比如，刚开始客房没有餐饮，客人没办法解决早餐问题，只能去镇上吃饭，很不方便。我们最初的解决方案就是雇佣村里的阿姨完成基本的料理，后来慢慢发现这种服务不能满足当下的客人，于是开业第二年，我们就开始做二期工程，建造二期工程时我们做了中餐厅。因为除了基本饮食，客人还有各种多样化的需求，我们就做了一个小酒吧，客人晚上可以在酒吧聊聊天或独自小酌解压。

开业第三年至第四年，我们又设计了两种客房，保留了院子，做了我们第一个无边游泳池，泳池完工后简直在所有自媒体平台上"炸开了花"。

开业第六年，我们开始研究如何给客人提供情绪体验，所以我们就设计了非常有氛围感和空间设计感的拾光餐集。在第一个方形的无边泳池基础上，我们又建造了一个随着地形蜿蜒变化的弧形泳池，造型非常美，就像一个被拍上岸的浪花。

当我们更注重美的呈现后，客人对我们的认可度就会更高。因为美的呈现，有了我们的第三个板块，就是我们的书局。它完全是公益性的。我们对所有愿意来书局看书的年轻人、孩子或老人，都免费开放。而且我们书局最大的特点是所有的书籍全是设计、文学、艺术类的。我想在乡村种下一颗"美"的种子，因为我们在乡村深切地体会、感受到了美对于民宿和乡村振兴的重要性。有时候我们在思考为什么有这么多人越来越关注乡村，答案可能是因为乡村还保有自然美感。

美的呈现对于一个乡村、一个民宿来说太重要了。现在小红书上所呈现的任何一家民宿的照片，都是因为美才被流传起来的。

所以，我觉得书局的重要性在于它传播了美，里面大量的书籍都是从国外运回来的，而且是海外的精装版。

我们希望在视觉意识上提升审美品格，或者在美术方面给予启蒙，并不是要求每个客人都能读懂书中的英文，即使只看图，也能提高自己的眼界。如果能触动一些来看书的人，那么我的目的就达到了。

M 您的店每一个细节设计都有所区别。在设计方面您的构想主要有哪些？

C 之前的产品因为做得太早了，目前有一些产品确实老化了，但是在我们能力范围内能改造的全部都改造了，且我们的风格越来越统一，未来我们会更加注重空间里面所有存在物品的呈现方式。

希望我们民宿的未来，包括之前我们的产品，在将来重新改良的情况下，也能做到极致化的美的呈现。要保持建筑上的"度"，既不能太突兀，又不能太过于同质化，这个"度"很难拿捏。但是，我觉得我们在室外方面做到了。就室内而言，我们希望空间里面的每一个物体的选择和布置一定都是经过深思熟虑的。我们现在的产品逐渐趋于找老物件，虽然成本很高、代价很大，但是我们依然愿意去打造这样的氛围空间。

你在我这里看到的家具，有可能在其他民宿都能看到。我现在刻意规避这种情况，但是求异太难了。我后来也想通了，这件事未必不是一件好事，它可以倒逼着我们找寻更新的东西。

因为我们大多数房间都能看到海，在这里很解压。我们很注重气味，一直都摆放有香薰，因为听到的音乐，甚至每一处空气，其实都可以给客人一定的情绪体验。我觉得这很重要，包括灯光，当灯光调暗了以后，客人的心情就会舒缓下来，不会觉得一直在被注视，松弛感就出来了。初看感觉空间挺随意的，但是你处在空间里就能放松。

这就是我们的目的。简单来讲，就是让客人舒服，可以是音乐、气味，也可以是一件家具，用千万个细节，最终让客人舒缓下来。

把自己的产品和口碑做好
Products and reputation

M —— "拾间海"是福建首家国家文化和旅游部评选的甲级旅游民宿，您认为这些荣誉对您的民宿发展有什么机遇？

C —— 我们只会压力更大，因为民宿很多产品都逐渐老化，但是我们背负着福建省全国首家甲级民宿的称号，就要逼着自己不断往前走。其实，如果没有这些年霞浦县这个大环境给予"拾间海"的肯定、认可、支持、厚爱，我觉得我们做服务的第三年就会放弃，很累很辛苦。

从内心来说，现在其实离我原先"面朝大海，安安稳稳过日子"的想法越来越远了。因为我发现没有自己的时间，如果按之前想象的活法，我早该放假了，如今应该换一种生活。但是这些年我受到的关注太多了，只能继续往前走。

几乎所有民宿主都面临着我这样的问题，民宿投资都是几百万、上千万，你看见谁停下脚步了？既然我们拿了这么高的荣誉，就不能在原地不动。如果停滞不前，荣誉在我们手上撑不了多久。

M— "拾间海"从民宿到餐饮，然后到书房，在这些子品牌的开发过程中，您是如何推广的？

C— 其实都是在微信朋友圈、公众号，后来有了小红书和抖音等新媒体平台后，客人会帮我们做宣传推广，包括当地政府也对我们有一些宣传。这些年我们也很用心在经营小红书、抖音平台的一些内容。基于以上这些，最根本的一点是要把产品和口碑做好。如果我们的产品没有这么"能抗""能打"，我们的服务没有做到大家的心里去，那么不会有人愿意宣传和推广。

多赛道拓宽文旅资源
Multiple tracks

M— 有了解到"拾间海"下一步也会参与和政府合作的宿集项目，您可以简单介绍一下这个宿集项目主要发展方向的规划吗？

C— 这个宿集项目可能是福建省的第一个民宿宿集，目前也是唯一在茶山上的宿集——大地指纹。发起人叫杨鹭，他在民宿行业是我的前辈，也是我的良师益友，是一个非常优秀的资深文旅人。整个宿集集合了"大乐之野""阿纳塔""隐归川""拾间海"4家民宿，有丰富的业态，如伴手礼卖场、茶餐厅、文化研学基地和一个科特派学院，是一个放大版的"民宿综合体"。

M— 霞浦县特有的滩涂摄影资源在一定程度上也成就了"拾间海"，除了您之前做的那几个子品牌，您对"拾间海"以后的相关文旅资源的发展方向还有其他想法吗？

C— 霞浦县的滩涂摄影，确实会给霞浦县民宿行业带来一定的辅助作用。这些摄影者作为最早为霞浦县文旅做开路者的一拨人，拍的很多漂亮的照片在国内、国外获得了很多的奖项，这是霞浦县文旅的铺路石。

M — 您认为霞浦县民宿产业的方向,还可以朝哪些方面拓宽文旅资源?

C — 目前霞浦县很多好的民宿集中在三沙镇,部分分布在牙城镇、高罗镇,这几个地方都靠海,所以霞浦县民宿的发展应该以海为主。近两年我们又发现一个非常棒的地方,就是霞浦县的海岛,霞浦县的海岛都还没有开放,未来这应该是霞浦县民宿发展的方向。霞浦县海岛的开发会助力民宿更上一层楼。

小红书至少有 1/3 的流量来自海岛。海岛上还没有特别完善的住宿体验,甚至整个航线都不够完善,但是海岛应该是未来霞浦县旅游的一个趋势。民宿也应该开在海岛上,政府应该会很快协调,解决包括航线、水、电、网络等基建问题。

政宿联动促发展
Development

M — 您认为中国最美海岸线这一地理优势对乡村民宿在乡村振兴中的发展有什么助力作用?

C — 我国东南沿海的海岸线格外的不一样、与众不同,因为它特别有生活气息。海南的海有一种让人能够静心沉思并且很包容的感觉,想象这样一个画面:站在沙滩边上看海,海面平静而辽阔,海浪拍在你的脚上。但是其实中国还有不一样的海,比如说东南沿海一带,它完全不一样,它是有自己的脾气的。

台风前后，东南沿海展现的景象完全不一样，整个天空的颜色太美了，无法用语言形容。很多时候，人们可以在半山腰看海，可以看到岛礁、渔船，很有生活气息，也可以看到渔业的各种生产流程。霞浦县的海就是这么神奇，这是完全不一样的滨海体验。霞浦县的海就是一个海上牧场，一个非常壮观的海洋工厂，不断输出自己去造福一方百姓。因为置身在海边，游客也是海洋中的一道风景。我们经常看到很多人喜欢航拍站在海边的画面。

M — 作为霞浦县第二家民宿，您有受到过政策优惠之类的吗？

C — 霞浦县政府没有对单家民宿有什么政策优惠，霞浦县政府对整个民宿行业给了足够的宽容度和协调力，这是很不容易的。据霞浦县文体和旅游局提供的数据，霞浦县全县各类乡村民宿 2023 年共 936 家，2024 年共 1320 家。为推进民宿正规化运营、优化旅馆业改革，县里展开多部门联审，经过各部门反复沟通和协调，最终达成一致意见，完成了"特征行业许可证"的审批。霞浦县民宿行业发展到现在，每次我们遇到问题总是能得到政府第一时间的关注和支持，就像及时雨一样帮我们解决问题。

M — 目前您认为中国乡村民宿有哪些问题，未来政府和民宿行业应该如何良性联动，让民宿的发展前景更加广阔？

C — 我觉得很多地方的民宿政策应该因地制宜，不能"一刀切"。一些区域的民宿，有很多政策是对的，比如保留地方的原貌，我很认可。但是，完全保留原貌意味着客人的舒适度是不够的，应在适当保留原貌的同时改造一些空间。

近些年民宿政策是有很多改变的，也都在往利好的方向发展，但是希望速度能更快一点。其实民宿主不管在任何一个地方，和村民之间，和政府之间的关系都很微妙。既然大家都在支持乡村振兴，希望各方在没有违背政策的基础上给予民宿更大的宽容。

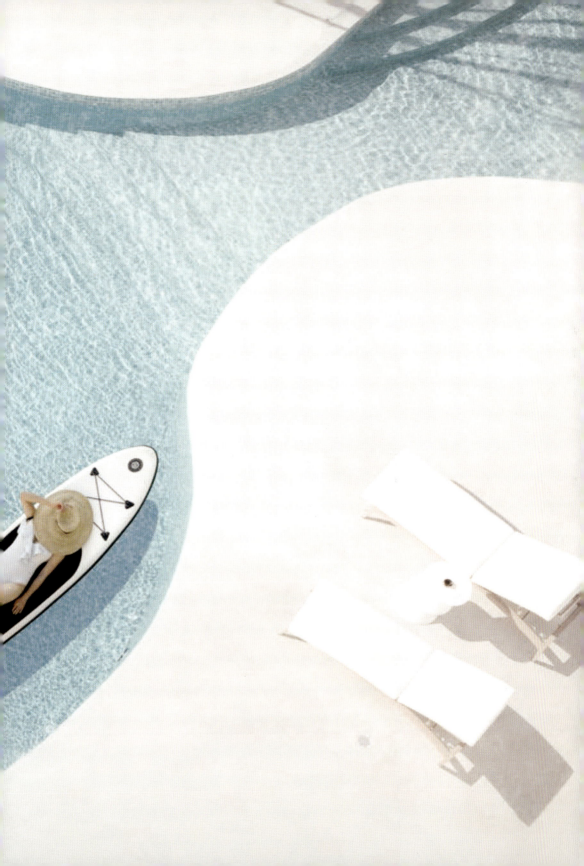

承载徽派生活美学

——

苏彤

M　美宿志

S　苏彤

苏彤，"澍德堂"创始人。

民宿改变了我原有的生活方式
Change

M S 您之前从事什么行业？因何进入民宿领域？

S 我从事母婴行业二十多年，生意做长了之后便觉得有些辛苦，特别想找一个清净的地方生活。起初并没有做民宿的想法，只想在呈坎村买一栋房子供自己居住和接待朋友。我来村里的时候没有看中我原先计划买的房子，而是看中了我现在经营的这片房子。由于房子面积过大，独自使用成本过高，所以就租下来经营了。

我很喜欢旅行，去过很多国家，在国外旅游的时候就常常被很多人问我来自哪里，我说来自安徽，他们基本不知道，但一说黄山就会有人知道，那时我就觉得黄山是世界的。

经营民宿很辛苦，但这么多年下来，我学到了很多，增加了很多阅历。以前的生活比较单一，几乎每天都在面对货品和员工，我们在经营线下业务的同时也有线上业务，我们也许服务过一万位客户，却没有机会和每一位客户见面。但是现在我们服务一万个客户，主客之间可能不止见一万次面，这让我们的经历更丰富，同时也使我们同很多客人成了很好的朋友。不仅如此，民宿的经营也改变了我原有的生活方式，原本忙碌的生活状态使我焦虑难安。现在虽然也忙碌，却让我的生活更加从容淡定。民宿的经营让我获得了一种新生活。

M — "澍德堂"名字缘起何处？

S — "澍德堂"是我们家的老堂号，是祖上一直在用的，家谱上也有记载，已经沿用了很多代。我们生意人比较注重品牌和知识产权，因此就想着名字一定要起好，想了很久一直取不出好听的名字。后来家里人说要不就用"澍德堂"吧，我就用了这个名字作为民宿品牌。

M — 为何选择在呈坎村建立民宿？

S — 当时我没有想过一定要选在呈坎村，2010 年以后我就到处选地方。后来得知呈坎村有一套房子要卖，我就过来看那套房子，另外呈坎村离我家也比较近，再就是我和这个房子也有缘吧。

呈坎村是 AAAAA 级景区，这对我的民宿发展的确是有所助益。呈坎村的民宿发展环境优势是很明显的，交通方便，村里有烟火气，周边环境也很好，可以说在选址上是比较幸运的。

承载徽派生活美学
Lifestyle aesthetics

M — 在民宿建设过程中最困难的是哪一部分？您现在回想早年"澍德堂"改造设计的过程有何感受？

S — 我在进入在民宿行业之前完完全全是个行外人，在装修、建设、运营上面是一问三不知的。之前一直在卖货，管得最多的就是货和员工，打交道的都是面料、服装这些东西。而民宿建设前期，我要面对的却是水泥、沙子、图纸，由于对建筑工程的生疏，起初觉得非常不容易，最难的一次是把立面图看成了平面图。

让我一直坚持的是我的信念，当时看着这片保存完好的建筑，就念着一定要让别人看到在徽州（黄山市）还有这么美的地方，感受徽派建筑别具一格的韵味，体验独具特色的徽式生活。

当时在整个设计过程中，我们要求设计师一定要保留原有的建筑外观，只改造建筑内部。我认为这种想法是正确的，因为很多客人来到我们家的最大感受就是外部美观、内部舒适。

M — 家族文化氛围对您的民宿打造、设计与经营观念，乃至于日常生活、家庭教育有何影响？

S — 家族文化对我们的民宿打造、设计、经营和日常生活都是有影响的。首先，民宿名字就来源于我们家族的老堂号。其次，我们家庭氛围很好，即便早上起得再晚，也总有一碗热腾腾的早饭在等着我们。在"澍德堂"经营过程中，早上都会给起得很晚的客人留早饭。我家祖上是徽商，1955 年回来徽州，因此大概也是传承了徽商的敏锐度吧。所以，我们酒店的经营是多元化的，不单是房和餐，还有很多其他内容，力求给客人带来多样化的体验。

M — "澍德堂"承载了您什么样的生活美学与文化理想？

S — 我认为民宿中很重要的就是在地文化的生活体验。徽州人的生活方式是简单美好的。在文化方面，朱熹曾经来到过呈坎村，并留下了"呈坎双贤里，江南第一村"的赞誉。因此，我觉得"澍德堂"不仅仅承载了徽派生活美学，还寄托了徽州人对徽州美好生活的感悟。现在我们也开设了一个生活美学空间，将我们对生活美学的理解放入二期项目当中，里面所有的陈设、用品都可以出售，可以说是所见皆所得吧。我觉得美好的东西总会让人觉得开心快乐，我把我感受到的美好的东西收集起来再分享给更多的人，如果你和我一样喜欢这些美好与幸福的事物，那不也是一件值得高兴的事情吗？

M — "澍德堂"中您最喜欢的设计是哪一部分？您认为哪一部分设计最能够代表"澍德堂"的品牌理念？

S — 我最喜欢的是餐厅部分。餐厅是一栋明代建筑，是从徽州一个乡村中移拆过来的一个官厅。古代官厅主要用于接待、议事和举行家族内重要活动，空间改造上保留了明代建筑原有的恢宏气势，一进建筑就给人以震撼之感，餐厅和多功能厅的功能置入其中，也用于接待和举办重要活动，其中容纳了餐厅、咖啡厅、酒吧，还有日常下午茶所用的空间，我觉得在某种程度上比原来更有人情味。来我们这里的客人都喜欢待在这个建筑里，我觉得特别好。

这个空间主要向大家传达的是对徽州建筑的敬畏之心，又不失人与人之间的和谐与人情味。

M — 为了使原本的旧宅更贴近现代生活,您具体进行了哪些改动?

S — 徽州的建筑大家都知道,好看不中用,有句话叫作"一步进房,两步上床,三步撞墙"。因为很多徽州人在外经商,为了防贼和安全,徽州建筑往往做成"高墙深院小窗户"的式样,墙特别高,房间面积小,屋内也比较阴暗。在改造时,我们保留了所有房间的窗户,在不影响美观的情况下,以徽派建筑的设计手法改造窗户,改善了采光条件。另外,为了方便现代人的使用,追求现代人的生活方式,我们把房间尺度改大。再就是考虑到徽州的冬天是非常阴冷的,我们做了地暖,大大提升了冬季住宿的舒适程度。

不仅如此,卫生间的洗手台有一些是双台盆,以努力贴合现代人的生活方式。除此之外,我们在隔音上也做了一定的措施,把中间的木板拿掉,铺上一层水泥,然后再把木板附上去,这样就不会出现晚上楼上走路楼下听得一清二楚的现象,为客人营造良好的睡眠环境。

M — 您认为"澍德堂"的哪些细节设计和民宿产品有徽文化的留痕?在民宿产品设计与徽文化融合的过程中是否发生过什么印象深刻的事?

S — 首先,我没有破坏任何建筑外立面,房屋的斑驳感和建筑的原生美感都得到了保留,使其外观看起来就像一个原生古宅。其次,院子里原有的几棵漂亮的树也被正常保留,包括三棵长在屋内的树,我们用热弯玻璃将它圈进去,从外面看就像一棵从房子里生长出来的树,具有独特原生的美感。

我印象比较深刻的是,设计师原本计划在餐厅里面做一个玻璃盒。我当时坚决不同意,我认为应该把徽派建筑本身露出来给大家看。我觉得在徽州文化里,许多东西都是有很好的寓意的。徽州有句俗语:"肥梁瘦柱内天井,高墙深院小窗户。"在徽州的建筑构成中,天井是基本组成部分,主要作用是采光通风,还有句俗语是:"四水归名堂,肥水不流外人田。"许多徽州人都在外经商,所以要肥水不流外人田。肥梁说的则是冬瓜梁,瘦柱说的是立柱。

一柱顶千斤,一般来说,柱子瘦点没关系,它可以顶得住,但因为徽州很多房子面积大,所以梁也比较粗大。冬瓜梁在徽州各个村子里的说法也不尽相同,有的地方的人说像大元宝,可以守财、聚财;有的地方的人认为冬瓜子多,"子多"代表家族兴旺、子多福多;还有一个解释是冬瓜里面子多代表人比较有内涵,不张扬但内里很有货。每个村落,每个人对徽州建筑的理解,都有可能是不一样的。

我们在不影响建筑本身的情况下进行改造,传递徽派建筑的原生语言。我想这也是我们改造完工六年之后,很多人依旧喜欢"澍德堂"的原因。

地方生活与徽文化的传递者
Messenger

M — 您认为"澍德堂"的核心竞争力是什么?根据您的经验、认识,您认为经营一家民宿的关键与核心是什么?

S — 在核心竞争力上,我认为"旁观者清,当局者迷",我自己或许也说不上来。首先,应当是我们给客人传递的放心、暖心、静心、简朴的感受,"澍德堂"虽说在陈设上谈不上豪华,但员工整体素质较高,运营比较用心,我们的员工在服务客户时非常注重和客户相处的尺度感。其次,"澍德堂"不仅仅是一家民宿,很多时候更是地方生活与徽文化的传递者,我们会不定期地组织一些有意思的地方民俗文化活动。再次,我们的路线、活动策划活动比较符合客人的需求,很多客人都很喜欢参加我们的活动。

M — 除却您与客人的交流,"澍德堂"的人情味在日常经营管理中如何体现?

S — 因为是做"人"的生意,所以我们这里人与人之间的相处确实很有人情味。"澍德堂"的人情之处我觉得有很多,员工与员工之间,员工与客人之间,员工与村民之间,都是很值得说起的。还有就是我觉得我们家风水比较好,开业5年,店里添了8个孩子,喜事多,我们喜糖吃得也多。这种温馨的人情味在我们家一直会传递下去。

M — "澍德堂"客人的回头率如何?您认为客人在"澍德堂"中能够得到什么独特体验?"澍德堂"最吸引客人的是什么?

S — "澍德堂"主要做口碑。我们做了六年了,最多的就是自来客、回头客以及老客推新客。我们民宿回头率高的一个原因是,"澍德堂"四季不同景,客人都想过来体验,春开油菜、夏赏荷、秋赏秋色、冬看雪。都是客人流连忘返的美景。除此之外,我们给客人营造了慢生活的状态、放松的感觉、治愈的氛围,一些客人觉得累了,需要休息了,就会来这儿。再就是美食,我们家的饭菜特别好吃,很多人都是因为惦记着我们家那一碗汤、一条鱼又回来的。我们也有像朋友一样只为来和我们聊聊家常的客人。

"澍德堂"未来会是一个开放性的平台
Open platform

M — 在乡村振兴背景下,您认为古建筑改造式民宿在保留、尊重地方建筑文化属性方面有何困难?针对这个问题,结合"澍德堂"的打造经历,您认为有什么普适性的解决方法?

S — 首先,我认为要从双重意义上理解看待"保存"与"活下去","保护"人人都可做,政府也可做,但是"活下去"就比较难。一些古建筑,政府花了很多钱去保护,但是许多年后人们依然会忘记它,或者只闻其名、不晓其韵。要使古建筑让更多人知道,还是需要把它利用起来,要更多人投入进去,让更多人知道古建筑的价值,实现其最大价值化。

我认为解决办法就是将古建筑用起来,让它活起来,让它不仅仅只是乡村里一栋冷冰冰的建筑,不是让人们只能远观建筑、了解它的历史文化这么简单,应当做到活化利用,让古建筑有人情味、烟火气,让更多的人深入了解它。

M： 在疫情影响旅游业的背景下，"澍德堂"采取了什么应对措施？

S： 为了给客人提供更好的体验和服务，我们利用了疫情那段时间进行维修升级和员工培训。

安徽四面环山，周边受疫情影响比较大，那段时间还是挺难的。我们自己都觉得很难了，员工可能会更难，所以我们当时没有给员工放假。

黄山有很多原生态特产，受疫情影响，游客减少，这些特产不免滞销，我便想到了网络销售，让喜欢黄山原生态特产的朋友们足不出户就能享受到高品质的徽州味道。目前我们在微信公众号上有一万多个粉丝，我们也做了一个微店，把已有的一万多个客户经营起来。因为客人来不了，所以我们得主动把我们的东西卖出去。我觉得"澍德堂"未来会是一个开放性的平台，我们可能会通过不同的展览把这些东西盘活，也会帮助更多的人销售农产品。

M： 您认为民宿与乡村振兴的关系是怎么样的？民宿行业应当如何利用乡村振兴政策来发展自身？

S： 民宿行业发展肯定是有利于乡村振兴的，很多偏远的地方如果没有一个民宿，哪有人来呢。我们人人都是美好乡村的义务宣传员，是美好生活的传递者，都要努力做好自己目前的角色。我们比一些在深山里的民宿发展条件要好很多。现在我们帮村民卖一些山货，也协助推广一些老匠人的传统手艺，让更多人来了解黄山的风土人情。

民宿行业应当利用乡村振兴政策来发展自身。我可以很明确地说，黄山不缺民宿，不缺投资人，黄山主要靠旅游。我们这个地方原先的政策不算特别好，营业五年几乎没有得到政府很大的帮助，这一两年政策性扶持稍微多了一些。以前我们民宿是"墙内开花墙外香"，先火到了省外甚至是国外，我们在国外也有很稳定的客户，他们都是通过圈层传播来的。但是我们在黄山地区的传播度不算很大。

近两年，因为疫情影响和乡村振兴战略的实施，政府也比较关注民宿行业，给到我们越来越多的政策福利。希望政府能够持续重视民宿行业发展，给予民宿主更多的福利与发展机遇。

精致乡土生活衍生多业态乡村度假体验模式

——刘芳

M 美宿志

L 刘芳

刘芳，婺源厚塘庄园创始人，城市规划学硕士，婺源县厚塘旅游开发有限公司董事长，全国旅游民宿等级评定和复核专家，上饶市人大常委会专家组成员，婺源县民宿协会会长。

厚塘庄园的前世今生
Origin

M 厚塘庄园前后建设十五年，你们当初建造这座庄园的原因是什么？

L 厚塘庄园有它自己的前世今生。厚塘庄园因其位于塘村的后塘地段而得名（塘村是紧邻婺源县城的北宋古村）。村落中的后塘书院曾遭遇太平天国运动等多次战乱，历经几毁几兴。

中华人民共和国成立后，书院再次成为学校，分别为后塘中学（五七中学）和老梅林中学（下呈中学），而厚塘庄园正是坐落于后塘书院的遗址之上，现由经过精心修复、创意改造的明清徽派建筑群组成，并在原有的大片荒山中种植茶树、果树，营造多样水系，再现古时画卷般的山水田园之美。

"厚塘"的来源拥有悠久的历史。国学大师钱穆说："在中国历史上，前古有孔子，近古有朱子……旷观全史，恐无第三人堪与伦比。"胡适说："皖人之视婺源，犹鲁人之视曲阜。"婺源有朱子，曲阜有孔子。

朱熹曾两至婺源。绍兴二十年（1150年），朱熹二十一岁，以新科进士身份还乡祭祖。淳熙三年（1176年），朱熹四十七岁，再至婺源，携弟子遍访先祖庐墓。一天，朱熹到蚺城塘村拜谒祖墓，非常喜欢这里的民风景物，便在此住宿，在夜里梦见异人对他说："龙居后塘，乃先生归藏之所。"朱熹有感于心，秘密探寻"后塘"落叶归根之地。在其妻死后，朱熹命弟子、风水名家蔡定元寻访名穴，恰在建阳大林谷后塘。庆元六年（1200年），朱熹去世，与其妻合葬于后塘。

2016年，我们在塘村的北兴园，触动于朱熹与后塘的渊源旧事。朱子留圣迹于后塘，遗厚德于吾民，取踵继前贤之意，改"后"为"厚"，是为"厚塘庄园"。

M —— 请您介绍一下厚塘庄园所在村庄的情况。

L —— 塘村于北宋中叶由俞姓一族建村，因"鱼入塘必衍之兆"（"俞"与"鱼"谐音）而得名，人杰地灵，名人辈出，人文底蕴深厚。村庄依山傍水，环绕潋溪河三面，是典型的徽派村落布局。村落古建筑部分毁于清末太平天国战火，村落水口、园林保存完好。

塘村山水风光特色明显，植物种类丰富，生态系统相对稳定，自然环境优越。村庄周边树木成荫，古树成群，村头河畔更有一片令人叹为观止的千年金丝楠木水口林，共存百余株金丝楠木（系国家二级保护植物）。乃"流连不独恋溪山，水口风光讶巨楠。荫底垂杆消永昼，此间信是子陵滩"之画里村落，自然风光，美不胜收。

以潋溪河道为中心，分为南北二区，南区为塘村景区，北区为厚塘庄园。南区的塘村景区是江西省AAAAA级乡村旅游点，在原有千年古村落的基础上，采用"整体保护、有机更新"的保护方法，建成独具特色的生态农业休闲观光园。我们保护整治了村头河畔的千年金丝楠木水口林，打造了一河两岸生态滨水景观，采用"农旅结合"的方式，建成了百亩休闲渔业园和金丝楠木采种育苗基地。北区的厚塘庄园位于潋溪河道北岸，在原有千年古塘村的后塘书院废墟上重新改造，2016年正式对外营业，以独特的古徽州文化遗产和传统地域文化为亮点，由精致乡土生活衍生出多业态的乡村度假体验模式。

我们从2008年就关注并参与了塘村整治修缮建设，至今（2024年）已十六年。

尊重历史、新旧共生
Development

M 据说厚塘庄园在改建过程中,迁移了几栋古建筑和名贵树木。请您介绍一下厚塘庄园中的古建筑和改建中的幕后故事。

L 厚塘庄园是典型的徽州园林式建筑,在修复改造原有学校建筑的基础上,依照尊重历史、新旧共生的理念,保护性迁建了4栋明清时期的老建筑。同时,我们采用传统徽州建造工艺完整修复了这些老建筑,将不同时期的建筑融为一体,利用古徽州建筑元素马头墙统一了整体建筑风貌,并赋予了其客房、餐厅、咖啡吧、茶室、会议厅等新功能。

厚塘茶院的主体建筑为茶食山房,整个建筑共有三进院落,占地面积约800平方米,建筑总面积约1500平方米,以清代嘉庆官厅——谦正堂(原为大清奇才齐彦槐之祖宅,其家族祖居于婺源赋春翀田村)为主体,堂内可同时容纳260~300人就餐。

谦正堂室内雕刻精美,主梁上刻有八仙贺寿、空城计、出师表3个不同类型的民间故事,天井处有8个造型独特的斗拱,有才高八斗的寓意。

我们在保护原有建筑的基础上增加了玻璃天棚,大大提高了整个空间的利用率和舒适度,将新老建筑融为一体,展现徽派建筑特色。在新旧相融与保护创新的同时,体现了传统生活方式之安雅,谦恭待人接物之礼俗,拥抱乡野自然之融乐。

园内民宿区域主要由4栋建筑围合而成。古色古香的清代乾隆年间官宅大夫第——谦和堂,原为龙尾村江姓家族府邸,基本格局以四水归堂的天井为中心,二楼的回马廊保存完整,这里的一砖一瓦都是故事,斗拱横梁上的木雕整齐活泼,刻着耳熟能详的民间故事。

精致典雅的明清古藏书楼——方塘书屋,原是赋春冲田村一处官宦人家的书楼,它是老徽州仅存的一栋保存完整的书楼,雕饰精美繁复,传说清代著名科学家齐彦槐曾在此读书、休息。

冠佩楼因面对全园最高峰冠佩山而得名,依山而建,此楼与冠佩山、县城旧县衙所在地龙墩同处一条中轴线上,曾几度毁于战火。现运用徽州工法,将其修复改造为客房。在屋内凭窗而望,四面风光尽收眼底。

荷塘环绕的滴翠书舍,始建于20世纪70年代,厚塘庄园曾经是老梅林中学校址,此楼原为教师宿舍办公楼,现结合新功能改造为4间雅趣客房。整组建筑重新诠释了新中式风格,墙内墙外完全是两个不同的时空，穿过圆形拱门进入核心庭院，时间便会在瞬间发生巨变。

厚塘庄园是中国传统文化和手艺工匠传承与延续之见证。当地古建匠人团队历时4年，修复了谦和堂、谦正堂、方塘书屋、茶食山房，使其焕发新生。他们还根据婺源传统建筑的风水规格和传统文化，修复了横梁、牛腿、雀替、窗框处的各式瑞兽与吉祥图案（牛腿、雀替均为中国古建筑组成的部件），让4栋建筑充满了灵气和活力。

石墩、青石板、木柱、牌匾、木雕、门扇都是有年头的老东西，包括陈设其中的老家具，也都是多年的收藏。

M—— 厚塘庄园的设计独具匠心，请您分享一些让您比较满意的设计细节。

L—— 首先，在景观设计上，我们注重因地制宜、因宜制趣、因趣制奇、因奇制胜。厚塘庄园在研究了部分古代画卷中的园景基础上，结合古徽州村落的造园手法，延续了文人园林意境，使其成为住宅空间和生活空间的延续。

我们通过结合园林和山水画，营造出了天然画卷般的园林美。远处是茶园、果园、农田等自然乡野风光，近处是厚塘书院内的精致园林景致。

我们根据地形的凹凸深浅，打造了高低错落的五进院落。同时，我们利用大小不一的循环水景串联各个院落，并充分利用水面倒影，达到了景影相应的效果。

除此之外，还有上百棵名木古树和上百块奇石分布其中：五百年的红花檵木、一千三百年的紫薇树，还有红豆杉、金丝楠木、百年樟树、银杏、红枫、樱花、蜡梅等上百种植物错落排布，随着四时流转，造就了"春花、夏绿、秋色、冬枝"依次绽放的美景。

其次，在建筑设计上，我们在传承徽派建筑风格的基础上，注重建筑体块与景观的照映，使建筑与景观相互融合，具有浑然一体的意蕴。

荷花池原为老梅林中学的学生操场，池内仿照中国古典园林中的不系舟之建筑意境，建造石舫，上部为歇山顶小亭——四面荷风亭，下部为船形石座。在亭内即可品味"接天莲叶无穷碧，映日荷花别样红"的美景。水中央的不系舟功能多样，既可品茶赏花，也可作为草坪酒会的水上舞台。

镜池（抱月池）的水面明净如镜，蓝天、白云与青峦翠嶂倒映其中，临池抱月，别有洞天。镜池既是园内景观，亦是消防水源。在镜池小广场可举办特色户外婚礼、小型酒会、高端茶会等活动。

正和桥位于厚塘庄园入口处，建筑风格秉承婺源传统村落水口景观风雨桥的设计理念，桥顶形制为歇山顶，桥面架于门楼石墩之上，两边护栏设美人靠，既可休憩闲坐，亦可凭栏远眺。廊桥是连接南、北两园的通道，南园内有谦正堂，北园内有谦和堂，廊桥名取两官厅堂号之中间字，名曰"正和"。

全国首批甲级旅游民宿
Tourist homestay

M ｜ 厚塘庄园的业态十分丰富，请介绍一下其业态及客户定位。

L ｜ 厚塘庄园融合了生态优美的田园环境与独特的古徽州文化遗产，意在营造明清的文人庄园，打造具有原生态乡土情怀的古徽州田园禅茶生活和以古徽州传统文化生活为核心体验的文化度假产品，从而由精致乡土生活衍生出配套发展的多种业态。

厚塘庄园集合了庄园观光、农业采摘、特色餐饮、休闲渔业、精品美宿、婚礼策划、马术体验等多种休闲度假旅游业态。

庄园内部有国家甲级旅游民宿——厚塘书院精品民宿。餐饮设施有茶食山房（可容纳200人就餐的文化餐厅）等，休闲乡游体验设施有廊桥水乡马术俱乐部、厚塘茶院、百亩蔬果采摘园、山地自行车道（3千米），文化设施有谦和堂茶室、贲谦国学堂、上源咖啡屋、水云禅舍、各类型会议室等。

M ｜ 厚塘庄园曾经荣获首批"全国甲级民宿"及其他相关荣誉称号。这些荣誉的获得对厚塘庄园和你们个人而言有什么特殊意义？

L ｜ 厚塘庄园在多年发展中获得了诸多荣誉。

在民宿方面，厚塘庄园2017年被评为"高铁枢纽，大美上饶"特色民宿，2018年被评为江西旅游酒店蓝杜鹃奖"最佳文化主题酒店"、2018年度携程旅行网优秀酒店"最佳人气酒店"，2019—2023年每年被评为年度携程酒店口碑榜"最受欢迎酒店"，2021年被评为"全国首批甲级旅游民宿"（全国仅31家）。

在文旅方面，塘村2012年被江西省文化和旅游厅评为江西省乡村旅游示范点，2019年被评为江西省 AAAAA 级乡村旅游点，2020 年被评为全国乡村旅游重点村。

在农业方面，厚塘庄园 2013 年被评为江西省省级农民合作社示范社，同年被认定为江西省无公害农产品基地；2016 年被评为江西省省级农业休闲示范基地；2018 年被评为江西省鄱阳湖休闲渔业示范基地；2022 年被评为江西省休闲乡宿巾帼创业基地。

M — 乡村振兴是中国的重大战略决策，厚塘庄园对乡村发展有哪些促进作用？

L — 厚塘庄园的建设和塘村的乡村振兴建设，使周边村落的生态环境和历史文化得到了极佳保护，并在完善村庄内基础设施的同时，预留了足够的发展空间，大大带动了周边旅游服务业以及乡村振兴的新发展。

M — 您认为江西婺源的乡村民宿在整体品牌营销推广上还需要做哪些努力？

L — 首先，要注重因地制宜，融合当地的特色和历史文化，形成自身独特的区位特色和品牌优势。其次，如今的新媒体行业发展迅速，要学会运用当下新兴的宣传推广手段打出知名度。

为客人提供差异化的度假生活体验
Differentiation

M — 结合厚塘庄园，谈谈您对在地文化保护和传承的实践和思考。

L — 首先，厚塘庄园在一定意义上重焕了雅致乡村田园生活。厚塘庄园试图通过延续明清文人的园林意境，复活雅集，推广乐活、慢活、雅活的生活方式。但这种恢复并不是照搬全抄，毕竟，丝竹相伴、鸿雁往来的古意生活已经距离我们很远，学老子骑青牛入函谷当隐士没必要，仿李白乘扁舟顺江做驴友也没必要。厚塘雅集切合了当代语境，做的是与时俱进的事情。以集会友，交往于文，以集消闲，娱乐于艺。这是一种对美好生活形式的温故和尝试，更是一种雅文化传统的呈现和演绎。

其次，当地的饮食传统亦是在地文化的显现。厚塘家宴在婺源徽帮菜的基础上，精选园内自产的天然生态食材,讲究"不时不食",搭配婺源的古法食补养生智慧,精心制作诚意满满的厚塘养生食补家宴,回归食物的本真滋味。厚塘家宴传递的是家的亲切味道,客人们不仅在舌尖上品味了一席被传统文化浸渍的乡土美食,在心灵上更是享用了一席由乡土美食烹制的传统文化。

再次,厚塘庄园结合四季特点,把简单的吃、住、行提升为乡村休闲度假游,为客人提供差异化的度假生活体验。我们运用庄园得天独厚的地理条件,策划了马术、茶艺、四季采摘、水上夏令营等乡村体验活动;根据不同季节、节日、消费人群,提供多样化定制度假方案,以满足不同消费群体的需求;规划了亲子暑假游、孝子重阳游、秋季赏秋节、春节暖冬民俗体验等多样活动,给予旅客"此心安处是吾家"的生活方式和归园田居的避世之所。

设计锄月的初衷是回到生活本身

戴晓燕

M　美宿志

D　戴晓燕

戴晓燕，"锄月"民宿创始人、主理人。西安美术学院毕业，前媒体工作者，资深"景漂"。乡村生活践行者。

晨兴理荒秽，戴月荷锄归
Origin

M ── 是什么激发了您当初建造民宿的想法？

D ── 有孩子之后，我想给孩子打造一个舒适的家，于是找了一个依山绕水、视野开阔的村庄，造了一方小院，两亩菜地，三亩农田。一屋、二娃、三餐、四季，我们创造了我们的家，也创造了我们的生活。

M ── 您能与我们分享一下"锄月"名字的来历吗？

D ── "晨兴理荒秽，戴月荷锄归"，基于对陶渊明归园田居的生活理想的认同，所以就有了"锄月"。

M ── 您能与我们说说"锄月"的选址缘由吗？

D ── 每当下雨时，"锄月"两边的山，就是云漫山间的一幅山水画图景。当我们想要寻一处地方做院子时，首先考虑的就是它一定是在自然中的，和山水零距离。然后我们就找到了距离景德镇市区大概5千米的一个村庄——双凤村，这是一个原生态的、未经包装打造的村庄。

交通也比较方便。房前屋后有大树，周边有田园。忙时就接待从天南地北来的客人，闲时就和村民们一起种地。这种一脚泥土、一脚诗意的生活，是我们喜欢的生活。

艺术源于生活和内心
Life and the inner self

M — 田园间享受慢节奏的生活对您打造民宿有什么启发？

D — 都市生活是与人相处，田园生活是与自然相处。自然不一定就是慢的，它只是有自己的节奏，是遵循自然规律生长的节奏。我的民宿，也是遵循和自然共生的理念，是生长型的空间。

M — 在打造"锄月"民宿的过程中，您有什么收获或遇到过什么困难吗？

D — 在打造"锄月"民宿的过程中，最大的困难就是资金上的困难，但亦是最大的收获。当时想过要放弃，不过好在没有放弃，最难的时间挺过来了，就拥有了最大的底气，所以我说这也是最大的收获。

M — 有天、有地、有小院，也有农场，您能说说打造"锄月"农场对孩子有什么特殊的教育意义吗？

D — 种地与读书，食物与器皿，是我们田园生活的四个主要的方面。"耕读"是中国美好的传统。我们也想延续"耕读传家"的传统理念，让孩子知春秋、识五谷。从自然的流动里感知生命，在田间地头感受食物的来之不易。让孩子和水稻一起生长，一碗大米，从种子到餐桌，我们用140天的时间，和孩子一起体验了大米的"一生"。被自然灌溉的孩子，最大的优点就是富有生命力、想象力和同情心，而这些足以让他在日后的人生里，获得宝贵的情感支撑和灵感来源。

M — "锄月"民宿处处都洋溢着田园气息,能与我们分享一下"田园风光＋现代旅居"的设计吗?

D — 在建造"锄月"的时候,我们希望它与自然的关系是和谐的。房间里开的每一扇窗,都对应窗外的一片景。人在田园生活中,希望获得的气息是安宁、静谧的。所以房间内陈设的材质较多是原木,以朴素的竹艺灯、竹艺榻为主。

我们空间最大的特色就是公共区域比房间的面积要大很多,我们希望客人能从房间里走出来,和自然、空间、人产生交流。茶室、书房、餐厅、影音室、陶艺室、花园、农场等空间内,有我们自制的陶瓷、插花、竹艺灯等点缀其中。这一切都是基于现代人的生活需要而设计的,内部空间很符合现代旅居的需求。外部就是在一个很自然的村庄里,有一栋说不上多么惊艳但还算好看的房子。

M — 景德镇以"瓷器"最为出名,"锄月"民宿中有什么"瓷"元素吗?

D — 我们最早是被景德镇的艺术气息吸引而来,期间转而投身民宿行业,又做起了自然教育,但是这都没有令我们忘记初心,那就是做一个手艺人。所以,"锄月"的"耕读食器"里的"器",即是我们对陶瓷的注解。"器"是我们生活的一部分,一盏茶、一碗粥,都需要用器来盛装。景德镇就是一个大的容器,容纳着青年们对美好生活的向往。我相信,借由这些具体的"器",一定能把我们对生活美学的理念传递到千家万户。

民宿要遵循可持续发展的原则
Sustainable development

M— 民宿设计非常需要美学原理，"锄月"民宿的设计也充满了美学理念，能与我们介绍一下吗？美学为您打造民宿提供了什么样的启蒙思想？

D— 来到景德镇的初衷是离"生活"更近一点，设计"锄月"的初衷是回到生活本身。没有遵循特定的美学原理，只是遵循内心的方向，打造适合一家人生活的空间。

我喜欢读书写字，就建了一个大书房；孩子爸爸喜欢做陶艺，就有了一个陶艺工作室；孩子喜欢玩沙、玩水，就有了沙坑、泳池等。深受亨利梭罗《瓦尔登湖》和曾国藩《家书》的影响，让我们游走在中西文化结合的现代生活里，遵循着最朴素且适用的美学风格。

M— 您毕业于西安美术学院，了解美学与艺术。那您是如何看待民宿中所蕴含的艺术美的？

D— 我和我先生都毕业于西安美术学院，科班出身。把一个空间或者一个器物打造出美，确实是件不费力的事。不过难的是我们并没有充裕的资金来支撑我们的想法，所以在实际操作中，跟理想的状态还是有一定差距的。但是我们不急，靠时间来慢慢完善。

民宿的魅力在于当你走进其中，就像走进了民宿主的内心世界。什么样的民宿主，就有什么样的民宿。所以研究一些个体差异明显的民宿，是一件非常有意思的事。

民宿的美，在于它由设计美学、文化内涵、主人喜好、地域特色等因素聚合而成的综合气质。

M— 乡村振兴与民宿发展相辅相成，你是如何看待民宿发展与乡村振兴之间的关系呢？

D— 乡村振兴是国家的重大战略。乡村是民宿的载体，想要发展民宿，必须依托于风景优美的乡村。

民宿发展，依托于乡村土地资源、乡村风光资源、交通区位、生活配套设施等。所以，民宿发展和国家政策息息相关。

民宿的消费主体是城市人群。但城市人大多只愿意欣赏乡村的美景，却忍受不了乡村的贫穷和落后。他们习惯了都市的处处便利，则乡村容易被过度改造，成为城市的附庸。但乡村建设应遵循自然，遵循可持续发展。将乡村和城市的优势互补，让城市人来到乡村投资，让乡村人在家门口就业，让乡村的美食、美物走出去，让城市的科技文化走进来。

未来的民宿发展，一定更依托于乡村旅游业的转型、焕新。一部分以民宿为目的地的旅游地将产生。未来的乡村振兴要依托年轻人，结合当下实际需求与乡村可持续发展，走出中国特色的乡村振兴之路。

M — 江西政府出台了一系列政策扶持民宿行业，相比全国民宿，您认为江西民宿的竞争优势在哪里？

D — 相比全国民宿，江西民宿的竞争优势在于：三小时经济圈辐射范围广，交通区位优良，山川秀美，有待开发的宝藏目的地非常多。以景德镇为核心的文化旅游也在全国范围内独树一帜。

M — "锄月"的诞生对附近村庄有哪些改变和影响？

D — "锄月"的诞生，使周边村民们看到了家乡的另一种魅力，使他们意识到可以通过人为的因素吸引外来人，让乡村更具有活力，也让村民们更热衷于回到家乡。

PART 03 边地锦簇

绽放于天地间
穿越古老洪荒
终挺立身躯
是那引光的弓矢
划破苍茫 薪火相传

她们,灵魂满溢,几近迸裂
在将行未行的旅途
衣袂翩翩,优雅漫步

无视所有喧嚣
从尘埃里
灿烂成春

民宿真正的价值在于它所承载的一种生活状态

——吴英杰

M 美宿志

W 吴英杰

吴英杰,昵称"欧姐","悦栖里"民宿创始人,黑龙江省哈尔滨人,毕业于哈尔滨师范大学。2018年来到贵州旅游,决定放弃都市的喧嚣,回归大自然,创建了"悦栖里"民宿品牌,希望让更多的人通过"悦栖里"民宿感受乡村的宁静和美好。

悦享此景，逅栖此地
Enjoy the moment

M — 您第一次来到贵州省黔西南布依族苗族自治州，对其印象如何？

W — 我们第一次来到万峰林时，正值四月末。那时，天空细雨绵绵，空气中弥漫着湿润的气息。作为在东北平原成长的孩子，眼前连绵起伏的山峰让我们惊喜万分。那种感觉，如同误入陶渊明笔下的世外桃源一般。

M — 跨越三千多千米的距离，从哈尔滨到贵州，是什么让您对万峰林这个地方一见钟情，并决定租下那处老宅，后来发展为"悦栖里"民宿？

W — "一见钟情"这个词，无论是用来形容对人的感情还是对事物的喜爱，其实都代表了那种难以言喻的感觉和当下的冲动。当我第一次来到万峰林时，内心顿感宁静，仿佛遇见了内心深处一直想要遇见的自己。租下万峰林第一个老宅是因为合眼缘和对老宅位置的喜爱，那种登高远眺的开阔视野令我心潮澎湃。于是，在短短的两小时内，我们就签好了租房合同。

M —— "悦栖里"民宿的命名有什么特殊的含义或背后的故事吗?

W —— "悦栖里"的寓意一目了然:悦享此景,近栖此地。最初,我们并没有民宿的从业经验,也没有做过任何的市场调研。租下那栋民宅的初衷只是想要打造一个属于我们自己的小会所,既可以自己度假放松,也可以用来招待朋友。然而,由于我们对品质的执着追求,产品落地后超出了预算的50%。这时,我们开始考虑将这份投入转化为实际的回报。我们意识到,与其让这栋房子空置,不如将其转化为民宿,向更多的人分享我们的生活方式。于是,"悦栖里"民宿在2019年暑期正式开业。令我们夫妻俩备受鼓舞的是,民宿一开业便受到许多游客的认可和喜爱,收入也非常可观。

始终保持着一种顺其自然的心态
Go with the flow

M —— 自2018年因旅行与万峰林结缘并开设第一家民宿"悦栖里"以来,至2023年第二家民宿"悦栖里·咫夕"的建成,五年的旅程不仅让您实现了从民宿新手到民宿品牌创建者的蜕变,更是在疫情的严峻考验中展现出了坚韧与智慧。在这个过程中,您遇到了哪些印象深刻的挑战与困难,您又是如何一一克服的?

W —— 可能正是因为我们没有民宿行业的经验,有一种"初生牛犊不怕虎"的闯劲和不计回报的付出,没有过多地计较投入和产出比,而是专注于为客人提供人性化、合理化的服务,力求在情感上给予他们最大的满足。因此,我们收获了许多赞誉,包括客人的认可和当地政府的支持。疫情期间,我们的民宿依然保持着相对乐观的入住率。这主要得益于我们在资金投入方面没有太大的压力,因此我始终保持着一种顺其自然的心态。没想到,这种不强求、不刻意追求的心态,反而带来了意想不到的收获。

在"悦栖里·咫夕"的创建过程中,确实有遇到过不少的困难。项目初期,我们与其他合作伙伴携手,共同讨论和规划建造事宜。后来因为在品牌发展规划上的分歧,项目一度被搁置。对于我和我先生而言,做民宿的初衷不是为了快速发展新店、快速回流资金,而是在最适当的时机,基于个人成长和对民宿行业的深入了解与经验积累,去打造一个更精致的品牌。因此,在"悦栖里·咫夕"民宿建设的过程中,我们除了投入大量建设资金,还因与合作伙伴解除合作关系而承受了巨大的经济损失。这一切努力,只为保证"悦栖里"品牌能够保持稳定、健康地发展,同时坚守我们的情怀和保证产品质量。

每一处细节都展现出与大自然的和谐共生
Harmonious coexistence

M — "悦栖里"民宿在设计时采用了现代极简风格,在将这一设计理念融入民宿的过程中,您是如何平衡现代感与舒适感,从而为客户创造与众不同的入住体验感的?

W — 我一直坚信,优秀设计师的身份并不直接等同于能创作出优质的民宿产品。我先生是结构工程专业出身,可以说"悦栖里"是按照我们想要的家的样子去设计的。我们一直秉承着极简的设计风格,因为它是最经得起岁月考验的设计风格之一。我们坚持建筑用料的品质,而非追求网红装饰和装修。在"悦栖里"的经营过程中,我们也在不断地总结经验,吸纳客人的反馈,不断改善和提升服务质量,从而使其日趋完美。"悦栖里·㕽夕"更是规避了"悦栖里"在运营期间尚未改善的不足之处,其落地的呈现既迎合当下游客拍照打卡的视觉需求,又满足了住店客人对于细节享受的追求。

M — 您是如何将万峰林的自然景观与人文环境融入每一间客房的设计之中,使得每一位宾客在推开房门的瞬间,都能与这片美丽的景色不期而遇?

W — 不论是"悦栖里"还是"悦栖里·㕽夕",我们在设计方面一直都是在借景而非造景。万峰林的自然景观得天独厚,我们定位好设计风格上的"实"与"虚","实"为借实景的烘托以呈现民宿的大气,"虚"为其他一切细节的设计均为加持。我们采用了很多在地建筑材料,比如石板、石头、原木,旨在让"悦栖里"这一有设计感的民宿与万峰林的自然景观完美融合。我们更加注重自然元素的融入,避免设计感过剩,确保每一处细节都与大自然和谐共生。

M — 近年来,兴义市通过打造万峰林民宿品牌,推进区域民宿形成共生集群,引领当地民宿业更有序、更长远地发展。您如何看待民宿集群对整个地区旅游业的影响和贡献?"悦栖里"在其中扮演了怎样的角色?

W — 入住民宿已成为如今备受欢迎的度假休闲方式,游客愈发注重停留在某个环境里的精神享受。在众多旅游相关业态中,万峰林民宿集群所提供的整体服务品质无疑是吸引游客的关键要素之一。万峰林民宿集群口碑的提升是整个地区旅游业发展中引流的关键。"悦栖里"作为在万峰林地区经营了五年的优质品牌民宿,我们期望在稳步发展中能够成为更优秀的标杆。

民宿真正的价值在于它所承载的一种生活状态
Lifestyle

M — 作为万峰林民宿集群的一员,"悦栖里"民宿如何保持自己的独特性和竞争力?

W — 民宿行业是当前的一个风口行业,很多人都想要迈进这个行业。其实经营民宿不仅是挑选一个好的地理位置,花费大量人力、物力去建造一个有设计感的房子那么简单。我认为每一家民宿都要有自己的风格和灵魂,具备鲜明的特点与辨识度。在这个过程中,民宿主人的文化素养显得尤为重要。这种文化并非指民宿主人必须拥有高学历和渊博的知识,或是要满腹经纶、博览群书,而是强调主人要拥有自己独特的风格和内涵。即使你只会插花或冲泡一杯好茶,也能展现出你的个性和品位。我们不太提倡一味地效仿其他民宿的活动内容,比如采摘、蜡染等。我更倾向于将自己的爱好融入民宿的经营中。比如,我本人是一名动物保护爱好者。我们的民宿里收养了一群流浪猫和流浪狗,我常常与客人分享我在救助这些小动物们的过程中发生的点点滴滴,包括我与它们初次相遇的情景、它们逐渐信任我的过程,以及它们带给我的无尽的快乐和温暖。我希望通过我们的故事和行动,呼吁更多的人关爱流浪动物。经营民宿,需要情怀与热情的投入。于我而言,商业领域上的竞争力只是表象,民宿真正的价值在于它所承载的一种生活状态。我们始终坚持做自己,用心呵护"悦栖里"这个家,悉心照料每一位"家人"。至于成果与收获,时间会证明一切。

M — "悦栖里"在短短几年内获得了多项荣誉,您认为这些荣誉对民宿的品牌建设有何帮助?

W — "悦栖里"这几年来获奖无数,无疑是对我们努力的莫大鼓励与支持。于我、于客人而言,"悦栖里"更像一个温馨的大家庭。我们希望这个"家"能够日益壮大,遍布贵州大地。

每一位女性都应该勇敢地追求自我
Self-pursuit

M — 您是如何在民宿的运营和服务中巧妙地融合南北方人文差异,以确保每位宾客既能感受到家的温暖与舒适,又能领略到独特的地域文化魅力?

W — 作为来自北方的民宿创业者,在贵州这片土地上生活了六年,我们已经深深地融入这里的文化和风俗。游客们向往我们这种生活状态,热衷于聆听我们的故事与心路历程。我们常以东北人的热情和真诚,去讲述贵州的山川壮丽、水色秀美。这种独特的代入感,让客人们感受到了南北方文化的碰撞与交融。

M — 您曾提及"将生意转化为热爱的生活方式",在未来的规划中,您计划如何将这份对美好生活的热爱和情怀融入贵州民宿连锁品牌的打造中,进而使贵州成为更多人向往的"诗与远方"?

W — 我认为民宿一直是非标产品,没有标准化,也不能过于商业。鉴于"悦栖里"品牌口碑的稳固与贵州旅游业的健康发展,拓展更多的系列产品是必然趋势。然而,我们的初心始终如一,那就是把情怀和想要呈现的生活状态融入民宿经营的每一个项目里,这既是我们最初的愿景,也是我们永恒的追求。

M — 您如何看待民宿对乡村振兴所起到的推动作用?

W — 村里人向往城市的繁华,城里人渴望归居田园的宁静。我认为民宿是个很好的载体,它能够将向往"诗与远方"的人留下来,以主人的身份去招待同样向往"诗与远方"的来客。我正是这样一个典型的例子,民宿让我选择留在了乡村,以主人的身份欢迎着每一位远道而来的客人。同时,民宿也为当地带来了实实在在的社会效益,为那些曾经想要离开的人提供了留下来的理由。作为民宿投资者,我们应致力于推动乡村振兴,为乡村的繁荣和发展贡献自己的力量。

M — 您身为女性乡村民宿创业者,您认为"她力量"在中国乡村振兴中发挥了哪些独特作用?

W — 中国女性在家庭和社会中始终发挥着不可替代的作用。然而,我们也时常被家庭的重担束缚。在当今社会,女性的能力日益得到认可,我认为每一位女性都应该勇敢地追求自我。我们应该勇敢地尝试运用女性独特的视角,将"诗与远方"融入乡村振兴的伟大事业中,用自己的力量助力乡村文旅绽放光彩。

M — 贵州乡村民宿近年来异军突起,您认为未来贵州乡村民宿在中国乡村民宿版图中的突出优势有哪些?

W — 贵州以其壮丽的自然风光、丰富的民俗文化、特色的美食,以及便捷的交通,在文旅领域有着得天独厚的优势。在当地政府的高度重视与支持下,贵州的民宿行业在中国乡村民宿中存在着很强的自然优势。这些优势使得贵州成了人们向往的"诗与远方",为乡村振兴注入了新的活力。

踏山河而来，枕星河入梦

M　美宿志
L　李亚灿

—— 李亚灿

李亚灿，贵州枕宿酒店管理有限公司董事长、"枕宿"品牌创始人，贵州省旅游民宿协会副会长，贵州省医科大学毕业。"枕宿"品牌曾获"全国甲级旅游民宿""贵州省金山级民宿""'多彩山居·醉美心宿'贵州最美民宿"等荣誉称号。

真正热爱才会翻山越岭奔赴而来
Passion

M — 您是如何进入民宿行业的呢？您创办"枕宿"品牌的初衷是什么？

L — 起源于兴趣，促成于工作经历。从小我就有个隐世梦，想有属于自己的一方净土，按照自己喜欢的方式去生活。大学毕业以后我一直从事旅投运营管理工作，工作六年期间经历了很多事，这些生活经历让我越来越坚定我需要活得洒脱点，不想等老了攒够钱后再躺平养老，所以想趁年轻实现自我价值。

"枕宿"的品牌语是"故事发生在枕宿，主角是你，你说，我在听。"枕宿寓意着有一处栖身之地能安心躺下睡觉，然后开始享受入梦后的美好梦境。很多人只敢在梦境里幻想，觉得想想就够了，但我要让我的梦境成为现实，并且通过民宿这个媒介，了解不同的人、不同的人生故事，总结反思自己的一生。当然，只有挣到钱才能去实现这些"幼稚且不切实际"的事情，才能很好地去度过我还很漫长的余生，所以创办"枕宿"品牌是为了实现梦想，开民宿是为了挣钱累积资本，是一种实现梦想的手段。

M — "枕山河而起"是真挚的情怀，"枕星河入梦"是极致的浪漫，您的店名和房间名都让人心生向往，您是如何构思店名和房间名的？这些名字是否寄托着您的期许呢？

L — 枕星河释义："揽山海入怀，枕星河入梦。" 枕山河释义："踏山河而来，携清风而归。" 店名是结合民宿所在地的风景特色、装修设计风格而取的，也是对来相应门店住宿的朋友的期许，希望他们能得到那种洒脱、美好的体验。

M — "枕宿"系列产品的选址都十分的巧妙，在青山中感受清新自然，在洱海旁与夕阳共舞，您是如何在众多省份和景区中选中这两个地方的？

L — 民宿选址首先要我自己喜欢，并且这个地方能在不同阶段给我带来不同的治愈。比如大理的枕宿•枕星河悬崖海景美宿（后简称"枕星河"）是我辞职后到处游玩散心三个月后决定停下来的地方，大理是"诗和远方"的代表地，在半山悬崖上俯瞰苍山、洱海，观赏日落、晚霞，会给我一种人在大自然面前是真的微不足道的感觉，自己所经历的那些事情也不过如此，终究会沧海桑田烟消云散。站在"枕星河"选址的位置，我一下子就释怀了。那个时候，我就想离开以前的圈子，开始新的生活。大理的慢生活节奏和其对来自天南地北、不同性格差异的人们的包容治愈了我，我选择了大理作为梦想起航的第一个站点。

在开了"枕星河"民宿7个月之后，我又开了贵州的枕宿·枕山河峡谷野奢度假民宿（后简称"枕山河"）。经历了创业的不易后，我回家乡游走散心，然后发现了这么一个与世隔绝、远离喧嚣的古村落。我就把原有闲置在那里的一个酒店租下来翻新改造，做了"枕山河"，其主打"避世"，不在任何一个商业区，也不在任何景区，不依靠任何大流量，甚至当地人都不知道这个好地方。越是这样小众，我才可以主动选择同频道、三观相符的客人，只有真正热爱的人，才会翻山越岭奔赴而来。"枕山河"最贴近我小时候一直幻想的那种隐居侠士的梦境。

M ——"枕宿"的很多房间都是开门即与美景相遇,您当初对于民宿整体的布局和装修是如何规划的?

L ——"枕宿"的规划设定首先就是要自成风景,在民宿内和民宿外都有不同的氛围感,是在别处看不到,也无法复制的,是能让人为了这个店而来到一座城市的。也就是为了去住一家民宿,来到一个不在旅游计划内的地方。这才是民宿与酒店本质的区别。

至于装修风格,我都是在实地想一点、做一点,没有特别宏伟的规划设计,全是自己带着团队做的,根据当时的心情和风景特色,按自己的灵感拼凑出来的。就像装扮自己的家一样,隔三岔五地补补这、改改那。

所有营销都是我自己在做
Marketing

M ——"枕宿"有很多的附加体验和活动,您能和我们介绍一下吗?为什么会想做这些附加体验和活动?

L ——附加体验和活动都是自己喜欢才推荐给来做客的朋友,主打生活体验,而不是花式旅游。比如"枕山河"的活动是户外徒步探险、宋式点茶、写字帖、古树祈愿、山里采野果、山间音乐会、烟花秀等,"枕星河"的活动是围炉夜话、烟花秀、旅拍等。

M ——"枕宿"的服务一直是被业内称赞的,您在人员的招聘和管理上有没有什么经验和我们分享一下?

L ——我们招聘管家时,会筛选一些真正喜欢在民宿环境中生活和上班的人,毕竟在遗世独立的地方是需要耐得住寂寞的。因为我自己也是年轻人,我也生活在店里,和大家同吃、同住、同生活,已经成为家人一般,我就像个大家长,不需要管理得过于严肃和制定多少条规则,重点是给员工们培养生活的热情和给他们提升各自爱好的机会。民宿管家都会有自己的兴趣爱好,就让他们发挥在工作中,用他们自己的方式去与客人建立服务与朋友的关系。

M ——"枕宿"在小红书、抖音等平台上的宣传反响都很好,您是如何进行"枕宿"品牌的互联网运营的?

L ——所有营销都是我自己在做,所有与粉丝的互动都是我亲自认真回应,当然也在培养人、培养团队,目前所有的文案、视频和各平台的宣传都是自己操作,接下来也会放手给已经培养好的团队去做。策划和文案是我的特长,营销也是我的拿手活,不会的也在自学当中,总之就是与时俱进,不断提升自己的认知水平。

民宿这个行业是保护情怀的庇护所
Sentiment

M ——您的微信公众号"李亚灿梦里会飞"很有意思,在进入民宿行业的时间里,有没有什么令您印象特别深刻的事情?

L ——公众号一开始是用来记录自己的故事和分享那些抑制不住的灵感构思,后面开了民宿就围绕着业务去做了,也许我最后会沉淀下来提笔写下我有趣的人生经历,或悲或喜。

进入民宿行业印象深刻的事情太多了,比如负债创业的压力使我长期整宿睡不着,很多客人因为我的一段文字或者一个场景特地来到我的店。当然,最深刻的还是很多次被客人刁难、欺负的那些事,甚至一度让我质疑自己开民宿是坚持了自我还是违背了初心。好在,客人给我的感动大于给我的难过,他们大多都是支持我的情怀的。

M ——您的人生理想是什么?在做民宿这件事上您有什么想对即将入行的新民宿人说的?

L ——我的人生理想挺多的,不同阶段有不同理想,目前这个阶段最大的理想是给我的民宿找个男主人,哈哈!

对即将入行的新民宿人要说的:有资本就按有资本的玩法,没资本、有情怀就一定要坚持初心和情怀,真的会成功,我听过太多泼我冷水的话,说情怀不能当饭吃,但我还是走自己的路走成功了,民宿这个行业是保护情怀的庇护所,所以遇到点挫折不要失去热情,总有同频的人会走进你的店,发现你藏在民宿细节里的那些小情怀,那个时候挣多挣少真的没那么重要了,当然温饱还是要保障的,所以要加油努力挣钱啊!

M —— 您如何看待未来民宿行业的发展？

L —— 好几年前说起民宿，很多人是没有概念的，随着这几年国内旅游业的兴起，民宿这种曾经的小众行业逐步成为大流行，未来可期！

M —— 您对于"枕宿"品牌未来有何规划？

L —— 对于"枕宿"品牌的规划和发展，脚步不会太快，做精、做好，致力于做精品度假型中高端民宿。"枕宿"品牌目前是我一个人在经营，未来会考虑让一两位志同道合、三观相符的合伙人加入。

M —— 国家对乡村民宿发展给予更多的政策，您是如何看待这样的现象？

L —— 民宿别看体量不大，能带动的东西太多，能解决当地就业、促进乡村振兴、整合资源等，随着民宿产业的各种法规、制度越来越规范，对已经在做民宿的同行是一种支持，对计划做民宿的人是一种鼓励，以后也会通过民宿衍生出很多行业，时代在变好，这是很好的现象。

北方需要让大众更快地接受民宿理念 —— 邱小允

M 美宿志

Y 邱小允

邱小允,"拾叶知悠"品牌创始人,打造了"拾叶知悠旅游""拾叶知悠民宿""拾叶知悠文化""拾叶知悠科技"等多个子品牌。担任全国乡村旅游十佳监测员、全国旅游民宿等级评定和复核专家、中国旅游协会民宿客栈与精品酒店分会副秘书长等职务。

引领北极村的乡村民宿升级
Country homestay

M ——"拾叶知悠"所在的漠河北极村是中国的最北端,您认为北极村的地理优势有哪些?

Y —— 北极村在中国的最北端漠河,对于南方人来讲,有一种天然的吸引力,不管是地理位置,还是冬天的雪、夏天的极光,都很有特点,而且它的生活、文化、风光对南方人来讲都是完全陌生的一个世界。

曾经我以为漠河只有冬天白雪皑皑的样子,后来发现夏天也别有一番特色,20~28°C的温度可以避暑,风光旖旎,还有完全野生的采摘活动。秋季的秀丽山色,冬季的冰天雪地,还有各种神奇天象,都值得我们去探索。

M —— 怎样的契机使您关注北极村民宿?您以前的生活和工作经历对您开民宿有什么影响?

Y —— 在2017年的时候,有朋友说他去了北极村,感觉这个地方特别好,邀请我一起去北极村玩。当时,没见过雪的我很心动,去了以后发现这个村子还很原始,很多老物件都无人问津,扔在院子里。于是我们就有了每年过来度假的想法,了解后发现当地住宿条件不佳,所以我们就租了个小院子,打算每年过来度假,收藏当地的老物件等。

当时我们在福建厦门是做园林景观设计工作的，自身喜欢动手做原创，所以民宿的整体设计和装修都是我们亲手打造的，大部分的装饰、家具等都是我们结合当地材料纯手工完成的，比如用松塔做的纸巾盒，用白桦树枝做的灯罩等。

M— 您的品牌发展的团队架构是怎么样的？团队最大的优势在哪里？

Y— 我们在福建厦门有一个运营团队，还有一个清一色有海归和交换生背景的设计团队，并且团队成员都曾在 500 强企业工作过，所以我们在运营和设计方面是有优势的。我们以厦门公司作为依托，民宿店长及管家也是以从厦门招聘再外派到漠河的形式，团队成员清一色高学历，对文旅有兴趣，我们只招"有趣的人"。我们在民宿中配了 1 个店长，1 个管家，1 个房嫂，2 ~ 3 个工作人员，还有 1 个司机团队，他们彼此间相互配合，可以让游客在漠河入住的体验极好，与当地服务拉开较大距离。

M— "拾叶知悠"的开发一定有很多故事，请问您在民宿建设之中，有什么让您印象深刻的事吗？可以和我们分享一下吗？

Y— 当时我们是没有民宿经验的愣头青，靠着兴趣爱好做的这个民宿，所以在开发初期遇到很多有趣的事。我们作为南方人，还是"90 后"，对北方极寒状态的建筑并不了解，对房子建设也没有相关经验，是自己一点点摸索的。比如在装地暖的时候，有人说要装 25 组左右，有人说 40 组差不多，我们担心不够暖和，装了 65 组，通暖气的时候，室内温度达到了 28 度，最后关掉了一半的暖气才达到人体舒适的温度。

M　漠河北极村是一个极具特色的旅游胜地，您的民宿和当地旅游行业互相有着哪些影响和促进作用呢？

Y　我们作为当地唯一一家外来的民宿，开业当天在当地就是一个爆炸性的消息，得到了广泛的关注，而且我们依托自身优势，优化北极村旅游现状，为北极村景区提档升级，带入了一些南方比较好的理念，同时引领整个北极村的民宿升级，推动了北极村民宿理念、服务理念等的发展。我们在北极村的这几年，北极村所有民宿的升级改造我们都提供了建议，北极村整体行业氛围的提升对我们来说也是非常好的宣传。

希望未来我们服务的还是有限的客群
Future goals

M　您怎么看民宿与乡村振兴的关系？城乡的二元对立式发展是不是可以通过这种方式得到一定的消解？

Y　作为全国乡村旅游十佳监测员，我们这两年在乡村旅游这一块有比较深刻的研究，乡村振兴离不开乡村旅游。目前国人已经不仅仅满足于生存这个需求，开始追求精神上的生活体验了，所以城乡的二元对立式发展我个人觉得不可能完全消除，但是会逐渐消解，城市人口追求乡村的轻松自在和自然环境，是高负荷城市人群解压的必然选择，由此带动乡村的发展和振兴，是一种非常好的方式。乡村需要提供的不仅是自然环境，还有吃住行的便捷和高质，双方是可以共赢的。

M — 在乡村振兴和精准扶贫方面，民宿充当着越来越重要的角色。您可以结合"拾叶知悠"谈谈民宿给乡村带来了怎样的影响吗？

Y — 就"拾叶知悠"对北极村来讲，就像一股新鲜血液，一颗打起涟漪的石子，让北极村知道，原来民宿售价是可以高于酒店的，原来民宿是这样的。我们刚到北极村的时候，北极村的家庭宾馆售价为 60～80 元（含早餐），卫生条件一般，有一些店的布草一客一换都做不到，布草很多都不是纯棉的，装修也很差，房间特别小、各大酒店也存在酒店服务不好、没有服务意识等问题，"拾叶知悠"开业之后，很多当地宾馆的人前来偷偷参观，回去后对宾馆进行升级改造，酒店的人也来咨询服务和网络营销方面的经验。所以标准型民宿对于乡村振兴来讲，应分享自身的成功经验，引领乡村村民利用自身房屋经营脱贫致富。

M — 面对周边相同类型的民宿、农家乐等竞争,您希望客人在您的店里得到什么样的独家体验?您的民宿是如何实现更有效的竞争的?

Y — 我们在北极村是唯一的存在,并且在漠河打败多家酒店成为 OTA 平台热门度第一的民宿。我们的民宿有多项独家服务,比如我们有 200 多平方米的公共空间,公共空间的点心、水果、茶叶等全部免费供应;备了各种辅助拍照的用品及玩具(如夕阳灯、雪人模具等);房间里赠送各种小细节的产品(如一次性马桶垫、晚安礼物、蒸汽眼罩等);布草四件套一年两次换新,而且是最好的水洗棉,很多东西都是年年换新。

软服务上,我们喜欢跟客人做朋友,不会斤斤计较,会为客人规划游玩的路线,闲暇时会组织篝火晚会,带客人出去拍照等。所以在北极村,截至目前,我们都是努力提高并超越了当地的水准,并且一直在提升和更新。

M — 民宿是有"人情味"的,您认为您的民宿在哪些方面体现了这种"人情味"?除了跟客人有直接交流的活动,您认为还有什么可以加深这种"人情味"?

Y — 我们会带客人去爬非景点的山,也会将我们发现的好风光单独分享给客人,组织客人形成一个大大的车队出去采风,和客人一起去森林里采摘,请客人吃饭,跟客人一起做饭、玩桌游,半夜和客人一起等银河等。基本上我们会跟客人玩在一起,有时候店里工作人员全员外出时,我们会放心把店交给客人看管。还有客人帮我们收拾大厅,帮我们看店、卖房。如果客人到了厦门,我们也会请客人吃饭,带着大家一起玩,对我们而言,客人不仅仅是客人,是我们在中国最北端北极村这个地方,因为缘分相聚在一起的朋友。

M — 在现在这个快节奏的生活时代,您是如何看待网红或高流量的文化产业发展模式的?您愿意选择这样的模式吗?

Y — 我个人认为,网红和高流量文化产业需要优秀的产品做依托,才会有长远的发展。对于"拾叶知悠"来讲,我们的品牌很新,我们的团队也很年轻,我们有很长的路可以走。今后,我们的重心还是会放在产品的打造上,不管是民宿、文创,还是其他,我相信"酒香不怕巷子深",我们也希望未来我们服务的还是有限的客群,不会选择一味地"走流量"。

北方需要更多好的民宿品牌出现
Brand

M — "拾叶知悠"的文创产品体现了很多设计上的奇思妙想，可否介绍一下"拾叶知悠"的文创产品，您对民宿的"周边"产品还有什么特别的规划吗？

Y — 因为当时漠河没有文创产品，我们觉得文创是一个旅游目的地必须存在的产品，所以我们选择自己开发，"漠河"是一个很好的IP，它有许多的可创作性，我们的文创都融入了漠河当地的元素，结合我们品牌元素，去做研发，比如对"大兴安岭森林"元素和"最北"元素的挖掘，包括对这两年比较热的"漠河舞厅"文创产品的开发，还有对成品伴手礼的开发，都是我们下一步的计划。

M — 就目前中国民宿分布情况来看，您认为南方民宿和北方民宿有哪些不一样的地方？"拾叶知悠"设置在中国的最北边，和南方民宿相比有什么特别之处呢？

Y — 北方民宿发展起步比较晚，也比较缓慢，这是"拾叶知悠"选择北方的原因之一。南方民宿成熟、优秀、密集，但是竞争大；北方民宿发展晚、数量少、质量差，好的民宿可以很快脱颖而出，这是它的机遇。"挑战"就是很多人对民宿概念的理解并不清晰，当地群众对民宿的接受度低。相比之下，北方需要更多好的民宿品牌出现，才能让大众更快地接受民宿理念。引进南方优秀的民宿品牌，遍地开花，对于北方民宿来说是最好的出路。"拾叶知悠"也在积极地做这件事。

M — 您心目中好的民宿应该是什么样的？

Y — 由于我是全国旅游民宿等级评定和复核专家，在评审文件中我也认真思考过这个问题，其实好的民宿就是既要提供当地的人文风情，又要提供好的居住条件；客人在民宿既可以交流当地文化和生产生活方式，又可以住得舒服和放心；不一定豪华，但要优质，舒心的居住环境可以使客人有愉悦的心情参与到当地的人文体验中；服务上要细心到位，同时避免游客出行"踩坑"，不仅为民宿创造好的口碑，也要为当地旅游的口碑尽自己的一份力量。

M— 目前中国民宿领域普遍存在淡旺季有明显差异的问题,位于漠河这样特别的地理位置,您认为民宿如何应对淡旺季的营销?

Y— 其实漠河淡季的营销我们是直接放弃的,3—5月我们民宿放假,因为这个时间段的漠河,白雪消融,绿色还未到来,消融的雪水会让整个路面显得很脏,游客能看到的风光也不尽如人意,所以我们把营销重心放在6月、9月、11月,寒暑假期间客人基本需要提前一周以上订房。在"半淡不淡"的季节,风光不错,但游客不多,我们会在多个平台分享漠河风光和民宿生活,去引导更多人看到这个时候的漠河。

草原火山文化是我们这里真正意义上的宝藏——郭晨慧

M 美宿志

G 郭晨慧

▯ 郭晨慧，昵称"土豆公主"，内蒙古壹蒙壹牧旅游发展有限公司总经理，乌兰察布市第五届人大代表、察右后旗民宿协会会长。曾获"全国新时代百姓学习之星""全国巾帼建功标兵""全国乡村文化和旅游能人"等荣誉称号。

:::: **草原上的"火山博物馆"**
Volcano museum

M — 您的民宿距离内蒙古乌兰哈达火山地质公园很近。您为什么会想到在这里开一家民宿?

G — 2016年,我从北京回到老家创业做电商,回去看到奶奶和姥姥的院子闲置,院子就在火山脚下,我小时候经常爬火山。如今,站在院子里看到对面的火山,突然萌生念头:可以把院子改造成一个火山民宿。于是在2019年电商运营稳定后,开始转型做民宿,对这些闲置房屋进行改造。

我们这里叫"草原火山",集合了形态各样的火山,就像一个天然的"火山博物馆"。草原上的火山群不论在国内还是国外都具有稀有性。

M — 您之前的从业经历对进入民宿领域有什么帮助?

G — 我从小学画画,大学的专业是"视觉传达设计",毕业后从事平面、动画、游戏等与设计相关的工作。在民宿改造中,我结合专业特长进行软装搭配,把民宿的理念和预设呈现的效果告知装修公司,最终呈现出现在的改造效果。

民宿所在的村庄是国家农业农村部命名的"全国一村一品示范村",示范产品是村里的"后旗红马铃薯",该产品在国际农产品博览会上荣获金奖,是被当地誉为"火山养生美食"

的优质特产。我以"电商+民宿"的模式发展公司,一方面可以吸引更多游客来到家乡体验草原、火山别致的风景,通过观火山、住民宿、吃本地优质特产等方式体验当地的风土人情;另一方面通过新媒体平台在线上、线下相互引流,让我们当地的品牌马铃薯走出家乡,同时带动农民、牧民增收,为推动新时代乡村振兴的发展进程注入力量。

M — 您的民宿距离三号火山"炼丹炉"仅仅1千米,站在院子里就可以看到火山,您的民宿和当地旅游行业互相有哪些影响和促进作用?

G — 就目前来讲,我们还处在"被影响"的状态,我们的品牌还不够响亮,我们的民宿还需不断提升各方面服务质量。我们前期发展的主要客户群体是游览火山的游客,对于民宿的未来发展,我们会更加努力,也有信心打造一个休闲度假胜地。

对当地旅游业来讲,两者的相互影响和促进作用是不可置疑的。壹蒙壹牧火山民宿至少提供了一个比较不错的住宿环境,火山的景色可能相对来说比较单一,但是如果这里有不错的民宿,那大家还是愿意自驾300千米来休闲度假的;另外,壹蒙壹牧火山民宿作为这里的首家民宿,也给当地人开创了一个先例,越来越多优秀的民宿正在不断涌出,可以为游客提供更多优质住宿环境的选择,这也是相互影响、相互促进作用的体现。

M — 在民宿的建设过程中,有什么让您印象深刻的事情吗?

G — 建设初期最难忘的就是带着团队的人去旧房和垃圾堆里"捡破烂",大家不怕脏、不怕重,游走在各个犄角旮旯,有时候淘到稀有的物件,大家都很激动。我们也通过"捡物"认识和学习了古老的文化,这些旧物经过改造应用在民宿的各个角落,大家都很有成就感。

乡村振兴需要多管齐下
Rural revitalization

M —— "壹蒙壹牧"这个名字很有吸引力，也很特别，请问您的品牌名字的由来有什么故事呢？能否简单说一下品牌的内涵？

G —— 品牌名字的故事源于两点：一是"蒙"和"牧"这两个字符合我家乡的乡情特点，可以体现我们当地半农半牧、农牧结合的地域特点；二是结合我们本地的优质特产马铃薯，我的父母一直以来都是从事马铃薯种植产业，我老公给孩子起名为"壹"，他说有"土"有"豆"，字的中间又像储存土豆的地窖。所以品牌名字以此为灵感，名为"壹蒙壹牧"。

M —— 您怎么看民宿与乡村振兴的关系？城乡的二元对立式发展是不是可以通过这种方式得到一定的消解？

G —— 发展民宿只是乡村振兴中的一种方式吧，来乡村的人多了也会带动其他产业。可能住宿刚好排在前面，好的民宿确实可以振兴乡村经济，带动人口就业，提高经济产值。但只有这一种方式是不现实的，我认为现阶段需要多管齐下，多种方式融合发展，这样才能给振兴乡村打一个扎实的基础。

在某种程度上，乡村民宿、田园综合体等新的农村经济产业是一种加速城乡连接的新方式、新纽带，一个乡村的主要产业绝对可以带动其他附属产业的发展，但是一头发力仍然很难，可能还需要扩大产业种类，多管齐下，从就近城市的实际需求入手。地方政策上也应该给予支持，让城市的新想法在乡村落地，为乡村找到新的发展机会。

在旅途中感受向往与归宿
Longing and belonging

M —　您的民宿有很多内蒙古民族特色元素和现在的流行元素的融合设计，您最喜欢哪一部分的设计？您的民宿在设计上如何进行风格或元素的融合？

G —　民宿的每一间房间装饰都是不同风格的，各有特点。我比较喜欢其中一间火山主题的客房，有很多明星住过。房间采用火山与旧物相结合的设计元素，很好地体现出空间感，房间摆设简单大方。在我眼里，一切皆可变废为宝，有很多旧物件或大自然的枝、根、叶都可以作为装饰元素，比如有一些捡回来的空相框、罐子、树根、树墩都是最好的装饰品。民宿的定位和风格很明确，就是老物件与火山元素相结合，再以蒙古元素稍加点缀，简洁的风格比较符合大众审美。

M —　"壹蒙壹牧"有很多原生态的特色建设，请问对待自然、对待人与自然的生态关系，您有哪些看法？

G —　我在北京待了十几年，每次回到家乡，看到蓝天、白云、绿草地和小平房，心中都特别有感触，我觉得这种纯天然的美景，是发现生活美好的地方，甚至看到一坨形状漂亮的牛粪都会想要给它拍个照。在喧闹的都市，人们眼里不缺华丽，反而这些原生态的自然景致愈发让人觉得舒服和惬意。人与自然是生命共同体，只有尊重自然、顺应自然、保护自然，才能实现生态环境的良性可持续发展，在此前提下才能更多、更好地建设特色原生态风景区。

M — 您希望客人在您的店里得到什么样的独家体验?

G — 一直以来我都是一个比较感性的人,所以一直在努力打造一家有温度的民宿。希望来到民宿的顾客,能够感受到一些他们游玩计划之外的东西,比如我会准备精美的笔记本,来来往往的客人会随手写下心情或故事,然后分享给以后的客人,很多人看了会觉得很温暖。

另外,在民宿我认识并结交了很多新朋友,甚至还有外国友人,我会以别致的方式传达我和家乡的热情,欢迎远方的客人。比如,一起参与赏乐、故事会、宇境星空观星计划、共享读书计划、篝火晚会等互动活动,让每个人发自内心的快乐,且每一次体验都会有不同的收获。 我希望这里没有那么浓重的商业化,而是可以让每一位客人在旅途中找到向往的归宿,体会更多的舒适和温暖。

草原火山文化是真正意义上的宝藏
Grassland culture

M — 就目前中国民宿分布情况来看,南方民宿相比北方民宿数量更多,品牌意识也更明确。您认为南方民宿和北方民宿有哪些不一样的地方?"壹蒙壹牧"和南方民宿相比有什么特别之处,怎样实现有效竞争力?

G — 我们都知道中国现代民宿的发源地就在南方,在我们对民宿还没有太多认知的时候,南方就已经涌现了大批量非常优秀的民宿。在房间的设计及布置方面,我们民宿还存在一定差距,有很多有待提升的空间;在服务方面,还有待全面完善。但整体而言,我们有自己的地域特色文化,来到内蒙古,可能就不再想体验"烟雨江南"的感觉了,而是想体验草原粗犷豪放的魅力。

所以我在设计民宿的时候也是这样想的,把很多的蒙古草原元素融入了设计体系,把当地出名的景色做成了比较有艺术气息的浮雕和墙绘,希望大家在入住的当下就能体验到当地的风土人情,这样甚至可以被称作自然博物馆了。当然这是一个不恰当的比喻,但这也算我们努力的一个方向吧!

对于目前的竞争力来说,我们只可能和周边范围内的民宿去竞争,因为我们刚成型,品牌塑造以及品牌宣发都还在一边摸索、一边前进的阶段,我们也会以南方前辈的成功案例为模版去学习、创新。当然存在地域差异化,我既然在北方经营,就先从北方开始一点一点推广,当然我也坚信,只要我们踏踏实实做事情,"壹蒙壹牧"会不断被人们所熟知且认可。

M — 目前中国民宿领域普遍存在淡旺季差异明显的问题,尤其是北方特殊的季节变化,寒冬的时间很长,您认为民宿应如何应对淡季的营销?

G — 这是一个很难改变的现实情况,我们这里冬天非常非常冷,确实淡旺季人流量差异很大,我们作出的改善和努力基本都在推广和宣传民宿内容上,很多顾客是因为来看火山才找到了我家民宿,在来火山之前并不知道。我为顾客打造的民宿是一个真正可以远离尘嚣、亲近大自然的地方,可以让顾客放下一切烦恼和压力,进入一种完全放松的状态。但很多游客不太了解我们民宿,所以我们会在这方面做工作。冬天受天气影响,游玩内容比较单调,我们会增加一些别的设施及项目来丰富游客的体验。

M — 除了您所在的地区,您还比较看好中国哪些地方的民宿发展?

G — 我们国家地大物博,美景处处都是,民宿会像小草一样,慢慢地在祖国大地萌芽的,非要说看好哪些地方的话,应该是一些比较网红的景点吧,因为现在短视频的推动力非常大,它是可以很快带动一个地方的民宿发展的。

M — 乌兰哈达火山群承载着很多历史,其中察哈尔文化、草原火山文化等特色在地文化为这里增添了很多神秘气息。你们的品牌如何与在地文化相结合?

G — 察哈尔文化、草原火山文化是这里真正意义上的宝藏,可能火山在很多年以后会消失,但是文化会一代一代传承下去。作为一个草原孩子,更作为从小长在火山脚下村子里的村民,我非常愿意也一直在做这样的文化推广工作。

在民宿设计方面,我们会让大家在一些角落或者细节上看到这方面的内容,像蒙古文字、蒙古图腾、察哈尔服饰及传统首饰等,在装饰上就有体现。另外,我在刚做民宿的时候就在民宿埋下了彩蛋,客人需要了解当地的历史文化去破解我设下的5道关卡,最后会在某个地方挖出宝藏,是实打实的宝藏哦!已经埋进去快三年了,现在还没有被挖走,大家都可以试试呢!

M — 您的民宿很有吸引力,在开业之初就有很多摄影大咖和达人前来拍摄打卡。在快节奏的生活时代,您如何看待网红民宿?

G一 怎么说呢，现在是一个快节奏的时代，是一个"流量称王"的时代，但是也是一个会被快速遗忘的时代。其实，我不太喜欢这种"快享"的状态，一条短视频在短短几秒内就可以刺激你的神经，但是过一段时间就你什么都不记得了。我做民宿，虽然享受了流量的红利，但是我还是倡议大家慢下来，去真正用心感受身边的东西。

比如读一本书可能要很久，但是书带给你的文化熏陶或者知识储备是远远大于其他信息获取方式的。另外，我做民宿也有一个初心，希望大家在这里慢下来，不再考虑太多功利的东西；在这里放空自己，放下重重的自己，感受一些别的东西。

梦想的力量

M 美宿志

L 李左男

李左男

李左男，辽宁省庄河市人。大连市竹庭休闲农业有限公司总经理。大连市旅游协会民宿协会副会长。曾获得"大连市乡村振兴好青年农村创业青年带头人""庄河市第七届政协委员""庄河市第四届妇女代表"等荣誉称号。

::::: **梦想的力量**
The power of dreams

M — 在您的民宿周边有很多优质农家乐聚集,您是从什么时候开始跳脱出固定思路,关注并开发本地的精品特色民宿的?

L — 这要从做庄园的定位开始说起,最初我和母亲心中的庄园,就是要和当地的农家乐区别开来,本地农家乐主要是以自有房屋进行改造,结合本地的乡土人情运营,更接地气,而我们心目当中庄园的蓝图,早已根深于我们的脑海当中,所以从建筑风格来讲,在根本上就区别于本地的农家乐。这样的定位贯穿于日后的建设以及经营管理过程当中,逐步面向中高端客户群体。

M — 请问您创立"竹庭庄园"的初衷是什么?刚开始创立时有怎样的思路?

L — 我投资"竹庭庄园"的初衷只是为了完成母亲的庄园梦,现在这个时代讲梦想似乎有点可笑,但就是这样一个女人阅尽世间繁华,回望初心,在 56 岁首度创业,把 600 亩的荒山装扮成梦中的模样,取名"竹庭庄园"。我想这就是梦想的力量,也是"竹庭庄园"的初衷和初心。

M — 创建"竹庭庄园"是您母亲的梦想,将情怀与梦想发展成规模宏大的庄园的过程一定是艰难并辛苦的,请问您是如何平衡情怀与商业收益的呢?

L — 我母亲年轻时候就有一个庄园梦,但受限于现实种种条件,这颗种子一直埋藏于心底。在56岁那年,她想创业建一座梦寐以求的庄园。亲朋好友刚听说这个信息,全都反对,把困难一一摆在眼前。但是我觉得不是所有人都有梦想,至少我没有,作为至亲至爱的人,我要是有这个能力帮她完成梦想也是我的骄傲和快乐。于是我愿意一意孤行,给她投资。创园过程的艰辛不言而喻,初期没有房子,我们都住在临建板房里,冬天要穿着皮袄、军大衣和棉袄才能入睡,夏天睡觉时虫子会落在脸上,这些都是盈千累万中的一件件小事。

但她以步为尺,以梦为马,无论酷暑寒冬都坚守在庄园里,慢慢把庄园打造成现在的样子。虽说是梦想照进现实,但现实也是需要柴米油盐的。所以我们需要商业的加持,需要很好的经营和管理以回笼资金,才能把这个情怀继续下去。庄园的情怀和商业经营一直处于和谐共处的状态下,可能是创建人和管理者的思想比较统一的原因吧!

民宿可以为在地文化推广作贡献
Cultural promotion

M — "竹庭庄园"秉承传统文化,亦发扬传统文化。而新生代的旅游消费人群偏向于轻松、自由、创意、精神导向的需求,您认为应该如何让传统文化亲近年轻消费群体?

L — 我认为传统文化和年轻消费群体并不矛盾,否则就不会兴起国潮风、戏曲风、复古风等潮流。亦有大多数年轻群体对传统文化喜爱、好奇和研究,我们传统文化中的真善美,也需要年轻一代人的发扬和继承。坚持走在正确发扬传统文化的道路上,我相信种下梧桐树定会引来金凤凰。

M — 您的品牌承载了传统文化理念和天人合一的生活美学,您认为民宿应如何发扬传统文化,讲好自己的故事?

L — 我认为民宿应该发展好在地文化,传统文化是一个很大的概念,而在地文化则是最能突显出当地的特色的文化。以我们当地在地文化为例,我们民宿处于大连庄河市,是位于辽宁南部的一个县级市,但是我们拥有非常多非物质文化遗产,比如元宵节的面塑属相灯、剪纸、农民画等。我们当地民宿,既要结合民宿的主人文化,也要带动在地文化的发展,让二者融为一体。一方面在地文化会丰富民宿的经营内容,沉淀文化底蕴。再则,民宿也可以为在地文化的推广作出一定贡献。

M: 您如何将精品民宿和农家乐区分呢？其中民间性和精致性该如何平衡？您觉得民宿应该怎样体现民间性？

L: 我认为可以将民间性理解为接地气，可以让更多大众接受和青睐，精品民宿区别于传统酒店的标准化，亦区别于普通农家乐需居住在当地居民家的拘束感，它具有建筑风格独特性、娱乐体验体验多样性和私密性的特点。所以它的受众群体也是巨大的。

民间性和精致性二者并不矛盾。民间亦有"精致"在，因为民宿是为游客提供一种体验当地风土人情、自然文化生活的住宿空间，住进各具风情和特色的民宿中，亦能感受到当地生活，民宿主也可以与客人温暖互动。精致性可以体现在建设风格、装修、客用品升级等方面。而民间性可以体现在热情周到的服务、乡村特色的体验以及具有当地特色的伴手礼等方面。

M: 您心目中的好民宿应该是什么样的？

L: 我心目中的好民宿是让顾客在店时流连忘返，离店时口碑相传，让顾客愿意反复入住的民宿。

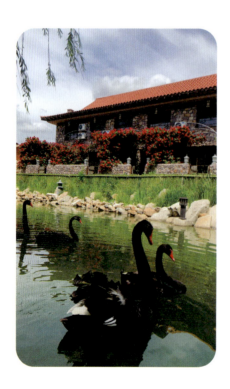
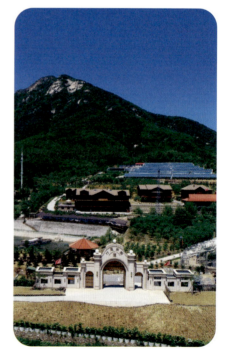

北方民宿要向南方民宿学习
Learning

M — 在快节奏的生活时代,您如何看待网红民宿高流量的商业现象?

L — 网红或高流量是当今自媒体时代不可或缺的商业模式之一,民宿主可以利用这样的模式宣传和推广自己的民宿,更能够精准找到用户。但有一个非常重要的前提,民宿的基本品质要略高于宣传内容,这才不会在流量来的时候导致负面的宣传作用。我现在已经利用抖音和小红书平台进行直播和短视频宣传,起到了良好的效果,不排除以后会利用更多的平台。

M — 您的民宿在农业采摘、观光方面有很多独特之处,原生态的食材和食物也很吸引人,符合现在大多数人的绿色生活理念。请问您有没有想过以后拓展食材网络售卖渠道,是否有设计伴手礼或文创产品的想法?

L — 现在正在实践和梳理这方面的渠道,我希望将我们原生态、无污染、酵素灌溉、具有当地特色的果蔬粮,一点点升级打造,实现从产品、到礼品、再到品牌的蜕变。

M — 请问您认为南方民宿和北方民宿有哪些不一样的地方?"竹庭庄园"建设在大连这个北方城市周边,应该要怎么提升与加强自身建设?

L — 首先,自然环境和气候对于北方来说是不可改变的硬伤,北方民宿一年里有半年是淡季,因为这一时期处在寒冷和绿叶植物没有长出的季节,所以从自然景观来看,南方气候对出游的影响较小,也就保证了民宿客源的稳定性。其次,南方民宿历史和管理模式都成熟于北方,甚至北方很多的民宿建设管理理念都要学习和借鉴南方民宿。最后,南方顾客对民宿的理解和接受程度要高于北方,我想这也是民宿在北方发展起步较晚的原因吧。

现在我们面临的最大问题是如何让淡季不淡,也就是在我们长达半年的寒冷气候时如何吸引顾客入店,所以我们计划在庄园内建设一个北方江南,这是日后的发展规划内容之一。

新疆是未来十年中国旅行的风口 —— 李巧

M 美宿志

L 李巧

📑 李巧,昵称"森林北"。新疆"悦丰·宿集"联合创始人,中国长城奖"宿行中国"文旅IP创始人,新疆生产建设兵团自驾游协会副会长,石榴花公益基金首席推介官。长期致力于旅游、文化及公益事业,自2022年起成为中国文旅行业流量达人。

新疆是未来十年中国旅行的风口
Golden opportunity

M 简单与我们介绍一下您自己的过往经历？什么原因让您投身于文旅行业？

L 我是艺术专业毕业的学生，毕业之后曾在央企和大学任职。2015 年，我在旅行中偶然接触到了民宿行业。当时在浙江，我住在一家年轻情侣开的民宿，住了两天，对他们那种与世无争的生活状态充满了好奇。

之后，我利用休假时间游历了云南、贵州，在旅行的过程中住宿唯一的选择就是那种由真正投资人主理的民宿产品，他们的身份有户外爱好者、画家、设计师、自驾越野爱好者，也有文艺青年。从 2016 年我就在想，人生这么短，每天朝九晚五、周而复始、两点一线的职业状态不是我想要的生活。何时能够有一个自己喜欢的事业状态来充满我的人生呢？这个时候，我开始喜欢上这个行业，甚至有着多次的冲动想在新疆的某一个地方开一家属于自己的民宿。

有了这么多次冲动后，于是 2016 年，我辞去了很多同龄人羡慕的稳定而轻松的工作，走上了民宿研学之路。

我现在还经常在想，一次初见，是如何改变人生轨迹的？接受改变面对的是无穷的挑战还是满血的复活？还好，我还年轻，学习对我来讲并不是问题，我爱学习、爱读书，跨界对我来讲应该是赋予自己更多的能量。于是，我选修了旅游专业的研究生课程，深入研究民宿案例、民宿消费客群的诉求与变化，以及民宿生态产品内容，我游历了北美和北非，一直在找寻什么才是适合自己的路。

在 2018 年之前，我很迷茫。在体验和观察了那么多民宿之后，却打乱了我的心绪。在没有万事俱备，或是自己没有笃定的信心时，可能不会贸然去投资一间民宿。您能理解吗？看的越多，就越害怕失败。

M 您什么时候开始笃定地去选择一个地方做一间民宿？您作为"悦丰·宿集"联合创始人，"悦丰·宿集"的命名有什么意义？

L 2018 年下半年，经过一年多的思考和对业态的判断，我们预感，新疆的巨量 IP 一定是未来十年中国旅行的风口。新疆之大，大在胸怀；新疆之美，美在人文；新疆之魅，魅在景致。走过那么多地方，新疆是真正的汇聚之地，也是生我养我的地方。这是 2018 年我的初步认知，也是让我下定决心的原因之一。

2018 年下半年，我们寻找可以落地新疆的"多家民宿品牌汇聚"的民宿产品，那个时候我在旅行过程中认识了一些民宿主理人，大家对能够在新疆呈现自己的作品还是很期待的。在吐鲁番考察的时候，和现在的合伙人李健辉相识，他是酒店管理专业毕业的同龄人，有着丰富的国际五星级酒店实践经验，他也在寻找传统酒店产品的突破点，迎向民宿产品的风口。我们一拍即合，于是我们经过很多次的探讨，基本达成了一种新的模式：在一个地方打造聚集多投资人、多品牌、众多体验产品的民宿集群。于是我们开始了在吐鲁番落地这一模式的计划。从选址到规划，再到每一栋建筑的外观、空间、环境，我们经历了无数个不眠之夜。2019 年，我们的想法一一呈现在图纸上后，项目就进入了实施阶段，年底开工后随即而来的就是疫情的两年相伴。

疫情时期，是我们全面建设时期，不但资金紧张，而且疫情期间两地人员经常无法流动，那时也是我的合伙人健辉最为感人、最拼搏的时候。应该说，我只是提出了产品的概念定位与空间场景，而健辉一直留在吐鲁番，既当监工、又当跑腿，为我们的宿集付出了全部心血。还好，经过行业的质疑、疫情的磨砺，我们的宿集正式营业了，实现了规划的目标与产品定位。同时，也成为全国第一个以民宿为主体的国家 AAA 级景区，迅速成为"丝路明珠"吐鲁番的打卡地。这几年吐鲁番市委、市政府各级部门对我们的宿集项目的关心与支持，才得以让"悦丰·宿集"成为全新疆民宿产业的标杆产品。

"悦丰"的意义，最初想法就是希望给予旅行者愉悦的心情、丰富的社群化场景，令旅行者多一些留下的理由以及体验"诗意浪漫时间的一百种可能"。"JOY LI"是我的英文名，我的合伙人健辉是一个可爱的小胖哥，所以我们把"悦丰"英文化成了"JOYRICH"，寓意满满的喜悦，这也是我们期待给每一位旅行者留下的最直接的旅行印记。

"宿集"实际上是沿袭于"黄河·宿集"叫法，我觉得它很契合我们的产品和未来规划，"悦丰·宿集"和"黄河·宿集"的差别聚集在"汇聚"，因为我们的商业用地足够大，在市区的一片葡萄园里。我们希望它能够成为全国民宿投资人在新疆的思想与灵魂的汇聚、碰撞之地。所以"悦丰·宿集"只做了一期，围绕在我们旁边的一片葡萄园的留白，就是在等待志同道合的全国民宿品牌一起汇聚。

"悦丰·宿集"的核心竞争力，我真的说不上来，毕竟这是我们从喜欢民宿到投资民宿的第一个产品，我们对于民宿理解的初衷和不断更新的产品内容，我想是否就是我们的核心竞争力呢？

"悦丰·宿集"营业不久，已经接待了国内一批批时尚节目（如《奔跑吧兄弟》等）与众多媒体达人。我们的价格定位也是相对稳定的，跨度也较大。我们深知只有在旅途中给予客人、社群伙伴更多价值配位、性价比超越想象的产品组合，才能让他们没有遗憾、没有抱怨。在宿集内我们有"漫心""赤亭驿""乐途汽车旅馆"等五种产品类别，房间已经不止于住宿功能，而是一种社群产品组合与解压方案。自2019年起，新疆的旅行已经完全进入了个性化旅行消费时代，所以我们的产品涵盖团队与私人定制各领域，丰富的产品线适合不同需求的旅行者，这也是"悦丰·宿集"运营以来我们得到的最准确的市场反馈。

民宿一定是乡村振兴最核心的流量入口
Rural revitalization

M — 记得您曾说过"悦丰·宿集"会成为新疆旅游的一张名片，您寄予了"悦丰·宿集"怎样的厚望？

L — 我们在筹划之初已经对新疆大部分民宿进行了足够的了解与市场定位的判断。我们的产品架构刚才说了，核心竞争力一定是结合产品本身的内容和服务来共同构建的。"悦丰·宿集"实际上已经成为今年新疆旅游民宿的一张全新的名片，因为身处吐鲁番，而吐鲁番也正是新疆旅游一张最靓丽的名片。到新疆没去吐鲁番不算来过新疆，吐鲁番在我们每个中国人的孩童时代就已经留下深深的烙印，是丝绸之路上一颗最璀璨的明珠，这座小城不仅有两处世界文化遗产，还有着众多人文历史的积淀。

M — 您如何看待"悦丰·宿集"未来的发展前景？新疆的旅游产业及文化旅游项目的发展形势是怎样的？

L — 我还是行业新生，对于文旅项目的发展形势我可能不能正确地描述和冒昧地发表自己的观点。关于新疆的旅游产业，我的浅显看法是，其首先是一个旅游资源最为富集的目的地。新疆是拥有我们这个星球上所有生态地理、人文历史与自然风光的宝库（除了海洋），新疆的四季分明、一地一风貌、一季一景观、一地一人文，在这里可以感受一日四季的体验、不同形式的旅行、广阔的地理空间、一日千里的壮阔。我深爱着新疆，再美的言语不足以表达我对它的热爱。

这几年新疆民宿产业的发展是迅速的，品类也逐渐丰富。我相信未来一到两年，新疆民宿一定可以成为新疆传统景区之外吸引旅行者的一道风景。我更相信为一家民宿去一趟新疆将成为主流，目前我们的很多客人都是为了来"悦丰·宿集"打卡，顺便玩遍新疆。所以我们希望国内更多的头部民宿品牌来到新疆，和我们一起为"为一家民宿走一趟新疆"成为主流而奋斗。

我讲不了新疆的文旅项目发展形势，我的洞察视角和知识面还是明显不足的。目前我只是在潜心学习民宿与旅行产品领域的知识。但是从我的亲身经历和众多选择投资新疆民宿的伙伴们的经历角度，我告诉大家：以小见大，以诚见效。这就是新疆，是你们都会热爱的新疆。

M ― 目前中国各行各业都很看重乡村振兴，您如何看待民宿和乡村振兴之间的关系？您觉得民宿可以打造怎样的品牌路线来促进乡村振兴呢？

L ― 这个问题对我来讲很大，我的一些浅显的认知可能不足以讲清楚。但我确信民宿一定是乡村振兴最核心的流量入口。这一点我和几位行业领袖的看法不谋而合，如需最正确的解答，请到新疆去眼见为实。咱们新疆吐鲁番高昌区的葡萄镇、霍城县四宫村、木垒县月亮地村、乌鲁木齐县平西梁村都是最好的印证。

传递新疆的感恩和美好的未来
A bright future

M ― "悦丰·宿集"给新疆的民宿带来了哪些影响？

L ― 说实话，我们"悦丰·宿集"品牌还在起步与塑造期，至于带给新疆民宿什么影响，目前真的是不敢妄言。还是整体看新疆各个民宿聚集地吧，以集群形式呈现的不在少数。比如喀什古城、吐鲁番高昌区、霍城县四宫村、可可托海镇、乌鲁木齐县南山风景区等都有不同品牌聚集的民宿，我们通常称之为"民宿集群"。

M ― "悦丰·宿集"的营销渠道有哪些？您认为小红书、抖音等新营销渠道的出现会对民宿的发展产生哪些影响？

L ― 说实话，我们的"悦丰·宿集"还没营业时我就已经开始了《宿行中国》的巡访旅程，都是我的合伙人在操持整个项目的运营。在营销渠道方面，我们是开放的，传统的OTA平台我们都有合作，但私域流量也一直是我们的核心，这是我们中端产品线的基础保障。这几年，特别是2019年后新媒体矩阵切入旅游产品及民宿产品的销售领域，是带动高端客群的主流平台之一。我个人理解，小红书对于新锐青年及女性用户的影响还是很大的，博主的分享往往被很多人称之为"种草"。我觉得很形象，也很直观，这确实在销售层面贡献了一定比例的客群。

抖音作为几亿人日常活动的社交与短视频分享平台，无疑也是影响更全面的，我同样也是抖音和小红书的博主，我倒不会刻意在平台上发布"种草"的内容，我只是分享新疆旅游和民宿人的日常，以及目前《宿行中国》的访谈内容。但不可否认，抖音短视频对于民宿产品的分享确实在一步步促进我们民宿产品营销的变革，有很多的抖音大博主到访"悦丰·宿集"，他们自发的入住体验带来了很多博主圈的流量。感谢抖音，感谢一群素未谋面的博主们助力我们新疆民宿的发展。

新媒体对于民宿发展的影响是极大的，特别是对于缺少常规客流的小众目的地民宿，通过自媒体平台的裂变传播，会迅速成为旅行的热点、爆点。但如何珍惜热点效益，是我们每个民宿人的重任，那么多流量追随而来，一定要心平气和、更用心地做好自己，考验我们的是如何提供更优秀的服务和更丰富的体验，只有这样才能留住流量。请保持一如既往的心气，一如既往地让旅行者感到"物超所值"，不留遗憾。

M 您一直不留余力在为新疆旅游民宿的发展做出努力，每到一处都在推介新疆旅游资源。对您来说，新疆代表着什么？或者说，新疆在您心中有怎样的地位？

L 新疆是我的家，哪有一个女儿不爱自己的家呢？新疆的经济社会发展得到全国各地的支持，特别是有十九省市持续支援新疆几十年，我从小就知道的，每一位新疆同胞都心怀感恩。我所能做的只是用我的脚步，在每一站、每一地传递新疆的感恩，传递新疆美好的未来。不能说我为新疆旅游民宿的发展作出什么贡献，我作为新疆的儿女之一，把家里最值得分享的东西奉献给大家，我想这是我的责任和义务。没有我，也会有众多的新疆儿女走出新疆，向你们展现新疆之美、新疆之善。我前面说过，大家到新疆投资旅游产业，哪怕你做一个两间房的小民宿，都是值得被尊敬的投资人。

对于我们所有新疆孩子来说，新疆代表着我们的家，投入并从事旅游民宿行业只是我和我的兄弟姐妹在家的分工不同。我相信在我的家，我能实现我的梦想。

我希望更多的伙伴们到新疆看看，把你的小梦想、小目标放几个在新疆，和我们"悦丰·宿集"一起成长，让新疆民宿成为你奔赴新疆的又一个理由。

向世界展现新疆之美

———

邹永萍

M 美宿志

Z 邹永萍

▢ 邹永萍，可可托海的梦·非遗度假酒店创始人，新疆乌鲁木齐市级非物质文化遗产彩鞠艺术代表性传承人，新疆工艺美术大师，新疆至诚无息文化旅游投资有限公司董事长。

安放梦与热爱的所在
Dreams and passion

M —— 您因何结缘民宿，从而产生了打造"可可托海的梦"的想法？

Z —— 因为我自己从事文旅工作，所以很早我对国内外的民宿就有一定的接触。当时，我认为民宿是地域文化的展示窗口，也是一种极其有差异化的产品，但还没有产生打造一间民宿的想法。

M —— 你们为何取名"可可托海的梦"？它寄托了您什么样的愿望和美学理解？

Z —— 首先，这主要与我们民宿的理念有关。我们希望为游客打造一个梦的目的地。来到可可托海的人，在还未踏足这片土地之前，都对这里怀有期待、充满向往，也许是因为这里的雪山，也许是因为《可可托海的牧羊人》这首歌，也许是因为梦中的可可托海无法真实触摸。因此，这些人来到这里，来到可可托海，寻找一个安放梦与热爱的所在。"可可托海的梦"，它的第一层含义便是如此。

其次，"可可托海的梦"潜藏在一代人的历史记忆之中。可可托海的三号矿坑为新中国的发展立下了汗马功劳，有着"功勋矿"的称号。而在三号矿坑上挥洒汗水的那一代人则体现了"吃苦耐劳、艰苦奋斗、无私奉献、为国争光"的可可托海精神，这种精神集中概括了可可托海"为国铸剑"的历史一角，也延续着可可托海笃定前行的可期未来。我认为每一个中国人都应该来一趟可可托海的三号矿坑，了解可可托海的往事，向过去的一代人致敬。可可托海承载了几代人的历史文化记忆，一些老人在子女的陪同下回到了可可托海；还有一些老人由于种种原因无法回到这片土地，但他们也许在梦中无数次地触及自己的青春，无数次地梦回可可托海这片如今无法触及的故土。因此，"可可托海的梦"，它的第二层含义，是我们向曾经为可可托海奉献了青春的那一代人的致敬。

此外，"可可托海的梦"作为一家非遗（非物质文化遗产）度假酒店，是一个集住宿、餐饮、非遗文化、冰雪文化于一体的文旅综合体。我们结合了展厅空间，做了许多文化展览活动，这些展厅可以是游客寻梦的空间，也可以是艺术家交流的会客厅。我们试图通过这些文化展览活动，向世界传递生活之美，让来客领略文化传承之美。

M 您选择在可可托海镇打造民宿的原因是什么？在选址上您考虑了哪些问题？

ZN 选择可可托海镇主要是因为这里得天独厚的自然环境。可可托海镇地处美丽的阿尔泰山脉之间，比邻额尔齐斯河。这里的雪被称为"粉雪"，十分有利于滑雪。可可托海国际滑雪场有着足以媲美世界顶级滑雪场的先天条件。它位于国家AAAAA级景区——可可托海景区内，离可可托海镇18千米，处于逆温带，雪期长达7个月，融汇了雪期长、雪质优、落差大、雪道多、风力小、体感佳六大特点。同时，这里的赛道特色多样，独具优势。"可可托海的梦"当时的客群定位，就是以冬季的高端滑雪客群为主。

另外，在文化上，可可托海有三号矿坑这一红色旅游教育基地，三号矿坑是中国"两弹一星"的功勋矿，承载着大国崛起、艰苦创业的历史记忆。2021年正逢建党百年，富蕴县政府弘扬中国传统文化、赓续红色血脉、践行文化润疆，为可可托海的文化旅游发展提供了各种优惠政策，打造了良好的营商环境。我们便在这样的大环境下，让"可可托海的梦"落地富蕴县可可托海镇。"可可托海的梦"坐落于可可托海镇的三号文化大院。三号文化大院的前身是矿务局，当年开采出来的稀有金属会在这里进行深加工。20世纪70年代，人们停止了在三号矿坑的开采行动。因此，当时的厂房、办公室便进入了闲置状态。富蕴县政府希望保留曾经承载了历史重任的矿务局所包含的文化历史记忆，便在此招商引资，打造了一个文化民宿集群，我们便是其中的一家非遗主题的度假酒店。三号文化大院聚集了新疆维吾尔自治区内外的一些文化名人，形成了一个多元化的文化研学基地，成为阿勒泰地区极具特色的文化大院。集自然之美、文化之美、传承之美于一体，这就是我们当时考虑在此选址的原因。

边地锦簇

因为坚持高标准而孤独前行
High standards

M — 新疆地域辽阔,气候独特,你们民宿的建设时期,在运输、建造等各个方面主要遇到了哪些困难?

N — 新疆地域辽阔,由于所有建筑材料均需从内地长途运输至新疆,并经过乌鲁木齐市转运至富蕴县,再进一步运输至可可托海镇。相较于仅需在乌鲁木齐市内运输的情况,我们的运输成本显著增加,几乎是后者的两倍以上。因此,在材料成本中,运输成本占据了极高的比例。

同时,在项目实施过程中遇到的各类问题也比较多。在装修过程中,材料的选择与后期管理同样至关重要。尽管我本人并非建筑专业出身,也未曾涉足过酒店建设领域,但即便是在自家装修房间时,我也深感其中的烦琐与复杂。特别是在材料方面,由于新疆并非制造业发达地区,许多材料需要从国内的其他省市长途运输至此。即便是在乌鲁木齐市,材料选择也相对有限,更何况在可可托海镇。因此,我们在材料选择上面临的困境尤为突出,选择范围相对狭窄,这在无形中增加了项目实施的难度。

在克服气候、运输、成本等多重挑战的同时,我们还注重施工人员的素质问题。可可托海镇的施工零工的素质与技能水平相对落后,这对于我们打造一个高端项目而言,无疑构成了多方面的考验。最初,我选择让施工单位包工包料,然而在实际操作中,我发现如果按照他们的标准去实施,我的高标准将无法按照预期落地。因此,我介入材料选择的过程中,对施工单位所选的材料进行严格把关。每当他们提出使用某种材料时,我都会先审查,如果发现材料不符合要求,我就会和施工单位共同寻找合适的替代方案。通过这种方式,我们确保了装修材料的质量与项目的整体品质,从而能够按照高标准推进项目的实施。

因为我们项目的要求是高标准的,各方面都需要严格把控,在与土建施工队的合作过程中,我对材料的选择、工人的素质要求以及装修细节等方面都坚持高标准、严要求。因此,在这一过程中我是孤独的。比如,为了保证"可可托海的梦"展厅级别的品质,无论是公共空间还是客房,我们对房间的层高要求都极为严格,部分房间层高能够达到5米甚至7米,因此,在23套房中,我们设计了10种各具特色的户型。许多参与此项目和了解此项目的人,都曾劝我不必采用如此高品质的材料和如此大的空间,在很多事情上无须过度苛求。但"可可托海的梦"是集文化之美、建筑之美的生活美学空间,不仅要承载深厚的文化底蕴,还要致力于传承文化精髓。因此,我们必须保持高度的责任感和使命感,确保项目的完美呈现。

好在，在进入收获阶段之后，因为在空间布局、面积规模、设计理念、功能配备以及艺术展现等方面，"可可托海的梦"和常规理念下的产品有着较大的区别，因此与其他酒店拉开了距离。这种差异化，就成了"可可托海的梦"极具吸引力的卖点。虽然在建设期间，我们确实面临了许多挑战，因为坚持高标准而孤独前行，但我坚信，正是这些差异和独特性，让"可可托海的梦"在可可托海镇落地生花。

M 你们的民宿设计如何贴合当地气候、表现审美特色？您最喜欢的一部分设计是什么？

Z 鉴于可可托海镇冬季漫长且多雪，我们便大量运用落地窗，这样的设计旨在让客人在房间内即可欣赏到窗外纷纷扬扬的漫天大雪以及周边的壮美雪景。此外，我们在酒店的顶层设有星空房，客人除了可以躺在床上观赏飘落的雪花，还可以在夜晚仰望星辰，享受以天为被的乐趣。

对于朝东或朝西的房间，我们特别选用了梦幻窗帘，以便在日出或日落时分让光影在房间内流转，营造出独特而迷人的光影美学效果，为客人带来极致的视觉享受。

除此之外，因为冬季客群主要是滑雪爱好者，考虑到滑雪爱好者在结束一天的滑雪活动后，渴望回到房间享受一段宁静的泡池时光，以缓解身心的疲惫，因此，我们将酒店一楼的房间都打造为泡池小院或泡池房。而对于其他楼层的房间，我们则配备了浴缸，同样可以满足客人放松身心的需求，消解滑雪带来的疲劳感。

M 您认为新疆的乡村民宿可以通过哪些方面的尝试来呈现地域性和艺术化？

Z 乡村民宿可以凭借主理人自身的特质，借助多样化的主题形式，充分展现地域性、差异化的文化特色及独特的艺术风貌。

向世界展现新疆之美
The beauty of Xinjiang

M 您可否简单介绍一下你们的特色非遗产品？您是如何将非遗文化与美宿经营活动相结合的？

N 我们的特色非遗产品包括绳结艺术、彩鞠、皮毛绘画、编织地毯、烙画、桑皮纸、模戳印花、艾德莱丝绸、哈萨克刺绣、维吾尔族刺绣及维吾尔族的乐器制作。这些非遗产品不仅具有极高的艺术价值和文化内涵，也是我们优秀传统文化的重要组成部分。

我所追求的设计，是一定要将非遗文化元素巧妙地融入酒店的每一处空间的。然而，在寻找设计师的过程中我经历了不少波折。当时我接触了众多优秀的设计师，但经过深入沟通后，我发现他们大多倾向于打造传统的酒店空间。尽管他们都非常优秀，作品也都极为出色，但却未能精准捕捉到我所期望的核心需求。

于是，我在选择设计师时，除了要求他们在酒店设计领域具备专业素养，还特别希望他们能够拥有博物馆设计的经验。只有这样的设计师，才能够真正理解并实现我的产品理念，确保每一处空间都以展厅形式去呈现，让"可可托海的梦"更好地展示非遗文化之美，宣传非遗文化，传承非遗文化。

M 可否向我们详细介绍一下"天山牧歌"彩鞠系列旅游产品的设计过程？

N 彩鞠起源于中国蹴鞠，其历史渊源深厚，最早可追溯至春秋战国。蹴鞠活动中所使用的以皮革制作的球类，被视为世界足球的雏形和最初形态。正因如此，国际足联在 2004 年正式确认了足球起源于中国的事实。

"天山牧歌"彩鞠系列作品的创作灵感来源于新疆独特的地域文化。新疆四季分明，自然景色随季节变化、轮回，为创作提供了丰富的素材。电视剧《我的阿勒泰》主要讲的就是阿勒泰地区的游牧文化以及四季转场的场景。新疆各民族对花都非常喜爱，无论是哈萨克族还是维吾尔族，他们的女性名字中常带有"古力"这一与花相关的词汇。所以，我们的"天山牧歌"彩鞠系列产品以春、夏、秋、冬四季的花卉为主题，展现新疆每个季节特有的花卉之美。在"春之花"作品中，我们选用了新疆吐鲁番最早盛开的杏花作为象征；"夏之花"作品则以热烈的玫瑰为代表；"秋之花"作品则采用了菊花，同时融入新疆薰衣草的颜色，以展现秋天的韵味；而"冬之花"作品则以雪花为灵感，呈现出新疆冬日银装素裹的美景。

通过"天山牧歌"彩鞠系列产品,我们向世人展现了新疆四季变换的自然之美和人文风情。

除此之外,"天山牧歌"代表着对游牧文化的独特传承。这种发展了一两千年的游牧文化,在现代生活方式的冲击下,正逐渐退出历史的舞台。我的设计灵感正是源自我耳濡目染的游牧民族四季转场的游牧生活。为此,我们采用了四季转场的概念,并运用几何构图进行呈现。这种设计方式不仅与彩鞠作品中的几何构图风格相契合,更能够生动地展现四季牧场的变迁。同时,在插画中,我们运用各种几何图形来描绘春牧场、夏牧场、秋牧场、冬牧场、松树和滑雪场景。阿勒泰作为人类滑雪起源地,其岩画元素也被巧妙地融入其中。这样的设计不仅展现了作品的独特性,更通过插画的形式传达出一种浪漫的情感。四季转场的插画,不仅是对游牧文化的致敬,更是对自然与人文和谐共生的美好诠释。

M — 您参与过国内许多与非遗文化相关的艺术节,有没有哪一次让您印象深刻或者有所感触?

Z — 我之前参加过一些非遗展览,并曾承担了文化遗产日非遗展览的策展工作。每次展览都为我提供了宝贵的学习机会,亮点频现,让我收获颇丰。

非遗作为中华民族精神的载体,承载着深厚的中华文化"DNA",是中华民族文化身份的重要标识。近年来,国家高度重视非遗的保护与发展,投入了大量精力与资源。作为非遗传承人,我希望年轻一代能够进一步地了解、欣赏并参与到非遗的传承中来。

如今,非遗文化正逐渐融入人们的日常生活,成为时尚潮流的一部分。我创建非遗度假酒店,正是基于我作为传承人的使命感和对文旅时代的认知,文化是旅游的灵魂,旅游是文化的平台。打造"可可托海的梦",是因为我期望能够让客人在享受舒适住宿的同时,也能深刻感受到非遗文化和空间美学的独特魅力。通过让客人亲身接触非遗产品、了解非遗项目,我们希望能够唤起他们对非遗文化的兴趣和热爱,进而促进非遗的传承与发展。只有这样,非遗文化才能焕发新的生机与活力,更好地传承下去。

将非遗文化的文创产品转化为生产力
Intangible cultural heritage

M — 新疆旅游具有明显的淡旺季差异,面对淡季,您在经营上会做出什么调整?

Z — 尽管"可可托海的梦"能够做到全年经营,然而淡旺季的现象确实存在。针对淡季,我们会在酒店内组织一系列与非遗文化相关的培训活动,并策划非遗艺术展览,打造非遗文化学术交流的文化会客厅。

M — 您认为新疆本地旅游在发展上存在哪些问题或者困难?对此,您认为政府应该为乡村民宿提供哪些帮助?

Z — 新疆旅游的核心挑战在于距离主要客群市场路途遥远,导致交通成本明显增高。具体而言,大交通问题、飞机的航班安排与航线规划等方面,是未来富蕴县政府需要重点完善的地方。

在政府助力乡村民宿发展方面,我认为政府需要把控有限的资源,将优质的土地资源和项目优先分配给具备实力和潜力的优质团队。同时,积极引进专业且具备特色的企业,鼓励其来到新疆投资兴业。其间,政府应当充分发挥协调作用,确保各项政策落实到位,为优质民宿的顺利落地和发展创造良好的营商环境。

M — 您认为乡村民宿和传播乡村文化有哪些结合点?

Z — 乡村民宿的文化传播应着重围绕其所在区域的地方特点,深入挖掘并充分利用其蕴含的文化品质、地方特色以及优越的自然环境等元素进行广泛传播,以打造差异化的、独具特色的经济价值。

M — "可可托海的梦"在未来有何发展规划?

Z — 作为中华传统文化的传承者,我们非遗传承人肩负着传承与宣传非遗文化的重任。我们必须竭尽全力做好非遗文化的传承工作,并积极宣传其文化魅力,让更多的人了解并喜爱我们优秀的传统文化。同时,我们还应善于运用非遗文化元素,开发出更多具有文化记忆价值的文创产品,吸引更多年轻人去接触、了解、使用这些产品。只有将与非遗文化相关的文创产品转化为生产力,才能更好地推动非遗项目的传承与发展。

借助新疆旅游业的大好前景,我们应积极打造更多优质的非遗文旅项目,充分发挥文旅产业的力量,向世界讲好中国故事,讲好新疆故事,讲好可可托海的故事以及非遗故事。这不仅对非遗文化的传承与弘扬有所助益,更对中华民族优秀传统文化的传承与发展具有深远的意义。

我的终极梦想是在昭苏草原开一家乡村民宿

——晏樱

M 美宿志

Y 晏樱

晏樱,"飞行家"品牌创始人,无辣不欢的85后重庆妹子,人生三大理想是环游世界、出书和在新疆秘境开一家有腔调的民宿。大学毕业后加入世界顶级航空公司——卡塔尔航空,在神秘的阿拉伯国家卡塔尔生活了近5年,将环游世界的梦想照进了现实,足迹遍布56个国家,120多座城市;出版了《飞行记》《飞行万里,和世界谈一场恋爱》。

"飞行家"的一语双关
A pun intended

M — 您的民宿取名为"飞行家",跟您曾经做过卡塔尔航空空乘的经历是否相关?您认为"五星级的服务"是否是您保持民宿高度好评的主要原因?

Y — 是的,的确跟我5年卡塔尔航空空乘经历密不可分。"飞行家"这个品牌名字一语双关,一是指那些热爱旅行、飞行的有趣灵魂;二是寓意这是他们旅途中温暖的家。

我很荣幸大学毕业后就去了"土豪国"卡塔尔,开始接受世界顶级航空公司为期两个多月的"魔鬼式"入职培训,内容涉及安全管理、品酒佐餐,以及与世界各地客人的沟通艺术。从那时起"五星级的服务"便深深植入了脑海。

"飞行家"民宿"麻雀虽小,五脏俱全",选址的绝对优势让我并不担心入住率,我在乎的是客人的入住体验,这是老东家卡塔尔航空给我带来的潜移默化的影响。房价具有性价比的同时,五星级的软硬件服务也必须跟上。

M — 疫情使得民宿业乃至旅游业都遭受了重创，但"飞行家"民宿却一直保持盈利，请问您是如何做到的，有什么诀窍吗？

Y — 主要是因为"飞行家"民宿还处在发展的初级阶段，规模小，成本可控。比如人工方面，房务清洁是按次计算而非包月。疫情期间，在没有外地客流的情况下，我会采取短租的方式降低空置率，等到旺季（比如寒暑假、节假日）再恢复运营，用一个词总结就是"开源节流"。

M — 疫情后旅游行业复苏，新的机遇已经来临，对此您有什么想法和新的行动？

Y — 后疫情时代，全域乡村振兴和共同富裕是国家战略。一直以来，乡村民宿才是我的终极理想。所以未来希望可以在我的第二故乡——新疆辽阔的昭苏草原建一家有爱、有腔调的乡村度假民宿。

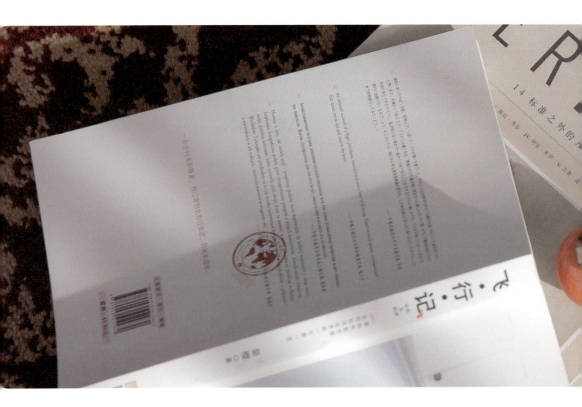

M 您做民宿之后有什么收获,希望自己在哪些方面得到提升?

Y 目前来说,做民宿的收获除了经受住了疫情的考验,运营上实现了可持续,最大的收获可能来自不断被客人治愈的精神层面。

苏格拉底曾说过:"越学越无知。"我认为做 1 间民宿和做 10 间民宿以及做 100 间民宿是三码事,要提升的内容实在太多了。一个品牌的孵化,从 0 到 1 的时候创始人得像个万金油,光鲜亮丽的创始人头衔背后,是老板,也是马仔,是管家,也是客服。

当然,环球旅行之后,我非常欣赏北欧国家尊重自然和生态多样性的环保理念,对于我的第二故乡新疆,我也非常注重对当地自然生态的保护、新能源的利用与环境的可持续发展。因此,如何利用当地丰富的光伏资源发电,在基础设施落后的地方如何更好地处理上下水和北方冬天供暖的问题都需要非常多的知识储备和实践经验,我一直在努力学习中。

新疆是远方也是家乡
Distant places and home town

M —— "飞行家·伊宁小院"落地于新疆维吾尔自治区伊犁哈萨克自治州伊宁市是基于哪些考量？

Y —— 首先，从历史背景来讲，我的爷爷晏平一作为一名军人，从抗美援朝最前线的战场转战到祖国的边疆，自此扎根。新疆不仅仅是我爷爷的归宿，也是我爸爸度过童年的地方。

其次，从自然风物与人文风光的审美来看，在我环球旅行56国、120多座城市之后，新疆的雪山、草原、大美风光、异域风情依然吸引着我，我深深爱着这片土地。

再者，从经济发展的角度出发，新疆以其辽阔的疆域与独特的地理位置，成为众多游客的集散地和中转站。于我而言，新疆既是远方，也是家乡。

M —— 近年来，随着新疆旅游市场被关注，众多本土民宿纷纷涌现，竞相展示民俗文化的独特魅力。对于"飞行家·伊宁小院"而言，您打算如何融合伊犁的地域特色，以构建不可复制的品牌故事，从而在未来的市场竞争中脱颖而出？

Y —— 突出品牌视觉色，伊犁的传统民居院落通常采用蓝色装饰，充满了浓郁的异域风情，所以伊犁蓝成了这座城市的主题色。"飞行家·伊宁小院"的品牌主题色特别融合了伊犁蓝和葡萄叶绿。

民宿前辈刘杰曾说："一家民宿运营得如何，就看绿植维护情况。"我们小院的葡萄11月开始盘枝冬眠，次年4月上架发新芽，平均每周打理一次藤蔓，观察葡萄挂果及虫害情况，7、8月葡萄成熟，客人唾手可得，这都是时间沉淀出来的美味，客人还可以体验亲自摘葡萄的乐趣。

菜地里的番茄与黄瓜"buff"满级，中国人的日常生活离不开吃，在"飞行家"，水果、蔬菜从地里到嘴里的距离不超过10米。客人们就喜欢吃自己亲自采摘、在超长日照中成长的有机黄瓜和西红柿。

主人文化，当民宿里有了主人，才有了灵魂。"飞行家·伊宁小院"的主人是我的三爸和三妈，他们悉心打理着院落、菜地和葡萄藤。他们作为新疆"土著"，当然少不了为客人做攻略的拿手戏，推荐只有当地人才会去玩的小众景点，或者向客人传授种植葡萄的经验。

客房名字的小心思：院子里种满了不同品种的葡萄，因此我们 11 间客房也特别以不同葡萄品种命名，它们分别是雷司令（Riesling）、阳光玫瑰（Shine Muscat）、长相思（Sauvignon Blanc）、玫瑰香（Muscat）、美人指（Beauty Finger）、西拉（Syrah）、美乐（Merlot）、歌海娜（Grenache）、马奶子（Manaizi）、木纳塔（Munag）和霞多丽（Chardonnay）。

品牌创始人的签名书，每间客房都特别放了我写的两本书，签名版《飞行记》《飞行万里，和世界谈一场恋爱》。希望客人在标准体验之上，有更多细节体验、文化体验和情绪价值的链接。

作为品牌创始人，我希望可以把老东家卡塔尔航空的五星级服务理念带到民宿中来。

M — 您本身是一位资深旅行家,以"飞行家·伊宁小院"为参考,您能否从游客的视角出发,谈谈您在踏入一家民宿时,哪些核心要素最能够触动您的内心?

Y — 用五感,打通客人体验感的"任督二脉","人"才是心流的开启者。

视觉:我是个"颜控",所以民宿在实用的基础上必须好看。"飞行家·伊宁小院"最大的特色是种满葡萄的绿色院子。客房有设计师张旭甄选的带有异域风情的花砖和主人特别挑选的具有民族特色的羊毛地毯。

听觉:我们在公共空间放置了 Morrorart Art 壁挂油画音响,放音乐的同时还可以向客人展示大美新疆纪录片,希望能为客人的旅行带来一丝灵感。

嗅觉:接待大厅和客房都放置了我特别挑选的名为"大地"的木质香调精油香氛。

味觉:"飞行家·伊宁小院"2024 年 5 月开业,餐食、下午茶还有待完善,但客人可以在地里亲自采摘黄瓜、西红柿等蔬菜,普通日常的蔬菜在劳动加持下变得妙不可言。

触觉:床品一定是和客人接触最亲密的物件了。在这一点上,飞行家选择的是 80 支纱贡缎高品质床品,纯实木床、超舒适榻榻米,实木门、实木家具也展示了我们对客人的满满诚意。

无论是"葡萄美酒夜光杯"还是"床品音乐木调香",最后的"幕后使者"都是人。

我的终极梦想是在新疆昭苏草原开一家乡村民宿

Dream

M "环游世界、出书、在新疆秘境打造一家格调非凡的民宿"曾是您的人生三大理想,随着"飞行家·伊宁小院"的成功落地,您的三大理想正稳步实现,您也成为许多女性心目中优秀的榜样。您如何看待"她力量"在乡村振兴战略中所展现出的优势与影响力?

Y 女性在社会中逐渐担任更多重要角色,"她"是细腻的、柔软的,但也是充满强大能量的。

作为品牌创始人和主理人,我这个深爱大美新疆的"她",渴望在环球旅行,特别是北欧之旅中,汲取更多人们对自然所持有的敬畏与尊重之情。我致力于将这些情感融入品牌理念之中,用心践行自然、生态、低碳及可持续发展的原则。同时,我期望通过个人 IP 的打造、撰写书籍以及运用自媒体等多种渠道,广泛传播"自然才是最美的软装"这一理念。

我的终极梦想是在新疆昭苏草原开一家有爱、有腔调的乡村民宿,对美好生活的向往似乎从未停歇。

M 2024 年 5 月,电视剧《我的阿勒泰》火爆播出,同时带动了新疆旅游业的发展。结合"飞行家"民宿品牌的实践经验,请您谈谈新疆民宿行业如何精准把握住这次发展机遇,进而转化为推动乡村振兴的强大动力?

Y 阿勒泰"有毒",新疆是"解药"。

新疆民宿行业首要任务是利用好热点与自媒体平台,积极塑造并推广自身品牌形象。然而,须明确自媒体犹如双刃剑,其影响力既能成为品牌推广的强大助力,为品牌吸引大量流量,同时也可能带来潜在的挑战和风险。在旅游旺季,尤其是 7、8 月客人蜂拥而至之际,民宿经营者更应精细调控房价,确保价格合理且具竞争力;同时,提高管家服务的品控,从而赢得客人的口碑和信任。

品牌要有长期主义和利他精神。所谓利他,即在满足民宿运营可持续盈利的基础上,为拓宽在地农副产品、手工艺品的销售渠道贡献一份力量。

急事慢做,静水留声。这是民宿人对自然、乡村的爱意,更是对新疆这片土地的人们充满爱的敬意。

西藏的个性化高端民宿比例较小
——陶世清

M 美宿志

T 陶世清

📑 陶世清，拉萨五色茎别院（后简称"五色茎别院"）创始人、主理人，青海省海东市人，毕业于青岛酒店管理职业技术学院。

::::: **为爱情远赴西藏拉萨**
Love

M — 我们了解到您曾在青岛读书,您所就读的酒店管理专业在本地的就业前景是很不错的,为什么最后选择来西藏创业做民宿?

T — 2017年4月7日,我做了这一生中最勇敢的决定:为爱情远赴西藏拉萨。当时,感性占据了我的内心。在拉萨街头,我感到天空似乎离我更近,布达拉宫像我的梦想一样矗立在城市中心。就这样,我义无反顾地来到这里创业。因为我一直从事酒店行业,所以选择了民宿创业,我觉得它不仅是我的事业,更是我的生活。

M — 西藏的高原反应让很多人不适应,您刚来西藏的时候高原反应厉害吗?

T — 我没有出现高原反应。可能因为我来自青海,青海与西藏同属青藏高原,二者海拔落差小,所以发生高原反应的概率较低。我想,对高原反应的恐慌感可能是很多人来西藏旅行要克服的第一个心理挑战,但这其实不过是身体对缺氧环境的适应过程,是一种正常现象。一般情况下,在经过一段时间的适应后,大家都能完成西藏的所有旅游线路。当然,这些年我也遇到过一些极端的高原反应例子,患者会出现如肺水肿和脑水肿等严重症状,但比例非常低。

M — 2016 年，我曾经去过西藏拉萨，并且去了珠峰大本营。当时，去西藏的沿途住宿条件并不太好。多年以后，西藏民宿的发展状况实在令人欣慰。您当初为什么选择在拉萨开民宿？背后又有哪些机缘呢？

T — 2016 年，西藏整体的城市发展和住宿条件都不是很好，沿途的住宿设施也十分有限。那时，大多数县城的酒店都很简陋，甚至连带卫生间的客房都很少。我来到拉萨的时候，大家对民宿的认知还停留在青年旅社和小客栈的阶段，精品民宿产品非常少，市场空间巨大。然而，这几年西藏的发展非常迅速，恰好我也喜欢关注民宿产品的发展，于是，我决定在这里开一家可以达到云南和浙江水平的民宿。如果真正从机缘来谈，则在于我找到了五色茎别院所在的这个理想的院子。五色茎别院的房东非常友善，他们支持我的后续改造计划。

M — 在西藏这样独特的生存环境中，您创办这家民宿的初衷和理念是什么呢？

T — 五色茎别院创办之初，正好赶上民宿热潮。当时的想法很简单：保留院子的原有生态；确保每一间屋子都可以晒到拉萨的太阳；肆意去做自己喜欢的事情。

M — 您开这家民宿之前的一些经历对您开民宿有哪些影响？

T — 大学期间，我在北京希尔顿酒店和西苑饭店实习，这两段经历对我来说特别宝贵，因为它们让我再一次确定了对酒店行业的热爱。毕业后，我也曾在青岛桔子水晶酒店担任前台接待和宾客服务经理。在这些过程中我深刻体会到酒店不仅不能停留在服务，更要注重与人互动的过程。因为绝大部分时候，你的真诚是可以获得客人的回应的，这会让你觉得非常满足，这是一种被人需要和认可的温暖。我很享受与客人互动带来的满足感，这也坚定了我开民宿的信念。

"五色茎"源自《华严经》
Wusejing

M —— "五色茎"源自《华严经》，带有深厚的佛教文化内涵，五色茎别院除了有这层内涵，是否还有什么独特的故事？

T —— "五色茎"本就是莲花的意思。出于对莲花的喜爱，我想给自己的民宿起一个和莲花相关的名字。当时我想了很久，好几种语言的"莲花"都已经被人注册使用，于是我就考虑是不是要改个名字。但在我即将放弃寻找时，我偶然翻到了《华严经》的"佛土生五色茎，一花一世界"。"一花一世界"为大众所熟知，但知道"佛土生五色茎"的人寥寥无几。经过核查后，我发现"五色茎"可以注册，于是在后续的客房命名上也沿用了这一思路，像澄观、惟白、莲华这些名字也都来自《华严经》的知名释本。现在想来，缘分真的很奇妙。

M —— 我们了解到您保留了民宿院内的三棵百年古树，而树木在藏民族传统文化中具有独特意义。您是如何想到将树木元素融入五色茎别院的整体环境的呢？除此之外，您又是如何将西藏独特的宗教文化和自然风光融入民宿设计当中的呢？

T —— 几十年前，这里还是荒地。这片土地属于几棵树，树木才是这里的主人。在高原，树木的生长是很艰难的，如果你在高原旅行，就会发现，再荒凉的地区，有树的地方就有村落。树更像是家园的标志。实际上，我一直觉得这几棵树是我们院子的灵魂。

拉萨是千年古城，历史元素随处可见。院子的前身是贵族居住的藏式建筑，我们能做的就是尽量保留原有的历史文化符号。不仅如此，拉萨还是日光之城，我们把阳光作为最重要的元素来考虑，我们希望客人如果需要在房间里就能躺平晒太阳。这个要求看似简单，但其实需要我们做出很多取舍。获取足够多的日光要求房间必须朝南、间距要足够大等，但这些都会限制房间的数量和建筑密度。好在，从运营到现在，至少从客户的反馈来看，我们当时的决定是正确的。

实际上，我是在做了民宿之后，才对西藏本土文化有了更深刻的认识。因为我们有很多客人是藏地风景发烧友和喜爱藏传佛教的人，在与他们的交流中，我们不断地更新着自己对藏地的认知，同时也向他们展现我们心中的藏地。民宿就像一个不同观念和信息碰撞的平台，我们是见证者，见证着这些有限信息的无限传播。

M — 您在经营民宿的过程中是否遇到过一些特别值得分享的故事？

T — 最深刻的事是 2022 年 8 月 8 日拉萨因疫情第一次全程封禁。拉萨原本是全国病例最少的城市，因此，疫情的大规模暴发让所有人都措手不及。当时我店里有 28 位客人与 4 名员工，大家都没想到这一封就是 4 个月，这可能是我们这个年龄段的人第一次也是唯一一次每天为吃饭问题而发愁。当时可以采购物资的平台十分有限，我们基本上每天都要轮流掐着点去抢物资。我记得 2022 年 9 月 10 号既是教师节也是中秋节，那天我们所有人合力抢到了一只鸡，晚上还专门为此举办了庆祝晚会。我相信这对所有人来说都是一段难忘的经历，也是在那段时间里，我真正理解了游客身处异地他乡的恐慌和对民宿主人的期待，也理解了为什么民宿主应该把客人当作家人一样对待。

西藏的个性化和高端民宿比例较小
About homestays

M — 五色茎别院于 2023 年荣获文化和旅游部评选的"全国甲级旅游民宿"，这份荣誉对您个人和民宿的未来发展有哪些影响？

T — 这份荣誉是对我个人和民宿的极大肯定，也让我感受到了一种道路虽坎坷，但一切值得的慰藉。实际上，民宿发展还有很长的路要走。因为"全国甲级旅游民宿"在各大住宿平台的认可程度还需要更多的政策力量去推动，所以从短期来看，这份荣誉主要给我带来的是信心和认可。但我相信随着政策的完善，这块牌子一定会为民宿人带来更大的价值。

M — 您是系统学习过酒店管理专业的专业人士，这些专业知识对您在民宿运营中有哪些帮助？另外，以您的民宿为例，您认为西藏的民宿发展相比国内其他地区还有哪些提升空间？

T — 我从大学开始就一直接触酒店行业，这些专业知识虽然有利于我迅速地理顺民宿经营思路和基本服务体系，但是酒店的标准化流程反而会给民宿经营带来阻碍。民宿服务更依赖于主人的个人价值和情感互动，需要主人在生活与服务里为客人提供像朋友一样的情绪价值。虽然这个转变刚开始让我有点不适应，但随着与越来越多的客人成为朋友，我对如何经营一家民宿的认知更加清晰。

西藏的民宿硬件虽然发展迅速，但个性化和高端产品比例较小，市场缺口较大。虽然这个缺口可能会随着市场的发展而逐渐缩小，但专业运营人才的培养和服务水平的提高还需要很长时间。因此，这个缺口将会长期存在，而这也正是西藏民宿行业的最大痛点。

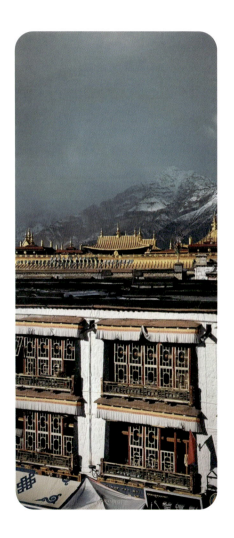
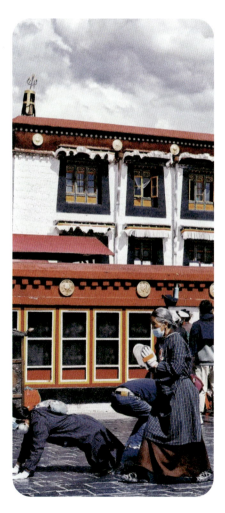

M — 在面对季节性客流量变化较大的情况下，五色茎别院在未来的季节性运营中有什么设想和规划呢？

T — 西藏的整个旅游市场淡旺季差异明显。西藏冬季景观最好，天气最稳定，但由于信息差的存在，大多数游客对此并不了解。我们在面对淡旺季问题时，往往选择强化自媒体宣传。这几年随着抖音等自媒体的兴起和政府"冬游西藏"等一系列政策的落地，信息差基本被消除。因此，市场上错峰旅行已经成为常态，淡旺季的差别在逐年缩小。

M — 疫情对中国民宿发展影响很大，西藏的民宿受疫情影响大吗？

T — 在疫情初期，西藏的病例极少，受影响不大。真正受到影响的时间是 2022 年 8 月之后的 4 个月封闭期直接导致了很多民宿的倒闭。

M — 西藏的乡村民宿发展如何？

T — 西藏地广人稀，城市化进程较慢。因此，核心景区周边民宿的存在对当地水电、道路等基础设施的完善有较高的价值与重要的意义。

M — 您个人认为西藏民宿未来发展前景如何？

T — 我觉得西藏旅游业的发展还是跟大经济环境有关，西藏是世界级旅游目的地，现在稀缺的依然是好的产品和好的服务。民宿需要明确自己和酒店的区别，并在藏地一直坚持下去，我想未来一定能够得到更好的发展。

M — 在未来，五色茎别院是否考虑在国内其他地区发展？

T — 我们一直在考虑这个问题。此前，我们在斯里兰卡、柬埔寨等地做过尝试，但在疫情期间都遭遇了毁灭性的打击。接下来我们会重新调整思路，期望可以在更多的城市发展。

艺术文化赋能乡村建设的探索者
——张春丽

M 美宿志

Z 张春丽

张春丽,海南"学而山房"品牌联合创始人,海南胡画少儿创意艺术教育集团联合创始人。2016年创立"学而山房"品牌,迄今旗下有三家民宿,分别为"学而山房·黎母山""学而山房·邦溪水院山海经",曾获"海南省乡村民宿银宿""海南100家特色民宿""全国林草科普基地"和"海南省研学旅行基地"等10多项荣誉称号,得到CCTV-17、湖南卫视、东方卫视等电视台约20次专题拍摄宣传,以社会美育实践为理念探索乡村建设的另一种可能性。

艺术与自然的治愈力
Healing power

M 您是怎么想到要做一家民宿的？

ZN 我们一家人都从事教育文化行业，创建"学而山房"的契机发生在我们把孩子们带到浙江大学研学之后。与平时上课截然不同，在研学期间我们能够看到孩子们24小时的全部状态。我们发现孩子们缺乏生存能力，本意是带他们出去拓展名校认知，结果我们基本是在做保姆。同时我们也发现，孩子们很聪慧，耐心引导后，一两天内就养成了规矩，包括后来去看海洋世界，孩子们始终保持有礼有序，离开时把垃圾带走，真挺欣慰的。那时我就开始思考，是不是给孩子们创造一些特定的时空，如同古代教育家孟子所提倡的"易子而教"一般，是否就有可能实现某些方面的腾挪翻转呢？于是，我们想为孩子们做一个自然空间，一个能综合培养孩子们独立性、基础自我生存能力、抗挫能力和探索自然的地方，因此，"学而山房"就这样诞生了。

"学而山房·黎母山"的位置有三个优点。第一，功能齐全，进山、下山一条路，有门岗严查；位于海南黎母山国家热带雨林公园内，而非荒郊野岭，距离公园管理分局办公楼仅约600米，餐饮小店、卫生站、森林公安等功能齐全，但常居人口不多，安逸又清净。第二，其是黎母山林场子弟学校旧址，四面环山，门前屋后溪流潺潺，孩子们可自由玩耍，正对黎母山主峰，局部形成干爽气候，非常宜居。第三，整体生态资源非常好，我们可以开展多类课程，整理好艺术资源后，我们就有了"学而山房"的第一个版本——自然研学基地。

M Z I 您做的研学产品是非常独特的，可否谈谈早期的产品思路？

我们在2011年创立了胡画少儿创意艺术教育，与传统美术不同，我们特别强调呵护孩子的灵性，鼓励孩子自由想象并创意应用，发现美、创造美、享受美。胡画少儿创意艺术教育是海南第一个坚持举办大型公益少儿艺术创意展的机构，如组织了海南大学"大手拉小手"环保时装秀、望海国际艺术中心（800m²）"胡画出彩，艺术童行"创意美术展，协办了第三届海南区"世界杯青少年儿童现场绘画比赛"；2015年举办了5场"恒大·胡画杯"海口环保时装秀大赛，获得海口市创意创业大赛一等奖；2016年参加了海南省会展中心（3000m²）"爱丽丝梦游仙境"大型装置艺术展等；2017年参加了"成长艺语"全国儿童原创绘画赛，获得"十大原创儿童绘画教学成果奖"等，先后获得各电视台、海南日报、南海网、新华网、凤凰网等媒体的数百次报道。

我们想做的一直是行业引领者，而不是行业第一。因为疫情，画展停办了3年，2024年我们又办了第9届"世界是彩色的 少儿创意海南是蓝色的"儿童美术展。

基于前面的发心，从2016年暑假开始，胡画少儿创意艺术教育始终融合自然艺术与生命教育，作为研学基地的"学而山房"，便延续了其创意美学和自然美学的教学理念。

可以说，我们用了8年的艺术教育时间沉淀了跟我们有同样生活美学理念的种子客户群体，这有助于产品的迅速传播。比如早期我们带学生进行研学体验，带动家长感受我们的产品内容，这有助于我们的理念在同频道朋友圈内部的自然传播。这也促使我们一步一步将孩子们的研学基地升级为现在的民宿，集自然教育、科学研究、人文艺术和特色民宿等功能，与自然融为一体，朴素而美好。

M Z I "胡画"这个名字的背后有何故事？

我姐夫姓胡，是学画画的。我姐生孩子后，他就想给孩子取名叫胡画，我姐不同意。刚好我们要做一个画室，引导孩子用绘画自由表达他们看待世界的不同视角，这个名字很符合我们的教育理念，便将画室取名"胡画"。

现在的学科教育注重以结果为导向,在发散性思维引导上有所缺失,而美术就是训练孩子们发散性思维的良好工具,没有标准答案,但有无限可能。在课堂上,我们没有示范应该怎么画,而是让孩子仔细观察、肆意发挥、天马行空。有些家长说学了那么久,画什么都不像,是因为他们还没意识到绘画真正应该带给孩子们的是什么。不管什么时候,我们都可以学习绘画技术,但激发创意思维的黄金年龄就是 3～12 岁。

每个孩子的作品都是原创,五花八门、千奇百怪。我们每年1～2年就对学生作品进行再次创作和提升,以创意艺术展的方式将其呈现为空间美学。每次开幕,看到孩子们满眼惊喜、满心欢喜的那一刻,我们都觉得十分值得!这也是我们做儿童艺术教育跟别人最大的不同之处吧。

包括我们做民宿,实际上是从学校教育向家庭教育和环境教育的转变。孩子们的很多问题其实来源于家庭。"学而山房"提供了一种自然与艺术和谐的美学空间,能够让孩子们和家长们换一种生活方式,使他们相处更和谐。

我一直相信,自然和艺术是有治愈力的。我上课可能只能服务一千个孩子,但我打造的乡村产品,能够影响一方水土,让当地的村民看到不一样的生活美学,开阔眼界,从而修身齐家。

我们不是完全的生意人,只是想用美去影响更多的人,让更多的人享受美的生活。所以,我们是美学的教育实践者,是美的探索者。

陪着乡村慢慢走
Companionship

M 您为什么选择目前的设计理念？其中有何故事？

N "学而山房"一直处于更新状态，前后装修了好几个版本。第一个版本只做了研学基地和家人居住的地方，不是按照客房标准做的，用时一年多。

做第二个版本是因为当地领导觉得我们做得还不错，鼓励我们局部升级，将"学而山房"改造为民宿。没想到，"学而山房"2018 年入选"海南省民宿创建示范点"，2019 年获评"海南四椰级乡村旅游点""中国十大民宿游学基地"，2021 年获评"第五批全国林草科普基地"，2023 年获得海南省第五批乡村民宿"银宿"等级。且从 2017 年 9 月至今，"学而山房"前后获得 CCTV-17、湖南卫视、东方卫视、海南文旅频道、海南综合频道、海南广播电视台等约 20 次专题拍摄。

但不管改造几次，我们都要做到尊重历史、传承文化。现在很多地方都在做乡村振兴、文化振兴，当我们去到乡村时却发现，很多地方都是拆了乡村、重建城市，将乡村建设标准化、城市化，以致乡村的岁月痕迹被磨灭了。

"学而山房"墙上的石头和修复的门墙，花费都比重新建造要高。以墙面为例，墙面上原本刷了几层白石灰，斑驳脱落，凹凸不平，没办法用机器操作，只能由工人拿着小锥子一点一点凿掉，露出原始的石头墙。这面墙具有海南原始自然的美，因而被我们坚持保留下来。

建筑的翻修重建很困难，而升级过去的岁月与文化更是困难重重。我们想把"学而山房"做成一个将文化、艺术、教育相结合的乡村振兴案例，在延续乡村文化的同时，以艺术的形式植入相关课程内容。以点带面，我们开始探索乡村建设的另一种可能。

MZ — 可否向我们介绍一下"学而山房"的第二家店？

"学而山房·邦溪水院"选址在白沙县邦溪镇南牙村的一间村小学。当时有人推荐我们到南牙村进行乡村建设的整体设计。我们调研之后觉得很头疼，因为这个村资源稀少、贫困落后。但经过我们全面升级改造、植入文化和艺术元素之后，如今村里村外发生了翻天覆地的变化，村民们也很骄傲。

2021年投入使用后，"学而山房·邦溪水院"很快得到了省领导的高度认可，前后接待了政府部门、艺术家等40余批次的参观和调研，接待人数超过1500人。2022年南牙村被评为海南四椰级乡村旅游点，"学而山房·邦溪水院"被评为2022年海南省乡村民宿"银宿"等级。

南牙村美丽乡村建设规划旨在构建城乡和谐共同体，即往乡村导入城市资源，同时向城市输出乡村价值。可以说，这种和谐共同体意义上的"乡村建设"具有跨学科合作的特征，将人文、艺术、建筑设计、生态农业等学科有机地融合在一起，做到了因地制宜、尊重乡土，与南牙文化真正的主人们一道将南牙村"酿成一首黎家的歌"——黎族音乐部落。

这两年的实践证明，我们的乡村建设效果还是挺好的。南牙村在建设后得到了3次电视专题拍摄，包括2021年海南卫视《潮起海之南·品味丨绿韵白沙》、2021年海南经济频道《白沙南牙村，乘风而上的"新"黎村》、2022年海南文旅频道《遇见海南美丨驾轻就宿》。2022年"行走中国·海外华文媒体海南行"活动的20多位海外华文媒体人士，走进海南省白沙黎族自治县邦溪镇南牙村，感受黎族村庄的特色民族风情文化。

回头想想，建设期间有几个小故事比较有意思。

我在南牙村最高兴的第一件事就是教会了村民在庭院种菜。我们用小篱笆把院子门口的空地围起来，并聘请村民浇水种菜，刚开始村民说不会，三四个月后，当地村民又说菜种太多了，吃不完，于是我联系施工队购买了这些菜，让村民知道门前种菜不仅方便，还可以获取经济收入。渐渐地，其他村民也开始种菜了，一户带一户，把许多杂草地都变成了菜园子。

第二件事是村民态度的变化。刚开始，村民对外来游客很冷漠，有些别扭。于是我组织了几场夏令营，把城里孩子带到村里活动，引来不少村里孩子围观。然后，我为当地孩子组织了一模一样的公益活动。刚开始只有二三十个孩子参加，后来周边四五个村的孩子都来了。

在活动最后一天，我邀请家长们过来聊孩子的教育问题。我说孩子们之所以还在乡镇里读书，是因为目前我们能力有限，但这不意味着孩子们永远与城市无缘。那么我们要如何拉近孩子与城市之间的距离呢？要么孩子去往城市，要么城市人来到我们乡村，而我们选择的正是第二条路。我们希望孩子们更多地接触到城里人，不怯、不怕、不卑、不亢。作为家长，多与来村里的客人打招呼、多接触，也是给孩子增加另一种希望，榜样的力量是很大的。

结营晚会上，我邀请家长们上台唱歌，说今天你们有勇气站在上面，未来你们的孩子就有勇气站在上面。彩排时，孩子们坐在台下，看着他们的父母在舞台上唱歌，唱完一首又一首，掌声不断，我觉得蛮感动的。这场晚会的意义不在于有多精彩，而在于孩子与家长都实现了一种突破。后来，村民与游客也能很轻松地打招呼，城乡之间的交流氛围也变得自然融洽起来。

第三件事是卫生条件上的改变。村里的卫生一般是妇女在做，她们能做，但是做不好。为了提升大家的审美，我为她们安排了插花、茶艺等公益课，让她们学会欣赏美，懂得美之后自然而然就会创造美。我们使用的就是村中随处可见的花草，上了几次课之后，我发现大家的庭院都变美、变干净了很多。

除此之外，我还特意做了位于水上的叮咚图书屋，艺术感满满，让村民们懂得文化的重要性。但之后遇到了疫情，很多想法和活动就没有坚持下去，对此我们感到非常遗憾。很多项目我们做了一段时间后就感受到了村民们微小的变化，所以我觉得这份坚持还是值得的。美丽乡村建设难在坚持，乡村振兴绝对不是一个短期产品，我们一定要有陪着乡村慢慢走的情怀，坚持几年后一定会有变化。

不对未来设限
Don't set limits

M — 您是在什么机缘下开启了"学而山房·山海经"呢？

Z — 我们与"学而山房·山海经"的相遇十分偶然，它位于三亚闹市，鹿回头山脚下，正对凤凰岛。

第一是"学而山房·山海经"具有鲜明的地理特色。初次考察时，我们对外部景观不是很满意，但进去之后才发现别有洞天，仿佛与世隔绝。进入山林，四周的海滩岩错落有致，每块石头都有三四千年的历史，是沧海桑田的见证。

第二是乡村建设不能只讲情怀，现实是骨感的，需要强弱资源之间的搭配。三亚是海南与外界连接的重要端口之一，在经济、交通等方面优势明显，能够支撑起我们后续的布局。

第三，"学而山房·山海经"所在的城市能够成为它独特的卖点。在快节奏的大环境之中，人心是没有办法安逸下来的。我认为真正的旅行是心灵的慰藉。"学而山房·山海经"实际上是在探索一种新的城市生活方式。我们希望给寻求宁静的人们提供一个能够以地方文化来滋养心灵的空间，在车水马龙中享受片刻的喘息与宁静，而后怀着幸福感重新起航。

未来，在地文化体验可能会成为游客真正想要收获的东西。小而精、小而美且富有地方文化特色的旅游产品可能更贴合游客的需求。我们在海南版图上已经布下国家热带雨林公园（学而山房·黎母山）和黎族乡村生活（学而山房·邦溪水院）的点，而在三亚的尝试则是面朝大海，探索热带海洋资源。因此，我们想把这些地方文化串起来，形成独特的地方定制游路线。

MZ 您可否简单介绍一下"学而山房"的运营体系？

ZN 运营属于我的短板。首先，在接待方面，民宿是非标产品，它要提供的是家的温度，家是一个没有太多规矩的地方，我们怎么接待亲戚朋友，就怎么接待客人。但我现在也在个性之中寻找共性，这二者确实需要得到平衡。

其次，在宣传方面，我对此非常感恩，可能是因为我在产品稀缺时进入了市场，因而得到了很多客人的自发支持，他们拍了很多照片、视频放在社交媒体上，起到了宣传作用。从这上面我也悟到了这些未必是偶然，我需要通过这些项目发现市场运营规律。比如，客人帮我们宣传的原因是我们有可以出片的场景和空间。所以，我们需要先了解市场，把运营策略和市场需求放在项目设计中，充分利用在地资源，这样只要项目一完成，种子客户就随之来了。

我认为，民宿的创始人或者主理人，一定要对美学、文化、生活方式有所把握，同时以市场为导向进行超前思考，了解当下及未来五年人们的生活方式，结合市场与未来，再去设定产品。所以，民宿产品首先要有远见的思想作为基础，其次要用艺术审美将其表达出来，最后进行落地产品内容的运营规划，这决定了它可持续发展的生命力，剩下的补充就是在地文化的展现、服务水平的提高等。

M — 目前,"学而山房"的顾问团队是中国乡村民宿领域的一个独特存在,请您介绍一下成立顾问团队的初衷以及顾问团队的组织架构,顾问团队在"学而山房"的实际运作过程中有何作用?

Z — 起初建立这个团队时,我们没有想过它会产生多大的作用。当时,身边有一些不同学科的专家,我们希望他们能够在"学而山房"饮茶论道,从文化的根源上对乡村建设进行一些交流与讨论,希望这些纯粹地耕耘自身领域的专家,能够在这里实现各领域的多维度融合,将哲学、艺术、农业、教育等专业结合在一起,探索一种新的可能。

在团队建成之后,我们发现这是一种非常好的组合。哲学引领我们更多地从人文历史的变化中了解社会的发展,让我们更好地理解世界与未来,为我们开展当前的工作提供了大方向。基于哲学上的大方向和我们所处的自然与村庄的现实环境,我们继续探索艺术如何借助大自然的力量呈现美,让艺术在这里激发更好的空间生命活力,使人们更愿意走进来、留下来。科研项目离不开农业环境与生态系统,有这些科研人员在,就能够更好地指导现代农业的发展,促进生态环保与健康生活。教育是我们做所有事情的最终目的,我们通过各领域的融合,不只是为了教育孩子,也是为了教育来到这里的客人,教育周边的所有人,让他们能够更好地了解世界,建立正确的价值观,认识到自身的社会责任与使命,通过艺术和审美获得精神世界的满足,创造更美好的生活。

M — 未来是否有走出海南的想法?

Z — 我们不对未来设限,但这个未来一定是我们力所能及的。因为目睹过很多连锁店的失败,所以我觉得现阶段最重要的是练内功,摸索合理的复制方式。我们在 2018 年组建了"学而营造"设计团队,我们的优势是打造产品的能力,比如产品的文化定位、项目实施与后续运营,如果对方无法诠释和读懂我们的产品理念,就没有办法做出我们的味道。目前我们的产品打造模式主要是 EPC+O,即设计、施工、运营一体化。如果五年后我们的综合能力很强,那么我们也许会和志同道合的团队一起打造新的产品。

但我觉得从海南走向全国面临的问题还很多,海南民宿发展比起头部民宿还有一定的差距,包括文化内容的传播和产品细化,也是我们需要深入思考的方向。

边地锦簇

打造有情感温度与精神价值的文旅目的地
———— 姜俣同

M 美宿志

J 姜俣同

姜俣同,"嘉越文化"及"暮屿岚"品牌创始人;法学硕士,曾担任北京市通州区"村官",任期四年;国内最大的顶尖实体空间投融资平台"多彩投"合伙人;中华文化促进会理事。

"村官"的经历让我深入了解乡村
Deep understanding of the countryside

M — 您曾做过北京市通州区的"村官",后来因何转向乡村文旅?任职"村官"的四年对您在乡村文旅的探索有哪些影响?

J — 担任"村官"的人生经历对我在乡村文旅的探索产生了积极和深远的影响。在那段时间里,我深入了解了乡村的运作机制、村民的生活状态以及乡村发展所面临的挑战和机遇,为我转向乡村文旅领域打下了坚实的基础。

转向乡村文旅,一方面是因为我深刻认识到乡村发展的重要性与文旅产业推动乡村振兴的巨大潜力;另一方面,我在担任"村官"期间所积累的经验和人脉也为我在乡村文旅领域的探索提供了有力的支持。

我相信,在未来的日子里,我会继续致力于乡村文旅事业的发展,为乡村振兴贡献力量。

M — 您在"多彩投"工作期间深入了解了许多文旅和民宿项目,这对您如今从事民宿项目投资和运营有哪些帮助?

J — 在"多彩投"工作期间,我有幸深入了解了众多文旅和民宿项目,这为我从事民宿行业提供了宝贵经验和重要支持。

首先,我积累了丰富的行业知识和经验,不仅清晰地了解了民宿市场的运作规律及竞争态势,也深刻地体会到了消费者需求及行业痛点,这使我能够更准确地把握市场脉搏,为投资决策提供有力支持。

其次,"多彩投"的工作经历让我认识到每种民宿类型都有其独特的运营模式和挑战。这些经历使我能够更全面地了解民宿行业的多样性,为我在不同情境下进行项目运营提供了宝贵的参考意见。

此外,我还学会了如何与项目方、投资者以及消费者进行有效沟通。在民宿项目投资和运营中,良好的沟通和协调能力至关重要。

最后,"多彩投"的工作经历还锻炼了我的风险意识和风险控制能力。风险总是与机遇并存,通过参与众多项目的投资决策和风险控制过程,我学会了如何识别潜在风险、评估风险大小并制定相应的应对措施,以确保投资安全并获取稳定回报。

整村运营的可持续探索
Explore

M — "嘉越文化"主要服务于乡村开发的哪些方面?可否结合您的项目实例向我们介绍一下?

J — "嘉越文化"在乡村开发服务方面,主要聚焦于文化传承、生态保护、旅游开发以及项目运营等多个维度。我们深知乡村不仅是地理意义上的空间,更是承载着丰富历史文化和生态资源的宝库。

以我们在赤岭村的项目为例,它位于海南省陵水黎族自治县英州镇的一个滨海村落。这里有着悠久的历史和独特的民族风情,但也面临着传统文化流失、生态环境破坏以及村民经济收入来源单一等多重问题。为了解决这些难题,"嘉越文化"团队在促进疍家文化深层内涵与创新型旅游融合发展的道路中做了大量的探索,并制定了针对性的开发策略。

在文化传承方面，我们首先对村落内的建筑、传统手工艺以及民俗活动进行了系统梳理和保护。通过保留一些特色建筑、举办手工艺培训班以及组织民俗节庆活动展现了乡村文化的特色，使村民和游客都能亲身体验到乡村文化的魅力。同时，我们还打造了研学品牌"岚精灵"，通过举办寒暑假研学活动，培养年轻一代传承传统文化和海洋文化的责任感。

在生态保护方面，"嘉越文化"通过推广生态保护和垃圾分类等措施，有效改善了赤岭村的生态环境。同时，我们还引导村民树立绿色发展理念，让生态保护成为乡村发展的内生动力。

在旅游开发方面，我们充分利用村落的自然风光和文化资源，重塑旅游路线，并打造了特色旅游产品。

在项目运营方面，我们既保持不断"输血"的状态，又注重持续发展的力量。"输血"状态在整村运营的初期阶段尤为重要，通过政策扶持、资金投入和市场对接等方式，为乡村注入新的活力。然而，仅仅依靠"输血"是远远不够的。要实现乡村的可持续发展，必须实现由"输血"到"造血"的转变。通过挖掘乡村自身的资源优势，增强乡村经济的韧性。

在整村运营过程中，我们还要注重平衡"输血"与可持续发展的关系。一方面，要确保外部资源的有效投入和合理利用；另一方面，要引导村民积极参与乡村建设，使乡村发展真正具有内生性和可持续性。

打造有情感温度与精神价值的文旅目的地
Temperature and spiritual value

M— 这几年,河南政府对民宿项目给予的支持力度很大,你们选址河南的过程顺利吗?

J— 我的项目位于目前正在争创 AAAAA 级景区的河南新乡宝泉旅游度假区,这是河南省首个品牌悬崖宿集,"暮屿岚""大乐之野""西坡"以及"过云山居"等品牌民宿将会于此陆续开业。这个项目的落地离不开河南省文化和旅游厅以及宝泉项目业主的大力支持,希望悬崖宿集可以早日呈现在大家面前,让更多的游客欣赏到太行山的壮美峻丽。

M — "暮屿岚"在"在地艺术家驻留计划"的策划与实践中扮演着积极和重要的角色。您认为"在地艺术家驻留计划"对在地文化的传承与发扬有何利弊？

J — 首先，谈谈其积极的一面。"在地艺术家驻留计划"为艺术家提供了一个深入了解和体验在地文化的机会，有助于提升艺术作品的文化内涵。此外，"在地艺术家驻留计划"还有助于提升当地文化的知名度和影响力，一方面，可以为当地增加旅游收入；另一方面，使当地文化得以走出所在地，被更多人了解和欣赏。

然而，"在地艺术家驻留计划"也存在一些潜在的弊端。一方面，过度的商业化开发可能会对在地文化的原生态造成破坏，使其失去原有的真实性和纯粹性。这样不仅违背了"在地艺术家驻留计划"的初衷，也可能对在地文化的长远发展带来负面影响。另一方面，艺术家与当地社区之间的文化差异和沟通障碍也可能成为问题。不同的文化背景可能导致艺术家与当地居民在合作中产生分歧或误解。如果不能妥善处理这些矛盾，可能会影响"在地艺术家驻留计划"的顺利进行和在地文化的传承发展。

我们相信"在地艺术家驻留计划"的策划与实践在传承与发扬在地文化方面的积极意义大于弊端，但同时我们需要通过制定一些管理措施，确保艺术家与当地社区之间的有效沟通和合作，更好地发挥"在地艺术家驻留计划"在文化传承与创新方面的作用。

乡村也是女性实现价值的地方
Realize value

M — 民宿在乡村发展中面临着哪些问题？对此，您有什么建议想对广大乡村民宿主说？

J — 民宿在乡村的发展中面临的问题首先是缺乏顶层设计，其次是缺乏从业人才，这在一定程度上制约了民宿行业的发展。

对于广大乡村民宿主，我有以下建议。首先，注重提升服务质量。民宿主应该注重培养员工的专业素质，保证民宿的环境卫生和硬件设施达到高标准。其次，推进民宿与当地文化的深度融合，提升游客的文化体验。最后，民宿主应加强与社会的沟通和合作，积极与当地政府、社区、其他旅游资源等进行联动，共同推动乡村民宿的健康发展。同时，民宿主也要关注行业的发展动态和政策变化，及时调整经营策略，以适应市场的变化。

M — "她力量"在乡村民宿发展中具有重要的作用，您认为政府和社会应当如何宣传"她力量"，吸引更多"她力量"参与到乡村振兴中，以独特视角发现乡村的美好？

J — 首先，政府可以通过制定相关政策，鼓励和支持女性参与乡村民宿的经营和发展。

其次，媒体可以通过报道女性经营者的创业故事、经营理念和经验，让更多的人了解和关注"她力量"。

此外，乡村民宿协会或相关组织可以组织女性经营者一起交流，共同推动民宿行业的发展。

在宣传"她力量"的同时，我们还需要强调女性参与乡村振兴的重要性。乡村不仅是男性施展才华的舞台，也是女性实现价值、展现魅力的地方。女性有着独特的视角和细腻的情感，能够为乡村的发展注入新的活力和创意。

让客人感受独属于海岛的与世隔绝

朱栩林

M 美宿志

Z 朱栩林

朱栩林，北海涠洲岛"三径·映云"联合创始人。

::::: 涠洲岛的最初印象只有一个字：美
Beauty island

M — 第一次上涠洲岛是什么时候？当时对涠洲岛有什么印象？有想过以后会在这里做民宿项目吗？

Z — 我是南宁人，距离第一次上涠洲岛已经过去很久了，当时只是来岛上简单度个假。我对涠洲岛的最初印象只有一个字：美。美景、美食，无一不美。当时我从未设想过以后会留在这里，但我先生在那时可能就已经产生了要在岛上做民宿的设想。我们真正开始在涠洲岛上投资是三四年前，随着人们生活水平的提升，高端民宿市场需求逐步提升。在疫情前，很多高端民宿都供不应求。我们很大程度上也是因为看好高端民宿市场的未来发展趋势而选择投资民宿。

M — 为什么选择在城仔村打造"三径•映云"？

Z — 选择在城仔村打造"三径•映云"，是多方面综合考量的结果，与品牌追求独特、高品质体验的理念高度契合。村内有连片的百年红珊瑚房，独特的建筑承载深厚历史文化，完美契合品牌对经典与独特的追求。

民宿位于村口，和村落自然隔开，私密感十足，很适合追求静谧的高端客户居住体验。民宿旁边的小湖经改造，景观灵动又静谧，丰富了度假体验，呼应品牌为客人提供独特且私密的海岛体验的理念。

M 品牌名字有什么由来？

Z 我们首先想到的就是品牌名字必须是经典的、有深度的，这与"三径·映云"追求的的价值观高度契合。我们在设计、定义产品时，目标是围绕产品的核心理念，服务我们的客群。在设定好客群是已经实现经济自由的人群之后，我们不再着重追求时尚、网红、现代等元素。

"三径"有很多出处，最出名的是陶渊明的"三径就荒，松菊犹存"，含有归隐之意，突出了"三径·映云"的静谧与私密。副名"映云"，一是说明这只是我们品牌的其中一家门店；二是因为民宿的两个天然池塘总是把海岛蔚蓝的天空与洁白的云彩倒映在水中，形成一道独特的风景，以名应景。不仅如此，我们每间客房的名字也都带有"云"字，有些客人注意到了这些细节会向我们的工作人员询问原因，由此增强了我们民宿的文化性与故事性。

让客人感受独属于海岛的与世隔绝
Isolated from the world

M 建设初期，"三径·映云"是如何规划的？

Z 我们在规划"三径·映云"时，就明确要打造出区别于普通民宿的独特产品，这与我们品牌追求极致、独特体验的价值观紧密相连。从体量和投资来看，"三径·映云"更像是一个度假村类型的精美艺术酒店，远超普通民宿的规格。

涠洲岛给游客一种"封闭孤岛"的独特感受，我们紧紧抓住这一点，从多方面进行规划。涠洲岛处于黄金纬度——北纬21°，岛屿面积适中，既可以给客人提供浓郁的海岛体验感，又不会因海风过于强烈而影响客人的度假感受；交通也十分便利，与大陆的船程仅1小时左右，特别适合1~2天的休闲度假游。我们充分利用这些优势，全力营造强烈的"海岛感"与"隔绝感"，让客人真正远离尘世喧嚣，全身心沉浸在惬意的海岛度假时光中。

在房间布局和设施配备上，我们同样贯彻高端、独特的理念。50多亩用地仅打造了11座独立别墅客房，每一座都由上百年的特色珊瑚石民居改建而成，真正做到了一户一院落、一泳池、一泡池，最大程度保障客人的居住私密性。这一系列规划都是为了将"三径·映云"打造成一个能满足高端客群对品质、私密、独特体验追求的海岛度假民宿标杆，让每一位客人都能感受到独一无二的奢华享受。

M ― 民宿建设初期遇到了哪些困难？

Z ― 在"三径·映云"的建设初期，我们遭遇了诸多棘手难题，好在都被逐一克服。

首先是建设周期问题，岛上交通不便，砖瓦等基础建材的搬运极为困难，每一块砖瓦都历经波折才得以运送上岛，这导致建设时间大幅延长。

其次是租地难题，项目占地面积大，虽说只有 11 个院子，却涉及 50 多亩用地，需与 80 多户村民签订土地流转合同。由于开发周期长，部分地块的流转工作推进缓慢，直到民宿快建好时才全部完成。

不过，在整个建设过程中，我们始终注重与村民的和谐相处。不仅赞助村里的各类活动，还为村民提供就业岗位，让大家都能从民宿的建设、运营中受益，为项目的顺利推进营造了良好的氛围。

M 您认为客人在您的民宿里能够得到什么样的独特体验?

ZJ "三径·映云"是涠洲岛首家"3.0时代"的超高端民宿,与其他民宿相比,在投入、规模、设计、建设规范、用材用料、服务、管理等方面都提升了一个维度。50亩的土地,只打造了11座由岛上百年特色珊瑚石民居改建而成的独立别墅客房,做到了一户一院落、一泳池、一泡池,不仅如此,室内设计由CCD前设计师团队打造,五金则采用德国"当代"与"汉斯格雅"品牌、浴缸采用德国"卡德维"与"杜拉维特"品牌、马桶为"TOTO"品牌最高级别的全智能马桶、沐浴用品使用了与文华东方酒店同款的法国"欧龙"品牌、布草与四季酒店同款。除此之外,酒店配套齐全,全程采用一对一的管家服务。"三径·映云"具有超低的容积率、超私密的空间、超强的设计感、超高的舒适度、独立管家服务、配套齐全的吃喝玩乐设施,在涠洲岛上是独一无二的。除此之外,入住"三径·映云",可以让人有与世隔绝、放空自我、放松自我的体验感。

涠洲岛民宿未来的发展趋势
Future

M
Z

以"三径·映云"为例,您认为民宿应如何贴合客人的需求提升品质?

在产品定位上,我们精准洞察市场需求,充分考查涠洲岛独特的旅游资源和目标客群的消费能力。通过深入的市场调研,我们发现,对于追求高品质度假体验、注重私密空间与个性化服务的高端客群而言,"三径·映云"的产品定位能够匹配他们对极致度假享受的期待。

在产品设计上,我们以超五星级的标准来严格要求。因此,我们的用材、细节、服务都能得到懂行的人的认可。我们希望能够跳出民宿原来的框架,沉淀下来做更有品质的产品。人们对一个休闲度假村或者酒店的基本诉求是安全。满足了人们的基本诉求之后,我们又从私密性、舒适度和服务品质等方面做到质的提升。这些都要通过产品细节来体现。我们的产品参照了国内的顶尖标杆,大到家具、房屋陈设,小到沐浴露、洗漱用品等产品都和国内超五星级酒店用的是同款,软件、硬件支撑都是有保证的。

包括院子的装修设计,我们在每个院子都种植了一棵岛上特有的菠萝蜜树,菠萝蜜树的结果时间长达七八个月,枝叶粗壮清香,虫子少,可能会让一些客人感兴趣。这么做一方面是考虑到这里的海岛型气候,另一方面是让客人感受到院落空间的独立感和私密感。

可能外面的人觉得我们这儿是民宿,但实际上我们追求的是小型高端的精品酒店,真正想住这种环境的客人,他们已经不再追求单纯的海景了,所以我们就转变方向,让客人过来体验在海岛上流放、隔离的感觉。我一直认为,审美观是循环的,脱出繁华之后,越简单反而越精致。但我也意识到了一个问题,我们这里没有办法吸引到那种追求极致美学的客人,更多的客人可能是500强企业的高管、小企业主等一些实现经济自由的人。因此,我们在室内设计上也做出了一些转变,加入了现代设计感,同时更加注重现代居室的舒适感。比如院子里的躺椅,它就是根据人体工学设计的,能让客人躺下之后感觉更舒服。

还有床品、浴巾,当时我们团队找了很长时间才找到四季酒店的供应商,说服他们按照四季酒店的标准给我们供应这些产品。除此之外,还有意大利进口的咖啡机、顶尖的茶包等。当时我们选择这些东西,都是经过了种种考量,不停思考如何让客人感受到高舒适度,从而提升服务品质。

M — 您认为您在民宿经营中是否存在问题？您准备如何改进？

Z — 在"三径·映云"的经营过程中，我们确实遇到了一些挑战，不过，这也为我们持续优化与提升产品和服务提供了方向。

在宣传推广层面，我们的硬件设施、软装品质以及服务细节都非常出色，这都是为了践行"三径·映云"为客人提供高端、独特体验的理念。但目前我们在网络宣传上存在不足，线上平台的展示无法让客人全面、细致地了解"三径·映云"的优势与特色。很多客人在实地体验我们民宿后都赞不绝口，可由于前期宣传不到位，"三径·映云"的潜在客户群体还不够多。我们的目标是将"三径·映云"打造成一个极具吸引力的旅游目的地，让更多追求高品质海岛度假体验的客人选择我们，所以我们后续会加大宣传投入、优化宣传策略、多维度展示"三径·映云"的独特魅力。

M — 涠洲岛民宿近十年的发展趋势是什么样的？您认为"三径·映云"的出现对涠洲岛民宿品质的提升有何助益？

Z — 涠洲岛的民宿经历了"1.0～3.0时代"的演变。"1.0时代"是最开始当地岛民、渔民开设的类似"渔家乐"的小旅馆；"2.0时代"是由一些岛外的经营者开设的偏文艺、轻奢调性的网红民宿；"3.0时代"是由更大资本投入的精品民宿，在投入、规模、设计、建设规范、用材用料、服务、管理等方面都提升了一个纬度。

我们在进行产品规划的时候，一直坚持着一个理念，就是不要求所有来这里住过的客人都喜欢我们的产品，但至少做到让客人不讨厌。涠洲岛上的住宿业态主要是民宿和商务酒店，我们是涠洲岛上唯一以休闲为主题的高端民宿。我们这里有管家又有独立空间，室内外空间都是有设计感的，在涠洲岛上没和我们配置相似的其他民宿，甚至在整个广西这类酒店都很少。我们开辟了一条新的路径。

M — 您认为"三径·映云"对涠洲岛乃至于北海的乡村振兴有何积极贡献？

Z — "三径·映云"的建成，从多方面推动了涠洲岛乃至北海市的乡村振兴工作。

在资源利用方面，"三径·映云"盘活了涠洲岛城仔村闲置的百年红珊瑚房，将其改造为高端民宿，既保留了传统建筑，又传承了当地独特的建筑文化。

在经济效益方面，"三径·映云"建设期间采购了大量本地物资，项目运营后带来的客流也带动了周边商业的发展。同时，我们为当地提供了大量岗位，优先聘用当地村民，助力村民们在家门口增收。

在产业融合方面，"三径·映云"吸引的客人与涠洲岛上其他旅游资源联动，促进了当地文旅深度融合，提升了涠洲岛在高端旅游市场的竞争力，带动北海市旅游产业进一步走向高端化、多元化。

另外，"三径·映云"赞助村里文化活动和基础设施建设，致力于改善乡村环境、丰富村民精神生活，为当地的乡村振兴贡献民宿力量。

M 您对"三径·映云"的未来发展有何规划？

N 我们的终极目标是未来十年内将"三径·映云"打造成为广西省乃至全国休闲度假类民宿的标杆。

创业者和母亲的角色并不冲突

——何源远

M 美宿志

H 何源远

何源远,昵称"Hana",出生于广西南宁,英国考文垂大学旅游管理专业毕业。北海邻舍设计师酒店创始人,深圳立外文化创意发展有限公司创始人,深圳市海外留学归国人员协会理事,广西海外联谊会理事,香港广西北海市同乡联谊会常务理事,北海市旅游协会副会长,北海市海城区文化旅游推广大使。

经过流下村的村口,我默默许了一个愿
Desire

M: 您为何"从大城走进小舍",转入民宿行业?

H: 我想,每一个热爱旅游和设计的人,应该都希望拥有一家可以展示美和美好生活的民宿。在海外学习旅游管理,再到回到国内一线城市工作……冥冥之中,过往的经历似乎都是在为打造"邻舍"和流下村做准备。那一年,经过流下村的村口,我默默许了一个愿:十年后的此处熙熙攘攘,人们在这里玩耍、拍照、交谈,脸上洋溢着幸福的笑容。这个愿望给了我打造"邻舍"和改变流下村的勇气。

M: 您因何结缘流下村?据说因为"邻舍"的建设,北海市修建了进村道路,可否详细介绍当初的建设情况?

H: "流下村选择了我们,我们选择了流下村"是我们和流下村的缘分。2015年,我回到北海探亲,遇到了海城区旅游文体局的陈丹玲书记。她满怀热情地向我介绍了北海旅游和流下村的基本状况,打动了当时渴望在家乡建造一家民宿的我。

当时的流下村是一个半空置村落,村中绝大多数村民都已经迁走,虽然具有原生态的风情,但其基本设施却无法满足旅游业的发展需求。村内道路是泥泞的,电路是不稳定的,甚至

第一条光纤也是由"邻舍"牵进村的……"邻舍"的建设面临着各种已知与未知的挑战。

"邻舍"落成后，经过我们用心的经营和网络宣传营销，得到了各方的关注。在乡村振兴政策的扶持下，政府高度重视流下村的基础设施建设，对村庄进行了整体的规划和改造，改善了道路、水电和排污排水等基础设施。

M —— 民宿为何命名为"邻舍"？据说您的几位合作伙伴都曾在国外工作，最后因这家乡村民宿走到一起，其中有何故事？

H —— 如果你仔细漫步流下村，会发现村里的道路、小径非常有意思，主村道连接着各条弯曲的小路，虽不宽敞，但却有种左邻右舍的温暖，在英文里，这样的小路叫作"lane"，谐音"邻"，故给民宿取名"邻舍"，英文为"Lane House"。

也许海外留学归国的游子们总有一份为家乡做件事的情怀，我们正是因此走到了一起。一天，我的搭档叶檠在流下村考察时，偶遇儿时的同学，也正是"邻舍·瓦舍小院"的房东，这样的机缘巧合让我们在流下村租下了第一间村屋，这是"邻舍"故事的开始。

老宅的新生
Rebirth

M —— "邻舍"是一家不将就的设计师轻奢民宿。可否结合民宿具体设计，谈谈您是如何在设计中表达品牌理念的呢？

H —— 流下村的老房子是百年岁月的见证者，承载着村民们的记忆和故事。"邻舍"遵循传承流下村情感和文化的设计理念，将原有的村屋改造成满足现代住宿需求并具有独特风格的民宿。我们称之为"老宅的新生"。在不改动房屋建筑的基础上，我们对室内布局做了符合民宿房间经营使用的调整，并对建筑结构进行了加固和翻新，保留室内的石墙，改造利用木地板、瓦顶、横梁，再将现代的玻璃飘窗融入设计，最后在建筑外套一件"木栏栅衣裳"作为外观装饰，做到老宅中有"邻舍"的同时，也保留了岁月的痕迹。

M — 在设计与建设过程中，困难是难以避免的，您是如何做到"不将就"的呢？

H — 我们将拿捏新旧结合的设计尺度和改造建设落地的过程视为与流下村文化和老房子的一次次对话。对话中有争吵、鼓励、安抚，而更多的是一次次克服困难的喜悦……记得有一次下暴雨，将池塘中已经几乎完工的挡土墙被冲垮，这意味着过去两个月来的施工成果功亏一篑。我们在挫败感中，不断请教经验丰富的建筑结构师，优化方案，开展抽水、清淤泥、重砌和加固工作。在一点点解决问题的过程中，我们好像也忘了挫败和气馁，新的挡土墙就这样稳稳地建好了。类似这样的事情时有发生，而我们就这样一路"水来土掩"，克服种种困难把"邻舍"建成了。

M — 您为何将客人称为"舍友"？这个称呼是怎么诞生的？您希望"舍友"们能够在"邻舍"得到什么样的体验？

H — 每一家民宿都会自带主理人浓厚的基因，可能因为我"自来熟"吧，我们希望把第一次见面的客人当作老朋友来对待，以"老友记"的服务理念接待来自五湖四海的朋友们，"舍友"即"邻舍的老友"。我时常和"邻舍"的小伙伴们说："你如何招待远道而来的朋友们，就应该如何照顾'邻舍'的客人们。"我们希望来"邻舍"的老友们得到亲切、有温度和被重视的体验。

M — 北海旅游的淡旺季十分明显，以"邻舍"为例，谈谈您在旺季与淡季的管理运营上主要有哪些考量？

H — 淡季入住率虽然相对较低，但这正是"邻舍"修整、改进的好时机，除了进行整体的整理、清洁和维护，我们还会优化网络平台和新媒体的营销、运营。2024 年，我们也在积极研发新的文旅产品，寻找和拓展异业合作的机会。

M — 新媒体是民宿提高品牌知名度与市场竞争力的重要因素。请您谈谈新媒体在"邻舍"的宣传层面起到了什么作用？

H — "邻舍"从开业时就非常注重在微信公众号上的宣传，后来我们也在慢慢地经营抖音号、小红书号和微信视频号。这些新媒体平台不但有房间预定的功能，还可以通过视频或者图文的形式，更真实、生动地展示房间环境和分享美好的生活方式。

创业者和母亲的角色并不冲突
Balance

M— "邻舍"常常宣传北海的风光人情，结合"邻舍"与流下村，谈谈民宿要如何挖掘、整理在地文化？

H— 北海是一个值得细细品味、慢慢探索并渐渐爱上的城市。因为心中怀有对这座城的热爱，自然也会发自肺腑地分享它的美好。这份美好使我们在北海结交了非常多拥有同一份热爱的好朋友，这一份份热爱碰撞在一起，就形成了大家所看到的"邻舍"对北海的宣传。

除此之外，我们也时常通过探访本地文化，策划组织或参与北海的各种文化活动、网络宣传等方式挖掘在地文化，为游客和本地居民提供深入了解当地文化和历史的机会。

M— "邻舍"的建设与经营对周边乡村有哪些影响？民宿在乡村振兴中能够起到什么样的作用？

H— "邻舍"的入驻是流下村逆袭成为全国乡村旅游重点村的起点。当年在打造"邻舍"的时候，我希望可以用行动告诉当地村民：原来还能这么干！从一开始的不被认可到后来村民们纷纷参与其中，最让人感动的是，"邻舍"不仅带动大家改善了整村的环境，更启发了大家对乡村旅游和文化发展的思考，从而促进产业融合，也为当地村民提供了额外的收入来源。

M— 在您看来，北海的民宿行业在广西处于什么样的位置？在未来有何发展空间？

H— 民宿的起源是由居民将自己的房屋开放给游客居住的一种经营模式。目前北海的民宿形式有乡村式民宿、别墅小院式民宿、公寓式民宿等，形式多样。除了提供单一的住宿服务，我觉得未来的民宿还可以更加个性化和订制化，比如提供特色美食、体验活动等内容。民宿主更是可以通过各种社交媒体，打造主理人IP，让民宿更好地展示自己的个性和灵魂。

M— 疫情期间，"邻舍"是怎样度过的？您对未来有何规划？是否会跳出您的舒适区，走向北海以外的城市呢？

H— "邻舍"是在疫情的艰难中存活下来的幸运儿。我也曾经几次差点放弃"邻舍"，但总有一个声音在内心最深处提醒自己：还没完！疫情期间，"邻舍"在控制经营成本方面更加务实,我个人也对过往的经营做了深刻的反思和思考。令人惊喜的是,疫情过后,我发现广西和北海的文旅一直在进步、在发展、在"上分",迎来了春暖花开!而我,也回归到了当年回北海打造"邻舍"的初心,我将更加精耕细作"邻舍",推动流下村和北海文化和旅游产业的发展,带着"邻舍"让更多北海以外的人认识北海。

M —— "她经济"在民宿行业中发挥着重要作用。您是一个女人,也是一位母亲,民宿行业中也有不少像您一样女性民宿主,您有什么建议想对她们说呢?

H —— 近年来,"她经济"正崛起,女性创业者天生拥有细腻和敏锐的感知。女性如今扮演了更多重的角色,拥有了更多面的个性,"温柔而坚定"更是现代女性独特的魅力。随着孩子的成长,我也时常面临着兼顾事业和亲子教育之间平衡的问题,创业的过程也如同为人母的过程,关键在于不断地调整和修正自我。很幸运,我有一个非常优秀和爱我的孩子,在他身上,我总能悟到自己可以提升的空间,或者感受到成为更好的自己的动力。在如此多元化的时代,我认为,创业者和母亲的角色并不冲突,因为爱的能量无穷大。

将重心放在产品质量的提升上 —— 陈莉

M　美宿志

C　陈莉

陈莉，昵称"莉莉姐"，重庆万州人，"诗与远方"系列民宿创始人。

重新认识桂林山水
Guilin

M 当初因为什么机缘选择做"诗与远方·漓江院子"？

C 当时我们觉得这个位置非常独特，能够零距离地接触桂林的山与水。虽然对于本地人来说可能习以为常了，但是对于我们外地人来说非常珍贵。

合同签下来后我们就在想该做一个什么样的民宿，从商业的角度来说，便捷式酒店不仅盈利能力更强，投资成本也相对较低，还可以做一百多间房，卖个常规价格也是可以的。但是这里地理位置优越，我们觉得做便捷式酒店有点暴殄天物，对不起这一方山水，于是决定做一家高端的度假民宿。

谈及桂林旅游，外来游客往往会到漓江之畔、解放桥下、象鼻山前匆匆游览，却难以深入体验桂林在地文化。作为匆匆过客，没有尝试着放慢脚步，坐下来静静感受这座城市的魅力。那时我们想，能不能通过"诗与远方·漓江院子"为外地游客乃至本地市民提供一个全新的视角，重新认识桂林山水、感受桂林生活。

民宿正式营业后，我特地邀请了一些朋友来到顶楼餐厅用餐，此前没有人从这个角度看过桂林的山水。登上顶楼的那一刹那，他们惊喜地发现，原来从这个角度，桂林的伏波山竟然还有这么美的一面。许多本地市民也因此被吸引，纷纷前来店内打卡，静静地坐在顶楼餐厅感受天地万物，与漓江零距离接触。

顶楼的泳池名为"数云"，在这里，视野无比开阔。躺在这里，您看到的只有蓝天白云和四面峰丛。

我们对品牌建设始终有自己的坚持和情怀
Persistence and passion

M —— 品牌名称对一家民宿的品质定位和未来发展具有十分重要的意义，"诗与远方"这个名字是怎么来的？寄托着一种什么样的愿景？

C —— "诗与远方"这个品牌名我们花了很多时间去想，前前后后想了 100 多个名字。当时《诗与远方》这首歌展现了人们内心所向往的世界，因此被很多人传唱。最终我们定下了"诗与远方"这个名字，寓意着"您的诗与远方就是桂林人的当下生活。"不管是山水、气候、人文，桂林市都是一个非常适合度假的地方。

M —— 第一家店"诗与远方·漓江院子"开业之后遇到疫情，文旅行业遇到前所未有的低谷，你们在疫情期间是如何渡过难关的？

C —— 在疫情期间，我们团队花了大量的精力给员工做各方面的培训，同时也开展了很多有特色的宣传活动，尤其注重展现桂林当地人的真实生活风貌，努力通过组织各种活动推动桂林文化传播。此外，我们的餐厅价格亲民，出品的本地菜与传统的桂林菜略有不同，但不拘泥于固定的分类。这些菜品精致小巧，正符合小餐馆的温馨氛围。

M — 第一家店开业不久，在文旅行业大环境并不是太好的情况下，你们又在桂林市区开了第二家店"诗与远方·象山有约"，主要基于哪方面的考虑？

C — 第一家店在2021年5月1日正式营业，紧接着，第二家店在2022年5月1日启动试营业，两家店的开业时间都正值疫情期间，面临着诸多挑战。尤其是"诗与远方·象山有约"，在城市中心改造起来相当费心思。二店跟一店整体风格完全不一样，二店的网红属性比较强。一店则致力于打造纯自然的度假型民宿。因此，一店在设计上相对低调，更注重与自然环境的和谐共生，我们觉得没有什么比得过自然的美。二店就不一样了，市中心的民宿比比皆是，要想在激烈的竞争中脱颖而出，就必须具备一定的优势。所以我们特意增加了网红元素，并在一整层楼采用了亲子主题装修风格，以吸引更多家庭客户。

M — 在第二家店运营时间并不长的情况下，你们又在阳朔的乡村布局了新店。当初选址在阳朔乡村的考量有哪些？

C — 最初没有想过将"诗与远方·画廊院子"选址在阳朔，因为在我们看来，阳朔的竞争太激烈，担心我们"水土不服"，但是去了之后发现阳朔资源其实很好。现在产生效益后，在用工方面没有太大的压力，员工们对我们的品牌也给予了高度的认可，市场摸索也在循序渐进。

为什么我们在推出"诗与远方"第一家门店之后，又迅速跟进了其他门店呢？我们在打造第一家民宿时，设计师曾建议我们，既然选定了品牌名称和理念，就最好把它打造成一个完整的品牌。当时还考虑过采用加盟方式，但最终还是决定放弃。因为一旦采用加盟方式，很多关键要素不好把控。目前每家门店都由我们亲自管理，说实话压力还是蛮大的。但是既然我们选择做品牌，就要为客户、为品牌负责到底。

我们团队对于品牌建设始终有着自己的坚持和情怀。我们作为桂林人，如果能够为城市建设贡献一份力量，把城市建设好了，我们出门脸上也有光。尤其到了我们这个年纪，物质的追求已经不再是生活的重心。

最终的核心回归到产品本身
The product itself

M — 你们三家店员工较多，在调动员工积极性方面，你们主要做了哪些培训和管理工作？

C — 对于员工而言，待遇无疑是他们最关心的焦点。疫情期间，我们的员工几乎没放过疫情假，生意不好，就积极开展员工培训活动，引导员工做民宿的新媒体运营工作。当然，"诗与远方·象山有约"的情况稍显复杂，员工相处的时间尚短，团队意识还不够强。但是我们有一个引导的过程，有一个培养的周期。

我们原来不是做高端民宿的，因此在运营管理模式上跟别人不一样，所以打法也不一样。我们的某些做法常常使一些同行感到惊讶，他们说我从来不按套路出牌。我个人认为长期在酒店行业工作的人往往容易陷入思维定式，难以跳出既定的框架。所以我们在用工方面，特别是管理层的员工，更加注重其思维的跳跃性与创新性，而非仅仅看重他们在连锁酒店的工作经验。

另外，我们承诺的事情一定会办到，从来没缩减过在新媒体运营方面的投入。只要员工提交相关数据，经过评估后就可以直接领取相应的奖励，所有的福利最终都会落到每一位员工的身上。我们认为每个员工都肯踏踏实实地帮你做好一件事情时，创造的价值会更高！

M 新媒体在文旅行业营销中占据越来越重要的地位，你们在新媒体运营方面有哪些探索和实践？

C 现在是智能手机时代，大家都喜欢拍照，都有传播的欲望和传播的能力。我们希望每一位员工都尝试运营新媒体平台，比如抖音、小红书等。我们设置了奖励机制，依据点赞数、评论数等数据分发相应的奖励。尤其是"诗与远方·象山有约"真的做到了全员抖音运营，不论是前段时间流行的"打歌舞"，还是这段时间火起来的"麻辣串"，他们都能迅速跟进，做了很多有意思的视频。为了拍摄需要，我们还购买了具有东北特色的大花棉袄，真正做到了全员紧跟网络潮流。

M — 据我了解，在桂林乃至全国像你们这样全员营销的民宿并不多。好多人可能就是喊一下口号，最终没落实，没见到实效。您怎么看待这一现象？

C — 全员营销有些人愿意做，有些人不愿意做，我们也不勉强。但是不管你做什么营销，最终的核心都应回归到产品本身。现阶段我们也在不断地调整产品，虽然建筑设计已经定下来了，但是服务还有很大的提升空间。以客人为中心，真心实意地为他们提供服务，这才是我们工作的重点。此外，客人的认可很重要，我们所有的项目都紧紧围绕客人的需求展开。最终，产品的品质才是关键，新媒体只是我们推广的一个手段。打铁还需自身硬，真正吸引和留住客人的还是产品本身的质量和服务。

M — 近年来，目的地营销在旅游城市之间"卷"得十分厉害，您希望桂林市政府和媒体在城市品牌营销方面如何提升桂林美宿的外部竞争力？

C — 近年来，政府及民间力量都十分注重城市的整体风貌建设，都希望通过双方的共同努力把服务水平提上来。就像2023年底文旅产业非常火爆的哈尔滨，他们把服务做到了极致，政府宣传也做到了极致，让老百姓能够放心大胆地前往。优质的旅游环境，既包括硬件设施的完善，也包括软件服务的提升。当硬件条件有所不足时，就应该用优质的服务来弥补。其实客人对硬件条件的追求没有那么苛刻，但是当客人遇到了不愉快的事情时，我是感同身受的，并会全力以赴把服务做好，确保客人住得安心舒适。

举个例子，2023年初疫情好转，我们就已经提前做好了准备。我们要求前台务必通知每位客人，确认其是否有用餐需求，以便提前准备食材。疫情刚刚过去，周围很多餐厅尚未开业，但是不论外面的大环境如何，我们首先要保证每一位客人的用餐需求。

M — 下一步，你们在城市品牌宣传上有哪些计划吗？

C — 现阶段，我们依然将重心放在产品质量的提升上，这或许源于我们对行业的认知。如果要做品牌营销，我们觉得一定是在地文化的营销。这种营销并非直接宣传产品本身，更重要的是做好服务。在营销过程中，我们必须紧跟大环境，积极宣传桂林，积极宣传阳朔，这才是我们的主要任务。"皮之不存，毛将焉附"，何况桂林的美确实值得分享。

打造自然美好的生活方式体验地

———

黄娟

M　美宿志

H　黄娟

🔖 黄娟，资深文旅策划人，乡创实践者，"里山森活"品牌创始人，里山森谷山野人文创新教育社区发起人。主理的三甲屯"南院"入选2016年基多联合国住房和城市可持续发展大会展示案例、2017年中国八大最美乡村改造项目、DOMUS 2017全球TOP 15案例。

"南院"入选联合国住房和城市可持续发展大会展示案例
Nanyuan

M|您在做民宿之前有哪些经历?
—
H
—

1996 年,我从广西大学毕业,本科读的是汉语言文学专业,研究生读的是比较文学与比较文化专业,毕业后在广西师范学院初等教育学院教授现代汉语和外国文学史。相比学校循规蹈矩、一眼望到头的单调教学工作,我更期待丰富且充满挑战的创意工作。于是,我在工作之余跟朋友合伙开广告公司,并于 2004 年辞掉学校工作,全身心投入广告公司的运营工作当中。

当时,我们得到一个进入会展行业的好机会,但好项目没能带来好结果,公司倒闭了,我一度在家赋闲一年。刚好一个朋友邀请我一起策划《阳光 100》杂志的城市副刊,在一年多的时间里,我们一口气做了梧州、北海、南宁、柳州、桂林、钦州、玉林、贺州八个城市的专题策划。这时我感觉事业好像又一眼望到头了,再加上理念不合,我跟朋友分道扬镳。非常幸运的是结识了新丝路集团原 CEO、"榜样传媒"创始人邓立,他邀请我喝了一次咖啡,我加入了他新公司的筹备小组。本来我希望做自己熟悉的期刊策划工作,但他为我专门设立了一个"城市营销"的部门。"城市营销"在当年是个全新概念,我默默地做了一年案例收集和文本研究工作。而后,我做了两年大型活动策划与执行工作。

2007 年底，因为策划执行泛珠论坛和泛珠晚会，我认识了中国实景演出创始人梅帅元先生和著名编剧导演张仁胜老师。我因此接触到实景演出，并由此走上了旅游策划的道路。那几年，我参与并主导策划了《天门狐仙》《泰山封禅大典》等多个实景演出和重大文旅项目，足迹踏遍了大半个中国。

这些经历对我而言是非常可贵的，让我有机会接触了许多国内一流的专家和团队，为后来做文旅项目奠定了基础。

M
H
一
为什么回到广西做民宿？

一直以来，我参与的文旅项目投资规模都很大，比如在湖北期间，我主导策划实施了隆中文化园、荆州关公文化园等四个省级重大项目，每个项目都涉及巨大的资金和土地需求，周期长、进展慢。做久了我确实有些厌倦，期间刚好有机会到日本、中国台湾旅行，在旅途中我看到了不一样的乡村旅游，于是我开始思考如何将项目落到村庄里。

2013 年，广西召开旅游发展大会，我们认为广西旅游的春天到来了，于是兴致勃勃地回到广西。当时我特别看好大新至靖西这条边关线，在这条线上我调研了两年，希望能在大新明仕田园附近的圣泉谷和靖西爱布瀑布群落地项目，可惜因为一些原因愿望没能达成。此后，我更是心心念念地想在乡村落地项目。后来陆续考察了上林、扶绥、都安、隆安等地，可能是我们当时提出的地方文化再生、乡村艺术活化、村庄统筹经营等理念太超前，也可能是我们缺乏与村庄合作的经验，项目陆续搁浅。

2015 年，广西壮族自治区文化和旅游厅领导找到我们，希望我们到马山县三甲屯考察，他认为马山县的山地资源很好，可以考虑发展山地旅游、打造山地越野马拉松，并提出以三甲屯打造生态综合示范村为契机，从文旅产业角度切入，这样可以避免村庄风貌改善而产业发展没着落的问题。因此我们在做三甲屯项目的时候，首先考虑的是日后经营的问题，环境改善之后收入要如何改善。于是我把在日本、中国台湾、泰国等地学习到的经验应用到三甲屯项目中，希望打造一个不一样的乡村旅游区。

在组织中国东盟山地越野马拉松大赛的时候，国家体育总局登山中心领导发现三甲屯周边的攀岩资源优异，提出了打造攀岩特色小镇的建议。于是我们关于三甲屯的村庄规划有了三大亮点：一是结合山地运动打造户外活动营地、自然岩场、攀岩之家、青年旅社、飞拉达索道攀岩、皮划艇等内容；二是利用闲置的房屋，将其改造为村庄会客厅和民宿；三是基于村庄闲置的学校场地打造自然学校。特别要提一下村庄老房子改造，当时三甲屯有七个带院子的老房子，我们针对这七个院子分别做了不同的业态规划，包括村民会客厅、迷你美术馆、乡村厨房、乡村图书馆、乡村民宿、特产工坊等，但很可惜我只保住了其中的一个院子，其余的都被村民拆掉了。于是我把这些业态都融入这唯一的院子里，将其改造成一个复合业态空间，取名"南院"。幸运的是"南院"建成后当年就入选了 2016 年基多联合国住房和城乡可持续发展大会展示案例，成为 2017 年中国八大最美乡村改造项目，DOMUS 2017 全球 TOP 15 中国唯一入选项目，并入围 2017Archdaily 中国年度建筑大奖决选。此外，我们利用村民闲置房屋改造成了广西最早运营的亲子民宿，不仅获得了"南宁市十佳民宿"荣誉称号，深受游客好评，同时也起到了很好的示范带动作用，让小小的三甲屯拥有了八家民宿和上百个床位。

共生、共建、共好的生活方式体验地
Lifestyle

M 您是如何关注到资源县的？您认为"里山森谷"在选址上有何优势条件？

H 当初我们在马山县的时候充满激情和期待，非常投入，集合了团队全部的人力和资金，改院子做民宿、投资飞拉达、做村庄运营……当然，收获是有的。但不幸的是，我们的核心驱动项目"自然学校"因政府原因搁浅了。

我愿意留在乡村，就是因为想在乡村做自然教育，用自己微薄的力量为美好乡村做一点事情。这是我的情怀所在，如果没有这份内在的动力，我们是不会放弃南宁的事业去马山县的。很可惜，地方政府虽然很重视旅游发展、重商护商，但实际行动和表现差强人意。在苦等无望三年后的 2019 年，我们决定转换方向，把目标放到桂北。最初我们选择了兴安县，当时我们给兴安县的猫儿山做了整体提升规划，并对猫儿山怀有很大的期待。当我们正准备转战猫儿山的时候，资源县领导邀请我们到资源县考察，希望我们把项目落地资源县。随后，我们考察了八角寨、天门山、五排河漂流、十里平坦、宝鼎瀑布等地。我们的整体感受就是旅游资源多却不惊艳，现有的景区项目建设紊乱、旅游产品落后。

但难得的是资源县党委政府对文旅业发展非常重视，在桂林市提出打造世界级旅游城市的同时，提出打造世界级旅游小镇的发展目标。资源县对文旅业发展的重视让我很感动，所以我再一次深入走访，最终选择了同禾村宝鼎这个地方，还给山谷起了个名字"里山森谷"。

M — "里山森谷"这个项目名字有何来源?

H — 首先说说"里山"这个词,乍一看是山里,其实也没错。区别于鲜有人烟的深山地带,"里山"通常指与人群聚集地相邻的山坳,这里有未受破坏的自然山川,也有生生不息的村落文化。自从有了要做乡村旅游项目的念头,每一年我都会到中国台湾、日本、泰国等地去考察学习。在日本旅行时,我发现了一个概念,叫作"里山资本主义",讲的是在里山环境下人与自然如何借助资源条件实现更加友善的发展,其中包括了乡村复活和地方再生等概念。我之前去越后妻有和濑户内海的时候就深受打动,在日本经济高速增长期过去之后,随着人口不断外流,里山地区出现了耕地荒废、老龄化、社区力量衰退等诸多问题。这些本已荒芜的地方因为北川富朗策划的"大地艺术祭",通过公共艺术激发了地方活力,创造了以文化艺术重振不断衰败的乡村地区活力的成功案例。

其实这几年国内也有很多建筑师在江苏、浙江和四川等地做尝试,但大多都没能坚持下来,浮华褪去,只留下一些空荡荡的建筑。我想可能是因为他们没有真正地扎根乡村,没有深入考虑后端经营,光有形式却没有产业支持,于是失去了可持续发展的动力。轮到我自己实践的时候,就会特别注意避免这个问题。我很喜欢层峦叠嶂、有茂密的植物、有溪流、有田地、有人家、有炊烟的山。喜欢被山包裹着的感觉,所以当我第一次看到"里山"这个词的时候,心里很欢喜。我也很喜欢植物,喜欢目光所及都是绿色植物的地方,这也是我喜欢资源县的原因,这里森林覆盖率高达83.7%,位于广西省前列。我第一眼看到这片墨绿的山谷时,脑子里就浮现了"森谷"两个字。

M—H— "里山森谷"项目是什么时候正式启动的？初期遇到了哪些困难？

我是 2021 年 7 月来到资源县的，经过三轮考察才选择了同禾村的宝鼎，又花了将近三个月时间在山上调研，汽车轮胎都换了好几个，然后开始规划，在 2021 年 12 月初开始建设。

初期的困难还是不少的。一是政府对民宿的期待和认知与实际情况是有偏差的。民宿作为小微企业，需要有力的政府支持和良好的地方市场。县里觉得只要做民宿就能够引爆客流，但现在的民宿市场早已不是当年的景况了，所以我们和政府都要用正确的态度来对待民宿市场的变化。二是村民存在很多不确定因素。这给我们的工作造成了一定的障碍和困难，需要村镇干部帮助协调处理。三是在我们项目落地过程中，出现了很多政策上的问题。比如在"三区三线"的划分上，没有为旅游发展留出余地，之后想要更改十分困难，因此项目的开发过程就会拖延很久。

| M | 您在经营民宿过程中如何加深人情味？ |

H： "民宿"这个词起源不过百年，一是 20 世纪 60 年代源自英国的 B&B，二是源自日语的"Minshuku"。但民宿其实不算舶来品，在我国，尤其是春秋战国以后，随着私人工商业的兴起，民间经营小型旅馆的记载就屡见不鲜。因为西延古道的缘由，在黄泥田、上梁一带很早就出现的"火铺"其实就是早期的民宿，农民利用自己的房屋住宅经营小型旅店，服务于来往商贩。

在我看来，民宿最重要的资产之一是人，是民宿主人，因为有人才会有人情味。民宿本身的魅力在于其区别于传统酒店的"主人的生活"和"家的文化"，更加强调文化演绎、情感交流、温情服务和生活方式的传递。但实际上现在很多所谓的民宿没有主人，仅仅是个人或者企业的投资行为。开民宿当然是一种投资行为，但若仅仅将经营民宿视为投资或者生意，则最好不要称之为民宿。当然这是我个人的理解，因此我们会特别注重这一点。

我希望把自己喜欢的生活方式通过民宿这个介质与人分享，所以从民宿选址、规划、设计、建设到投入使用，我几乎全程参与，小到一个物件，我都会花时间、精力挑选。筹备期间，我基本就住在民宿里，调整选品，增加设备设施，直到自己住着舒适、用着顺手。我们的原则是把客人当朋友，把自己喜欢的和自己认为好的事物分享给客人。我们也很愿意跟客人交流，特别是交流在地文化、风俗和各种物产，时间充裕的时候也会陪同客人在山谷里行走。当然，我们也会根据客人的需求和特点，及时调整服务内容和细节。

没有围墙的溪谷艺术区
Art district

M — 您是如何想到将飞拉达运动纳入项目当中的？资源县在打造飞拉达运动上有何优势？飞拉达运动作为项目中的单项产品，能够给用户带来什么独特体验？

H — "飞拉达"是意大利文（Via Ferrata，意为岩壁探险或铁道式攀登）的音译，指的是在山体岩壁上建设由钢扶手、脚踏、安全钢缆等构成的攀登径道，让不具备攀岩能力的普通人也能攀上陡峭的岩壁。

资源县处于桂北山区，是典型的山地城市，既有陡崖的陆相红层丹霞地貌，又有越城岭多期、多阶段花岗岩体构成的复式岩基地貌，崖壁资源丰富，景观特别。飞拉达相较悬挑栈道而言，对岩壁破坏较小，对山体景观影响甚微，体验感更强、也更安全。资源县"里山森谷"的飞拉达景观优势特别突出，晴天下午四点上线，可以看到绝美的湖景和晚霞，线路长度合适，对体验者更友善，还特别设置了观景和打卡拍照的停驻点。总的来说，飞拉达运动，适宜人群的年龄跨度较大，因此特别适合学生团体活动、企业团建以及中老年团体打卡等。

M — 您可否详细介绍一下您的美术馆？您认为艺术在拯救凋敝乡村上有哪些作为？

H — "里山森谷"是一条东西走向的溪谷，溪流源于东部的宝鼎山、观音山，向西汇入宝鼎湖，全长大约 5 千米，溪流两翼依次是梯田、竹林、杉林、原生树林、花岗岩崖壁。溪涧和梯田里分布着体态各异的球状风化后形成的花岗岩石蛋，有的高达六七米。美术馆所在的溪谷是梯田景观最美的一段，虽然没有龙胜龙脊梯田那么壮观，但完美地结合了溪谷、森林和湖泊，精致而有趣。我们把这段溪谷规划成没有围墙的溪谷艺术区，梯田里的各式巨石和未来田间散落的艺术家创作的艺术装置才是主角。

美术馆是艺术区的配套公共建筑，面积仅 600 平方米，设置了前厅、交流厅、迷你展厅、简餐厅和大师工作室。美术馆的建筑主体是一个长条形的二层建筑，一层是清水混凝土架空层，二层是钢结构玻璃幕墙盒子，屋顶是灰色的人字形屋面。美术馆取名"石上"，顾名思义就是在石头上建造的美术馆，以溪涧旁的巨石为基座，依石而建，非常含蓄地卧在巨石下，被竹木掩隐，一定要走到跟前才能看清全貌，与周围环境没有一丝违和，也没有喧宾夺主。

整个建筑非常质朴，但是进入其中后的感受让人惊喜。你可以看到因为建筑与石头不同的关系带来的丰富空间与时光体验，站在建筑里看景和站在景里看建筑一样美好，只要一把椅子就可以坐一下午。特别是流经梯田的溪水和从花岗岩石缝里冒出来的泉水交错川流过建筑，让人不禁想到莱特设计的流水别墅，这算得上是真正意义上的流水美术馆。建筑是由武汉 UAO 瑞拓设计事务所的李涛老师率团队历时一年设计的，当时决定在这里建造美术馆的那一刻我就给李涛老师打了电话，他的反应如我所料，我至今依然记得第一次到实地勘查现场时他们眼里的欣喜。其实类似的公共建筑这几年在国内也建设了不少，我不能说我们的美术馆有多特别，但是我们愿意在公共艺术的道路上坚持走下去。

说到公共艺术，不得不提北川富朗，他是越后妻有"大地艺术祭"的创始人，享誉世界的艺术策展大师，开创了公共设施艺术化的先河，被誉为"日本地方振兴之父"。他倡导通过艺术的介入，最终在城市和乡村之间实现人与人、人与自然的协调、共生与相合。1996 年，北川富朗受新潟县政府邀请，通过艺术的力量来改变这个地区；2000 年，首届越后妻有"大地艺术祭"在这片逐渐衰败的土地上成功举办；至 2015 年，累计 6 届"大地艺术祭"的举办对当地经济的拉动累计超过 422 亿日元，第 7 届艺术节期间到访的游客超过 264 万人，为当地带来了大量就业岗位。二十多年来，越后妻有"大地艺术祭"获得巨大成效的三个重要指标是"交流人口大量增加""区域信息得到传播"和"经济增长区域振兴"。此外，还有一个重要表现，就是长期移居者的增加。2010 年，北川富朗又以濑户内海岛屿群为舞台打造了三年一届的"濑户内国际艺术节"，以艺术的方式介入海岛的开发。从最初的 7 个岛发展到目前十几个岛屿，并且国际影响力持续上升，原本人烟稀少的小岛上有了更多年轻人活跃的身影。以上两个案例足以说明艺术介入对地区复兴的影响力。

文旅产业的实验室和孵化器
Cultural and tourism industry

M —— 您对品牌发展有何规划？

H —— 目前文旅市场以观光型项目和功能型产品居多，并且存在观光较多、休闲较少、功能居多、文化稀薄的现象。随着体验经济的兴起，人们对审美体验、知识获取、文化消费、互动体验等精神层面的需求逐渐增多，而当下市场文化主题体验型产品不足的问题日渐突显。文旅市场也逐渐从"观光旅游＋休闲度假"向"品质观光＋主题休闲度假"方向转型，进而激活了更细化的体育、康养、研学等主题市场和更为多元的产业链发展。所以，未来的文旅投资市场需要具有产业投资思维和长线运营思维，短、频、快的财务型投资路子越来越窄。简单说，就是进入一个以内容为王、运营当道的时代。

我们是从文创产业转向文旅产业的，投资项目不是我们的强项，我们更擅长于创意内容的开发与生产。相比其他的文旅企业，我们更愿意在研发上投入。因此，"里山森谷"与其说是文旅项目，不如说是文旅产业的实验室和孵化器。我们以此为基地孵化与生成内容、品牌和运营团队，再通过输出转换价值。构建"里山森活"这个品牌其实是在推崇一种我们自己喜欢的生活方式，包含了符合既定人群审美的内容，以及美好的人与自然、人与人的关系，并将这些内容和关系放在"里山森谷"这个自然空间里付诸实践。当然，我们也在同步准备，计划把一部分成果输送到其他地方。

M — 在全球直面生态危机的时代下,越来越多的人开始关注生态美学这一议题,您对培养人的审美与呼唤返璞归真的自然状态很关注。您认为民宿对于提升大众现实审美有何作用?对于倡导人们关注生态健康有何价值?

H — 不知道大家有没有注意到,近几年,我们身处的城市、街道和商店,包括手机上的短视频、朋友圈的照片、小红书平台推荐的生活方式,都变得越来越缺乏特点。所谓的美好生活,沦为模板化、公式化、滤镜化……到处都是围炉煮茶、城市露营、地中海风格……消费与传播的便利都在加剧审美趋同,特别是在年轻一代中出现的简单抄袭、不加思考的速成审美,正在侵蚀我们本该丰富多彩的生命体验。作为旅人、游客,之所以外出游历,就是要体验独具特色的异域之美,不管是生态美,还是人文美。如果我们的产品一味地趋同,没有经过在地文化的滋养,没有以此为基础进行提炼并形成自己的特色风格,最终是会被淘汰的。

民宿的意义不只是为游客提供旅途里短暂的休憩场所,也不只是为了让游客了解当地风土人情的载体,它更多的是体现民宿主人对待生活的态度,承载了民宿主人的生活理想和志趣。因此民宿应更人性化,更具有审美属性。"里山森谷"的溪宿得益于宝鼎优异的生态环境,因此我们并没有在设计上过于强调建筑的形态美,而是追求返璞归真、自然而然的审美,把重点和重心放在如何利用生态环境构建和传递我们的生活追求和价值观念上。比如我们的私汤木屋,全是"长"在石头上的灰色三角房子,不违和、不突兀,藏在竹林里,若隐若现。从接待中心到房间,要穿过竹林、越过溪涧,走一小段路才能抵达。一路上,你会看到刚从地里冒出来的竹笋、桥下清澈见底的溪潭、远处梯田上犁地的耕牛和手作除草的农民。

M — 您深耕旅游市场多年,见证了酒店业与民宿业的发展变化。您认为民宿业在向酒店业的标准化要求靠拢时,在结合在地自然资源与文化资源树立自身独特性上有哪些注意点?

H — 民宿是非标产品,要有自己的特色,但是基本功能应该向酒店业的标准化靠拢。比如我们的民宿,为了提高住宿的舒适度,每个房间都配备了高性能的除湿机与五星级酒店标准的床品、布草和消耗品。这些只是基础要求,最重要的还是民宿主人结合在地自然资源与文化资源,以及自身条件,为民宿树立独特的气质。但是在结合的时候,不能以损失服务品质和客人住宿体验感为代价,为了特色而特色,光有形式却没有内容。民宿首要是"宿",住得舒适才是首要的。

乡村民宿大有可为
Rural homestay

M — "里山森谷"所在的资源县旅游市场有何发展空间?桂林作为老牌旅游城市之一,要如何突破当前圈层,在时代变化下实现进一步的发展?

H — 资源县旅游资源富集度高。但在广西北境边缘,在最不缺乏好山好水的桂林,这些内容不太具备吸引力。资源县的旅游业发展在20世纪90年代是与阳朔县比翼齐飞的,而今却远远落于下风,主要原因还是在国家文旅产业整体大发展的阶段,资源县"逆水行舟,不进则退"。资源县政府以打造世界级旅游小镇的目标,把文旅产业提升到了一个新高度,但重视归重视,必须还得正视资源县文旅产业发展的优劣势,找到发展的机会。

首先,资源县的区位条件并不突出,地处桂北之北的边缘地带,如果不形成旅游交通环线,没有差异化的文旅产品,就很难承接桂林整体的文旅市场。其次,目前资源县的文旅产品以观光型为主,产品单一,品质不高,偏离了核心主力消费群体的需求。因此在发展重点上要往高品质文化体验产品和休闲度假产品转型。再次,资源县的文旅资源和项目过于分散,旅游线路不精,主力产品吸引力不够。比如桂林丹霞八角寨景区目前的吸客能力太有限。不过我对八角寨的发展还是很期待的,毕竟是世界级的自然遗产。

知道问题所在总是好的,然后就要思考如何破局。资源县在广西乃至桂林都有其突出的独特性,它处于桂北山区核心地带,群山环绕,山地资源非常丰富,森林覆盖率和生物多样性均位于广西前列,平均海拔800米以上,非常适宜康养度假,可以大作健康文章,从身心健康的角度,针对不同人群设置不同的体验产品。采用农、文、体、旅融合发展的模式,特别是针对年轻客群,要用更国际化、更时尚、更文艺的健康理念打造资源县文旅产业。

M — 在乡村振兴的大背景下,您认为乡村民宿的发展机遇有哪些?又存在着什么样的发展难题?

H — 作为发展乡村旅游的有效切入点,乡村民宿大有可为。乡村民宿有别于传统酒店,也不同于一般的农家乐。作为一种非标住宿业态,乡村民宿在设计装修上注重文化个性,在服务体验上强调人情味,让游客更容易感受到温馨、舒适与放松的氛围,逐步成为游客出行的首选住宿地。

在乡村振兴的大背景下,国家将发展乡村民宿列为实施休闲农业和乡村旅游精品工程的一项重要内容,并强调要利用闲置农房发展民宿等项目,研究出台了消防和特种行业经营等便利市场准入、加强事中事后监管的管理办法。可以说为民宿发展提供了有力的政策支持。

但有政策不代表就一定能落实到位,目前在广西,并没有针对乡村民宿的专门管理办法。在办理特种行业经营许可证的时候,还是存在几个部门相互制约的情况。

此外,在发展过程中,民宿经营还存在不少困难,一是经营同质化明显,市场依附性太强。二是盈利手段单一,大多数民宿的业态相对单一,定价高,却往往不匹配消费者丰富的消费需求。而消费者拖家带口来到乡村民宿度假,不仅有住宿需求,还有游览、购物、娱乐等需求。简而言之,乡村民宿不仅仅是一种单一的住宿形态,还应是一个微度假目的地。三是缺乏相应的人才,首先是高层次的管理人才,既专注又懂行的复合型人才;其次是一线的经营人才。所以,我的建议是如果不是自己的房子,不是自己家人亲力亲为,需要租房子、请员工,要么尽量远离民宿业,要么就别做小体量的精品民宿。做乡村民宿要有规模,要有多种收入渠道。

后记

一个人默默行走在山谷中，看着眼前清澈见底的山涧小溪旁边石岩的缝隙间，一些不知道名字的花儿在初冬的暖阳下安静绽放，内心深处突然有一种说不出的感动。

眼前这些花儿尽管在山谷的石岩间艰难生存，她们不管是否有人路过欣赏，无论白天和黑夜一直努力以自己向往的姿态在山谷间成长。

相比名山大川的高声喧哗，我偏爱默默无闻却静水深流的山谷，喜爱山谷沉静的氛围。眼前的山谷，一年四季都有不知名的花儿绽放。一些花儿绽放的时候，吸引蝴蝶前来翩翩起舞；一些花儿绽放的时候，因为色彩鲜艳吸引远道而来的游人驻足拍摄。然而，还有一些花儿，她们没有诱人的花香和鲜艳的色彩，并且只在深秋之后悄然绽放，这些花儿即使绽放的时候，也是细小如米粒，没有一些花儿的热烈和芬芳，即使偶尔有人路过，往往也会忽略她们的存在。我欣赏她们不与其他花儿争艳的状态，甚至庆幸她们只是在深秋之后绽放，当深秋的山谷中其他花儿逐渐凋谢枯萎，山涧小溪边的石岩上这些花儿却悄然绽放，让寒冷的山谷多了一种诗意的风景。

山谷并不太长，我一直喜欢一个人在山谷间慢慢闲走。走累了，坐在小溪边的石头上，闭目静听溪水一路流淌的故事，或者躺在草丛中仰望树隙之间或快或慢的过往云朵，猜猜她们前行的方向。

每一次身心极度疲惫的时候，我都会一个人驱车从喧嚣的城市来山谷的温泉沉浸数日。泡汤之余，总会来山谷里走走看看，或思，或悟。

据史料记载，这条山谷当年红军曾经路过，如今山谷里的村民还用木牌记载着当年红军走过的地方。在山谷里散步，想想当年红军的艰难处境……走出山谷的一刻，内心总会释怀和坚定许多。

更为欣喜的是，沉浸在温泉里的时光，无论身体表层还是创作过程中的"瘀结"，都会不同程度地得到缓解和舒畅。为此，甚至一度相信山谷里的温泉或许是我创作中突破瓶颈的"福地"之一，所以，我从内心特别感谢这里的山谷和温泉给予的启迪和滋润。

因为《山野绽放——中国乡村振兴中的民宿"她力量"》这本书，从大暑到立秋，我一直在山谷里的"木泉"温泉写作。温泉的水，一如既往地流淌，从山涧到小溪，从小溪到远方。难得的宁静给我的写作带来前所未有的自由感和安全感。

其实，疫情期间，我主编的《寂静的春天——中国美宿系列访谈／第一辑》也曾经在山谷的温泉中"孕育"了一个多月。当时，因为疫情影响，中国各地都处在封控状态，文旅产业的发展陷入停滞状态，一些民宿创始人遭遇了重大经济损失，一些我十分敬重的民宿创始人甚至为此背上沉重的债务。发生在他们身上的真实故事，让人无比难过，但又无可奈何。

时代的任何一粒尘埃落在每个人头上都是一座山。

或许，凡事都应该辩证地看待过程和结果。

疫情虽然对中国整体经济造成严重影响，一些行业甚至遭受了灭顶之灾。但，一些地方的乡村民宿和露营地却意外火爆。喜欢外出旅行的人，疫情期间不能远行，只能选择在城市附近的乡村释放压力，于是城市周边的乡村品质民宿和露营地成为疫情期间的微型度假目的地。

另外，中国乡村振兴政策的落地实施，也让乡村品质民宿不约而同地成为政府、资本以及行业引领者共同关注的方向。乡村民宿成为乡村产业振兴的切入点之一，一批中国乡村民宿的女性创始人和主理人用自己的智慧为中国乡村振兴的美丽画卷添上了属于自己的轻柔一笔。

上帝是公平的，他给你关上一扇门的同时，一定会给你打开一扇窗。关键的一点，需要你及时找到自己那扇"窗"的位置究竟在哪里？

疫情期间，在世界和中国经济不景气的大环境下，中国民宿经济的"窗"在哪里？

2022年，我们"美宿志"在众多兄弟单位和师友的支持下，启动了"助力乡村振兴，寻找千村民宿"的公益采访，并拍摄了中国首部民宿纪录片《广西民宿》。虽然过程中我一度十分痛苦，但，最后的圆满结局让我更加坚信一点，中国乡村民宿创始人探索中国乡村振兴中的群体故事值得被记录。为记录一个时代的鲜活细节，我们所有的付出是有其时代价值和意义的。

万类霜天竞自由。"霜降"的当天，我又一次一个人驱车来大山深处的"木泉"温泉。这一次，是为《山野绽放——中国乡村振兴中的民宿"她力量"》撰写"后记"。

依稀记得，在一次偶然的交谈间隙，华中科技大学出版社的策划编辑彭霞霞提及了两个现象：一是目前中国乡村民宿预订中，女性多为最终决策者（"她消费"）；二是做得较为出色的乡村民宿，其主理人大多为女性（"她经济"）。基于这些洞察，她建议我考虑出版一本专注于乡村民宿女性创始人的书籍，让更多人探寻乡村之美，感受女性力量的柔韧和坚定（"她力量"）。

旁观者清，当局者迷。

在此之前，我从未有过以女性视角来创作一本关于乡村振兴与乡村民宿书籍的想法。彭编辑的提议触动了我，促使我下定决心，亲自前往武汉与华中科技大学出版社签约。华中科技大学出版社对此合作给予了高度重视，甚至专门为此书的出版及相关战略合作举办了签约仪式。颇为奇妙的是，尽管我曾多次乘坐飞机掠过武汉上空或搭乘动车途经此地，却从未驻足停留。而此次合作，仿佛是天意巧妙的安排，让武汉与我因书结缘。

在"木泉"温泉完善《山野绽放——中国乡村振兴中的民宿"她力量"》书稿的日子里，我常常被书中50位深入中国乡村大地、传播美学观念和美好生活理念的乡村民宿女性创始人的故事启迪和感动。疫情期间，我们采访过一百多位女性民宿创始人，每个人的故事都值得用一本书去呈现，但书稿篇幅有限，编撰书稿的过程中综合考虑品牌价值、乡村贡献、业内评价、主人故事、地域均衡等因素，舍弃任何一个故事都有诸多不舍。

从大暑到冬至，一年又一年，一路前行为中国乡村民宿创始人记录的路上，冷暖自知。为这本书忙碌的过程中，身边的中国乡村民宿创始人和乡村振兴的故事也在不断延伸和丰富。

希望有一天可以以另一种方式去书写她们和乡村的饱满故事。

在桂林龙胜大山深处的"木泉"温泉的日子，清晨，我喜欢一个人早早去楼下的汤池泡温泉，离开汤池去吃早餐的时候，我习惯性给汤池周边台阶上从山谷里移植回来的花儿淋一些温泉水，默默致敬她们在山野间绽放的力量。

张迪

2024年12月26日于桂林